湛江市中小学教育科学"十三五"重点规划课题（课题批准号2019ZJZD009）
广东省教育科研"十二五"规划课题（课题批准号2015YQJK192）
前期研究成果获2017年广东省基础教育教学成果奖二等奖

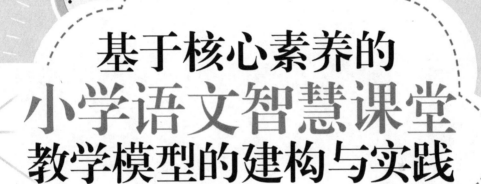

基于核心素养的
小学语文智慧课堂
教学模型的建构与实践

林爱珠 ◎ 著

吉林人民出版社

图书在版编目（CIP）数据

基于核心素养的小学语文智慧课堂教学模型的建构与

实践 / 林爱珠著. — 长春：吉林人民出版社，2020.7

ISBN 978-7-206-17416-2

Ⅰ．①基… Ⅱ．①林… Ⅲ．①小学语文课—课堂教学

—教学研究 Ⅳ．①G623.202

中国版本图书馆CIP数据核字（2020）第149867号

基于核心素养的小学语文智慧课堂教学模型的建构与实践
JIYU HEXIN SUYANG DE XIAOXUE YUWEN ZHIHUI KETANG JIAOXUE MOXING DE JIANGOU YU SHIJIAN

著　者：林爱珠　　　　　封面设计：言之凿

责任编辑：郝晨宇

吉林人民出版社出版发行（长春市人民大街7548号　　邮政编码：130022）

印　刷：北京政采印刷服务有限公司

开　本：787mm×1092mm　　1/16

印　张：17.25　　　　　字　数：311千字

标准书号：ISBN 978-7-206-17416-2

版　次：2022年6月第1版　　印　次：2022年6月第1次印刷

定　价：45.00元

　　自21世纪初我国基础教育课程改革拉开序幕以来，随着中小学课程改革的不断深入，教师成长与发展的春天来到了！教师不再只是传授者，教师还要成为研究者，这样的理念深入人心，并引领着广大教师立足课堂，不断探索、不断反思、砥砺前行！很多教师通过参加各类培训，理论视野开阔了，专业素养提升了，研究意识增强了。我国教育领域中，在职中小学校长、教师出书立传者愈来愈多，可谓百花齐放、百家争鸣。林爱珠老师这本专著就是在这样的背景下诞生的，这朵小花也许并不起眼，但它却散发着独特的芬芳，可圈可点。

　　一是挚爱教育终身坚守。林老师从大学毕业以后，从未离开过教师岗位，从一名普通教师到成为区级教研员，从市级、省级名师工作室主持人再到省级教学名师，每一步脚印都是她用执着坚韧、勤奋努力走出来的。与林老师结识以来，我觉得她不仅是位美丽端庄、热爱生活的女性，而且还是位爱读书、爱思考、爱研究、聪明睿智的好教师。记得有一次在湖光岩散步之时，她也在与我探讨课堂教学、教学模式、智慧教学等问题，着实让我为她的探究精神所感动。

　　二是坚持研究无怨无悔。林老师成为区级小学教研员以来，她就一直坚持在工作中研究，在研究中学习。如何在小学语文课堂上取得有效的教学效果？教师怎样才能更好地驾驭课堂、快速成长？能否寻求一条既有普适性又有可操作性的教学模式呢？带着这些问题，她在长达三十年的教学生涯中，立足岗位，不断实践，终于探究出独特的"六三式"智慧课堂教学模式以及智慧课堂"情景体验式板块教学"方法，并反复修改，苦苦凝练，终成正果。这里凝聚了上千次课堂观摩、几百次的教研活动，是林老师和她的团队十几年甚至是几十年不断付出心血的结晶。

　　三是积极引领带好队伍。比尔·盖茨说过，一个人可以走得很快，但一群人可以走得很远。林老师作为教研员，作为省市名师工作室主持人，她一直坚持一线教学，与教师们观课、议课、磨课、说课、上课……开展数以百次的各类研讨活动，足迹遍布湛江市开发区的各所小学，乃至各县市区的实践基地。林老师以其博爱的胸襟、广博的学识、深邃的思想、深厚的专业、精湛的教学、进取的精神博得了广大语文教师对她的敬佩和信赖。同时，她也带出了一支有梯度、有潜力、有活力、爱教育的小学语文教师队伍。在她的培养与指导下成长起来的国家、省、市、区级名师、骨干教师达200多人，她在用自己的肩膀托起一批又一批优秀教师，以丰富的课堂教学理论与实践经验影响着越来越多的年轻教师，老师们对她好评如潮，她及她的弟子们硕果累累，她真的是一位名副其实的名师工作室主持人。

美国心理学家波斯纳认为：教师的成长=经验+反思。叶澜教授也曾指出："一个教师写一辈子教案不可能成为名师，如果一个教师写三年教学反思就有可能成为名师。"作为教师，如果只是读书、教书，不写作、不反思、不梳理自己的成败得失，永远不会成为名师。林老师几十年立足教学实践，在反思中辨得失，在反思中去浮躁，在反思中寻规律，在反思中出智慧。林爱珠老师这本著作没有华丽的词句，没有深奥的理论，但其研究涉及小学语文的汉语拼音、识字写字、阅读、习作、口语交际以及综合性学习教学等方方面面，而且全书都以智慧课堂教学模型建构这条红线贯穿始终，专著的基本脉络清晰，案例典型且鲜活，从事语文教学的教师一定会开卷有益，有所借鉴。同时，也诚挚祝愿林爱珠老师与她的团队行稳致远，取得更丰硕的研究成果。

白彦茹

草于岭南师范学院

2020年3月20日

第一篇　基本理论

第二篇　核心理念

第三篇　模型创新

第四篇　智慧评价

附　录　成果辐射

基本理论

第一章

智慧课堂教学模型建构的背景及意义

第一节　智慧课堂教学模型建构的背景

一、课堂回顾

我们曾经真实的课堂是怎样的呢？

案例：一堂"推门课"，反映了教师专业素养与新课程改革理念的矛盾

【故事情境】

一堂真实的"推门课"

　　课改之初，笔者和另外两位小学组的教研员，到属区一所私立小学听课。由于事先没有跟学校打招呼，随堂听了一节四年级的语文课，上的是《自然之道》。这是一节毫无掩饰的常态课，听后另人感触颇深。且不说教师的基本功怎样，但从课堂现象、教学内容、板书设计及细节等几个方面，可看出这是一节"随意得不能再随意"的常态课。

　　镜头一：课堂现象姿态万千，学习气氛沉闷

　　一开始，老师板书课题，问：什么是自然之道？没人回答，接着老师就概念性地解释：自然之道，就是自然的事物规律。并把"自然的事物规律"板书在课题旁边。接着，老师问：课文讲了一件什么事呢？然后让全班学生默读课文。老师则背对着学生在黑板上板书生字词（会认的和会写的分开书写）。下面的学生有的用手指指着课文一字一顿地小声读着；有的则拿出练习册随意地

写着什么;有的默不出声,茫然地抬头望着老师的背影;有的把书页一页一页地卷起来,形成一朵盛开的"花";有的干脆静坐着,什么都不干……以上描述没有任何艺术加工,只是真实的课堂情景扫描。

镜头二:教学目标盲目,内容简单、容量少,步骤随意

老师板书完,转向学生,问刚才的问题:"课文写了一件什么事?"指名一学生回答,没能说出意思来,老师代办。接着指名两名学生分别读生字词,齐读;然后去掉"帽子"指名一组开火车读,再让学生说说如何记住这些字(学生无意识地用上了加一加、换一换的方法,老师没有归纳说明,不知她自己有没有意识到),最后让学生拿出练习本写会写的字(练习本也是各不相同,有的是信笺,有的是练习册,有的是写在课本上),其间老师不做任何检查,也不强调学生的写字姿势。写完,再默读课文。最后,问:课文写了一件什么事?说明了什么道理?老师在黑板的一侧板书:课文写了一件什么事,说明了什么道理。指黑板,提问,学生有的答不完整,有的摇头,有的干脆说是写小乌龟和鸟的故事,再提问学生,还没作答,下课铃已响起……

镜头三:板书随意,没有主次

形成板书布局如下:板书是微型的教案,从板书就可以看出老师上课的思路。但是下面这幅板书未能分清主次来,可见教师的教学思路单一,组织教学非常随意,教学内容与时间分配极不科学,因此导致课堂效率是低效的。

【板书设计】

9. 自然之道

会认的字 (略)	会写的字 (略)	自然的事物规律 课文写了一件什么事, 说明了什么道理。

笔者带着隐隐的担心甚至痛心离开教室,深感肩上的担子很沉。之后笔者很委婉地跟这位老师谈了许多,当然,为了不打击她今后的工作积极性,笔者尽量挖掘她的优点,如肯定了她注重识字教学等等,不知她有没有感悟。也许有很多方面的原因,我们无法一时改变现状,这个我们暂且放在一边不谈。笔者现在把这个案例写出来,是想从教师整体素养方面来进行分析。

从以上的案例看,教师没有意识到组织技能、教学目标、教学技能等在课

堂教学中的重要性，或者可以说是没有这方面的概念和意识，导致这样的课堂教学是低效的，甚至是无效的。

启示：一堂令人郁闷的推门课，教师的主导作用以及组织能力均显弱势，折射出传统教学的一些弊端与新课改理念的矛盾，反映出课改背景下一线教师专业素养与新课程课堂教学理念要求的矛盾。

课程改革进一步深化，新教材从一纲一本到一纲多本，再由一纲多本到现行国家统编教材。现行统编教材的编写理念（"双线并进""三位一体"等）发生了明显的改变，这些变化给广大一线教师课堂教学上"教什么""怎么教"提供了一个重要的抓手，一改过去语文教学内容目标模模糊糊的弊端。笔者作为一线基层教研员，立足一线课堂具体学情进行课堂教学模型的建构，甘当课改的领头羊，这是我义不容辞的职责。因此我们要在教学模式建构（明确教什么）取得一定成效的基础上，要视"师情"与"学情"实际，依据现行部编版教材的编写理念，探索和创新课堂教学策略的建构（明确怎么教），落实人文主题与语文要素"双线并进"理念，提高课堂教学的效率，提高教学质量，落实《意见》的精神，已经显得尤为重要，且具有深远的意义。

二、成果回顾

前期研究成果回顾：

经历，是经验的途径。1995年起，笔者曾师从享受国家特殊津贴的突出贡献的教育专家、儿童文学家黎俊生以及一批专注于基础教育改革的高校教授、特级教师等，承担过湛江市首届基础教育科研课题《农村小学"三自"有机结合作文教学实验》及国家"十五"重点课题分支课题的研究，取得了一线教学实践以及理论研究的重要经验，为今后思考和探索高效课堂教学研究之路奠定了理论与实践的基础。2010年笔者主持了区级课题《城乡接合区小学语文"六课型三步骤"有效课堂教学研究》，2012年获湛江市教育科研课题立项，2015年该课题结题，该项研究成果获得湛江市基础教育成果奖一等奖，同时，子课题同获一等奖，是湛江市唯一的"双料冠军"；2015年，《城乡接合区小学语文"六三式"高效课堂教学模式研究》获广东省基础教育科研"十二五"课题立项，2016年，研究成果专著《小学语文智慧课堂的研究与实践》出版，备受业界专家同行的关注，在三大网购平台连续4年都占销售前列，深获读者好评。

以上作为一线研究实践成果备受同行青睐，也是一大幸事。2017年，该项研究成果获得广东省基础教育科研成果奖二等奖，是湛江市近十几年来小学阶段各学科科研成果唯一获奖的项目；2018年5月，研究成果得到省市专家的高度评价，该项目顺利结题。2019年2月，《基于核心素养的小学语文智慧课堂教学模型的建构与实践》获湛江市中小学教育科学"十三五"规划重点课题立项，我们又开始了新的征程。

经验是研究的基础。随着新课程改革的纵深发展，我们的研究理念日臻成熟，在不断的"实践—研究—再实践—再研究"的过程中完善、发展和创新。在前期研究成果的基础上，笔者提出了"智慧课堂"教学模型的建构主张，拟从《基于核心素养的小学语文智慧课堂教学模型的建构与实践》的研究为切入点，继续探索课堂教学改革的新理念，即由前期"六三式"高效课堂教学"模式"的研究，上升到智慧课堂教学"模型"的研究。

课题是理念的载体。这个研究理念是对前期研究成果的继承和发展，表现在：由单一的课堂"教学模式"研究转向富有变化、具备个人风格的多元化整合型智慧课堂"教学模型"建构研究，它涵盖了课堂教学模型的建构、教学方法的优化整合、智慧课堂"1+n"教学评价及课程资源的开发与利用等课程体系的建构理念。它是一种理念，而非其中单一的模式、方法。它是基于核心素养的新的模型建构，使课堂教学实现从"有模到无模，从传统到智慧"的学科性和科学性的和谐统一，共性与个性的共同发展，学科整合与现代科学技术的深度融合，从而达到"培养全面发展的具有创新精神的充满智慧的大写的人"的育人目标。

三、问题提出

（一）基于核心素养对人才培养的目标要求

党的十八大和十八届三中全会提出，立德树人要落到实处。2014年教育部研制印发《关于全面深化课程改革落实立德树人根本任务的意见》（以下简称《意见》），提出"教育部将组织研究提出各学段学生发展核心素养体系，明确学生应具备的适应终身发展和社会发展需要的必备品格和关键能力"。核心素养是党的教育方针的具体化，是连接宏观教育理念、培养目标与具体教育教学实践的中间环节。党的教育方针通过核心素养这一桥梁，可以转化为教育教学实践可用的、教育工作者易于理解的具体要求，明确学生应具备的必备品格和关键能力，从中观层面深入回答"立什么德、树什么人"的根本问题，引领课程改革和育人模式变革。

《义务教育语文课程标准（2011年版）》（以下简称《课程标准》）在"课程的基本理念"中特别强调：要全面提高学生的语文素养。"九年义务教育阶段的语文课程，必须面向全体学生，使学生获得基本的语文素养。"什么是语文素养？如何在阅读教学中提高学生的语文核心素养？这是困扰广大小学语文教师的难题。随着课程改革的深入推进，"核心素养"的理念已经深入人心，各种教学策略也层出不穷。但是，"费时低效"现象仍然充斥着广大的小学语文课堂。究其原因，一是对小学"语文核心素养"的定义不明确（为什么教，教什么），二是采取什么样的教学策略才能提高学生的语文素养不明确（教到什么程度，怎么教）。

（二）基于新课程理念对课堂教学更高的要求

1. 语文学科课型特点的差异性

由于语文学科的六大知识板块（汉语拼音、识字写字、阅读、习作、口语交际、综合性学习）课程目标、课型特点不同，教学的手段和方法策略也应不同。但是现实中，教师在处理教材时除了阅读课之外，其他课型基本没有进行合理的备课，尤其是口语交际和综合性学习课，根本不知怎么备课，就更谈不上达成课程目标了。

2. 统编教材的编写思路与理念

新一轮课程改革进行了十多个年头，由一纲多本到一纲一本，教材编写者的意图承载了太多的新理念和新思路。教育部副部长朱之文先生说新教材的编写从理念层面重点突出了以下四个方面：一是突出德育为魂。教材直接关乎"培养什么人，怎么培养人，为谁培养人"这一教育的根本性问题。二是突出能力为重。三科教材编写既强调学科知识体系，也注重学生成长过程。围绕学生的发展需要，选择问题情境和学科素材，精心设计呈现方式，让学生经历提出问题、分析问题、解决问题的过程，帮助学生学会学习，掌握适应未来社会发展和个人终身发展所需要的关键能力。三是突出基础为先。四是突出创新为上。

全国小学语文专业委员理事长、人民教育出版社课程教材研究所主任陈先云先生对教材编写思路做了以下解读：

（1）由单元内容组合方式的多元化，单元组合方式有些是题材组合，有些是文体组合，也有些是综合组合。

（2）增加语文学科内容的系统化设计，合理安排总体内容，将选文、活动、知识等有机结合，用少量的课文做示范，让学生学会阅读，对阅读产生兴趣。

（3）科学地安排语文策略与能力序列，在重视培养阅读理解能力的同时，加大语言表达，特别是书面表达在教科书内容中的比重，达到阅读理解和语言表达内容上的均衡。

（4）系统设计语文活动，学生通过语文活动积累语文经验，提升语文核心素养。

这些理念与思路，无疑给使用新教材的教师们提出了更高的要求。

（三）基于前期研究成果的理论创新与发展的趋势

本课题自2015年立项以来，经过五年多的深入研究与探讨，在原有研究成果的基础上，经过反复实践日臻完善与成熟。本项目在笔者的指导下，根据小学语文课程课堂教学质量地区差异大、发展不均衡的现状，结合城乡地区特点，展开全面的实验研究与推广，旨在提高小学语文教学效率，促进小学生的全面成长与发展。

此项选题符合我国基础教育课程改革的需要，紧扣时代现实发展的特点，具有很强的时代感和实践价值。其整体研究主要采用文献法、调查法和行动研究法，其研究方法科学规范，整体研究方案科学有序，研究程序扎实有效。其"六三式"指"六课型三步骤"。"六课型"，即"识字写字""阅读""习作""口语交际""综合性学习"以及"汉语拼音"六个课型。"三步骤"，即包括"准确解读""精心设计""活用技能"三个有效的步骤，通过研究小学语文六大知识板块的课型特点，优化课堂教学模式和策略，努力提高教师的教学技能，灵活机动地实施教学。在全体成员的努力下，通过一定的理论指导以及对教学现状的具体分析，运用多种科学方法进行研究，形成具有内在逻辑性、针对性和广泛适应性的课堂教学模式即小学语文"六三式"高效课堂教学模式，实现了科研成果"生产力化"，实现了城乡教学教研"一体化"，促进了教科研水平的提高、师生核心素养的提高、课题研究成果的推广，无论在教学研究上，还是在教学实践上均圆满完成了预期的任务，其研究的"六三式"

课堂教学模式具有普适性、可操作性和一定的创新性，也体现较大的实用价值，推广辐射效果好。希望今后继续深入研究，不断凝练，使其研究更加理论化、学术化、实践化，将其研究成果不断向更广泛的地区和学校推广和运用，为推进小学语文教学的高质量高效率发挥更大的价值（以上内容为课题结题专家鉴定组鉴定意见）。

（四）基于解决教学资源与社会发展需求的矛盾

课程改革经历了十多个春秋，小学语文教学取得了明显的进步。以"学生发展为本"的教育理念，"全面提高学生语文素养"的课程理念，已经深入人心，也使广大小学语文教师的教学行为有了很大的转变。在尊重学生学习的主体地位，改进教与学的方式，丰富教学资源等方面做出很大努力，取得了一定效果。这是可喜的！

但是，在取得成绩的同时，我们也应清醒地看到，在一些地区，虽然经济发展较快，但是由于历史的原因造成教育的发展远远满足不了人们对优质教育的需求。这主要表现在以下几个方面。

1. 经济、教育发展不协调

一些地区经济发展了，但是教育资源不配套。

2. 师资、生源不均衡

城区与乡村学校的差距越来越大，一些地区民营学校优于公立学校。

3. 欠发达地区校本课程的开发及教学内容的"贫乏"

由于历史的原因，欠发达地区师资专业素养跟不上新课程改革的步伐，他们缺乏对校本课程的开发意识与能力，对教学内容的选择仅仅局限于教科书，远远跟不上当今部编版教材编写的理念，语文课程的开发缺失，阅读量低下，无法达到新课程理念下的育人要求，与发达地区差距越来越大。

4. 广大乡村学校的信息化设备落后，影响教学质量

虽然"推进教育现代化"工作的督导验收实现了信息技术教育的大发展，大部分学校的信息技术装备日趋完善与先进，学校教育教学逐步与信息技术融合，提高了课堂教学的效率，但仍存在不可忽视的城乡差异。无论是学校层面还是学生个体，教学资源尤其是信息技术设备设施缺乏，课堂教学与信息技术融合滞后，影响了课堂教学效率。

教育现代化在教学中的地位与作用日趋重要，广大乡村学校以及学生信息技术教学资源缺乏，发达地区如此，更何况边远的农村落后地区。由此可见，补技术应用短板——调整传统教学与信息技术教学的关系，促进信息技术与教育教学融合应用尤为重要。《意见》指出："推进'教育+互联网'发展，按照服务教师教学、服务学生学习、服务学校管理的要求，建立覆盖义务教育各年级各学科的数字教育资源体系。加快数字校园建设，积极探索基于互联网的教学。免费为农村和边远贫困地区学校提供优质学习资源，加快缩小城乡教育差距。加强信息化终端设备及软件管理，建立数字化教学资源进校园审核监管机制。"广大乡村学校的信息化设备落后，严重影响了教学的质量，无法达到当今教育现代化的教育与教学要求。

因此，开展智慧课堂教学模型建构与实践，非常必要。

（五）顺应了《意见》的精神

实践证明，智慧课堂教学模型的建构的研究与实践的理念，正顺应了《意见》的精神。

《意见》第四和第八点分别指出："提升智育水平。着力培养认知能力，促进思维发展，激发创新意识。严格按照国家课程方案和课程标准实施教学，确保学生达到国家规定学业质量标准。充分发挥教师主导作用，引导教师深入理解学科特点、知识结构、思想方法，科学把握学生认知规律，上好每一堂课。突出学生主体地位，注重保护学生好奇心、想象力、求知欲，激发学习兴趣，提高学习能力。加强科学教育和实验教学，广泛开展多种形式的读书活动。""优化教学方式。坚持教学相长，注重启发式、互动式、探究式教学，教师课前要指导学生做好预习，课上要讲清重点难点、知识体系，引导学生主动思考、积极提问、自主探究。融合运用传统与现代技术手段，重视情境教学；探索基于学科的课程综合化教学，开展研究型、项目化、合作式学习。精准分析学情，重视差异化教学和个别化指导。各地要定期开展聚焦课堂教学质量的主题活动，注重培育、遴选和推广优秀教学模式、教学案例。"

一直以来，我们为了提升课堂教学质量，坚持立足课堂教学主阵地，探索高效智慧的课堂教学模式与教学方法，取得了一定的成效，得到了同行及各级专家的认可与推广，取得了较为丰硕的成果。这在我们前期的研究成果论著《小学语文智慧课堂的研究与实践》中有所体现。随着研究与实践的不断深入，我们继续提出了《基于素养导向的智慧课堂教学模型的建构与实践》的研究与实践理念，在前期对智慧课堂教学模式的研究成果的基础上，继续探索智慧课堂教学方法以及智慧课程的建构与实践，而本书着重探索智慧课堂教学方法的建构。在广东省林爱珠名师工作室团队成员的努力下，取得了突破性的进展，在六大课型的教学实践中探索出智慧课堂"体验式板块教学"的有效方法。实践证明，这一方法理念在课堂教学中有效提高了课堂教学的质量，为广大城乡接合区一线老师实现"培养全面发展的具有创新精神的充满智慧的大写的人"的教学目标，指出了一条具体可行的课堂教学路径，提出了合适的、可操作性强的，并行之有效的课堂教学的理念。

第二节　智慧课堂教学模型建构的意义

　　"基于核心素养的小学语文智慧课堂教学模型的建构与实践"研究拟在解决广大农村课堂教学"费时低效"的基础上，逐步向高效，进一步体现个人风格的智慧型的理想课堂迈进。

　　研究实践的成果将会有一定的普适性、可操作性，在具体的教学实践过程中，会体现其较大的学术价值和实用价值的创新，其研究意义具体体现在"四个促进"。

一、建构智慧课堂教学模型，促进科研成果"生产力化"

　　"基于核心素养的小学语文智慧课堂教学模型的建构与实践"研究是笔者结合近三十年的课堂教学实践经验，引领团队立足城乡接合区一线课堂，在前期"六三式"高效课堂教学模式近十年的研究成果（经验与理念）的基础上的继承与创新，前期研究成果证明，课堂教学的改革与创新，实现了科研成果的"生产力化"，经过十几年的努力，各子课题逐步探索出不同课型的智慧课堂教学模式，各实验基地的教学质量稳步上升，科研成果实现了生产力化。实验研究初期，我们确立了研究目标。后期，我们对比学生参与实验的初期与后期情况可以看出，学生的能力有了不同程度的提高：规范了学生的口头语言，培养了良好的交际态度和习惯；发展了学生的读写能力和思维，训练了学生随机应变的能力；提高了学生的语文核心素养；语文教学质量稳步提升，学生逐步形成可持续发展的学习智慧与生活智慧。例如，几年来全区师生各类获奖达1000多人次，发表各类论文等作品200多篇，出版专著近10部。因此，建构智慧课堂教学模型，促进科研成果"生产力化"，在我们的改革与创新中，越来越体现出它的意义与作用。

二、建构智慧课堂教学模型，促进城乡教学教研"一体化"

《湛江教育》2014年12月试验区成果汇报及经验推广专刊中实验基地数据显示，借助"建构智慧课堂教学模型"研究的平台，加强了城乡交流与合作，活跃了城乡两个区域的教学教研氛围，逐步缩小了城乡两地的教学教研水平，实现了城乡教学教研"一体化"，达到预期的研究目的。

三、建构智慧课堂教学模型，促进学生核心素养的提高

建构智慧课堂教学模型是由单一标准的传统课堂教学模式建构转向整合式智慧课堂教学模型的建构，立足学科核心素养理念，建构课堂教学的模型，在遵循学科课程育人价值理念基础上，整合课堂教学各要素，如国家层面的育人目标、学情、学科课程特点、课堂教学内容要素、教学步骤、教学技能、教学方法及信息技术的融合等，将适合自己学生的各要素优化组合，将固定、单一、僵化的教学模式转变为富有变化、具备个人风格的多样化模型。它涵盖课堂教学模型的创建、教学方法的优化整合、课程资源及课程的开发与利用等，如小学语文智慧课堂"六三式1+n"教学模型的建构，小学语文智慧课堂"六三式1+n"教学方法的建构，小学语文智慧课堂"六三式1+n"校本课程的建构等，其他学科亦然，从而促进学生核心素养的提高，使课堂教学达到"培养全面发展的具有创新精神的充满智慧的大写的人"育人目标。

四、建构智慧课堂教学模型，促进传统课堂教学理念的创新

在新课程理念下，基于核心素养的育人要求，我们在前期研究取得的成果和经验的基础上，提出"智慧课堂教学模型的建构与实践"理念。这不仅是前期研究成果的继承与发展，更是不断探索传统课堂教学改革理论的创新和发

展。在追求小学语文高效课堂教学的理想的基础上，逐步向"智慧课堂教学模型的建构"迈进，使课堂教学从"有模到无模，从传统到智慧"，达到学科性和科学性的和谐统一，对培养具有创新精神的智慧型人才，提升教师自身的素质，促进学校发展，解决教学资源与社会发展需求的矛盾，都具有很大的实践意义。

第三节 智慧课堂教学模型建构的思路与方法

一、研究思路

本项目的研究现状有如下几个方面。

（一）国外

1. 有效教学

有效教学的理念源于20世纪上半叶西方的教学科学化运动。教学也是科学。也就是说，教学不仅有科学的基础，而且还可以用科学的方法来研究。如杜威以儿童为中心、以经验的重组为教学本质、以活动和练习为基本教学组织方式等实用的教学观；巴班斯基的教学最优化和布鲁姆的目标分类等，从中我们可以发现对教学有效性的探寻；赫斯特认为有效的教学应该保证学生有兴趣，能自我激发动机，有自主权；美国教授加里·鲍里奇基于25年的课堂教学研究，著成《有效教学方法》，提供了宝贵的理论解释和指导。

2. 模型建构

建构主义也译作结构主义，其最早提出者可追溯至瑞士的皮亚杰。他是认知发展领域最有影响的一位心理学家，他所创立的关于儿童认知发展的学派被人们称为日内瓦学派。皮亚杰的理论充满唯物辩证法，他坚持从内因和外因相互作用的观点来研究儿童的认知发展。①

---

① 何克抗.建构主义：革新传统教学的理论基础［J］.电化教育研究，1997（3）.

模型，在辞海中的解释是：在自然辩证法上，指模拟原型（所要研究的系统的结构形态或运动状态）的形式。它是系统或过程的简化、抽象和类比表示。不再包括原型的全部特征，但能描述原型的本质特性。它的抽象程度越低，离现实世界就越近，结构就越大越复杂；它的抽象程度越高，离现实世界就越远，所要考虑的因素就越少，可分为物质模型和思想模型两大类。

模型方法以研究模型来揭示原型（被模拟对象）的形态、特征和本质的科学方法。客观事物、现象和过程之间存在的相似性是模型方法的客观依据。模型一般可分为物质模型和思想模型两大类。物质模型以某种程度、形式相似的模型实体再现原型。按物质模型模拟原型的性质和内容，模型可分为：外形结构模型、物理模型、动物模型、数学模型、功能模型五类。思想模型是客体在人们思想中的理想化反映、摹写，在人们头脑中创造出来，并被运用在思维中进行逻辑推理、数学演算和理想实验。模型方法具有可对事过境迁的自然现象进行研究，将自然现象放大或缩小等优点。随着科学的发展，模型方法在宏观领域、微观领域和社会领域中广泛运用。

"智慧课堂教学模型建构"是指在教师指导下的、以学生为中心的"大课堂"理念的教学模型。它有别于过去单一的课堂教学模式，创新点在于：不是机械地规定课堂教学的程序和步骤，而是根据具体学情，基于学生核心素养的形成和发展为目的的各种课堂教学的关键要素的科学整合，如教学目标、教学内容、教学步骤、教学技能等的有机创建和灵活重组。它是基于共性的典型的模式为基础（1），教学当中共同的要素（共性规律），然后依据不同的教学对象、教学内容等自由灵动地组合起来（n），建构一个新的适合自己教学对象的卓越的典型范式（个性化风格）。这里基础典型范式是前期研究成果（"六三式"高效课堂教学模式）的结晶，它包含以下几个方面："一个核心""两个基点""三个步骤""四个基本板块""五种策略意识""六大课型""情境创设"。

（二）国内

国内的有效教学研究也很活跃。有崔允漷教授写的《有效教学：理念与策略》《基于课程标准：让教学"回家"》。他对有效教学的内涵、核心思想做了清晰界定，提出有效教学的理念，同时明确了有目标（让教学回家）的教学方向：基于课程标准，追求目标—教学—评价的一致性。此外，余文森教授前期的《有效教学绕不开的三条规律》和后期的《从有效教学走向卓越教学》，从追求有效的三个规律：规律一，先学后教——以学定教；规律二，先教后学——以教导学；规律三，温故而知新——学会了才有兴趣，到追求智慧风格的卓越教学，《核心素养导向的课堂教学》为广大教师进行语文智慧课堂的研究指明了方向。王荣生教授的《语文科课程论》以及《语文课程与教学内容》，以教学内容选择的意识和能力为旨归的课程创新理念，也给本课题研究提供了新的理念和方向。

（三）本土

本地区前期研究的《城乡接合区小学语文有效课堂教学研究》以及《城乡接合区小学语文"六三式"高效课堂教学模式研究》的成果，也为本课题的高效课堂教学模式研究奠定了基础。

前期研究成果：2010—2019年，笔者主持研究《城乡接合区小学语文"六课型三步骤"有效课堂教学研究》《城乡接合区小学语文"六三式"高效课堂教学模式研究》均顺利结题并获奖。2016年，笔者的研究成果专著《小学语文智慧课堂的研究与实践》出版，备受业界专家同行的关注。2017年，该项研究成果获得广东省基础教育科研成果奖二等奖，填补了湛江市近几十年来小学阶段各学科科研成果获奖的空白。2019年5月，《基于核心素养的小学语文智慧课堂的教学模型的建构与实践研究》获准湛江市中小学教育科学"十三五"规划重点课题立项（课题批准号2019ZJZD009），此项研究的理念，是前期研究基础上的延伸和拓展。

这项研究是基于当地的课堂教学实际建立起来的，探索课堂教学理念"有效—高效—智慧"的动态创新历程。它是从探索大面积提高课堂教学质量的共性"模式"到探究既体现共性特点，又体现个性创新的智慧课堂的"模型"建构，是课堂教学改革创新的一条新路径，是一种提高课堂教学质量的同时又实现"培养全面发展的具有创新精神的充满智慧的大写的人"的新理念。前期的研究实践历程及经验成果，为本课题的研究提供了很好的借鉴。探究智慧课堂教学的模型建构，对提高广大一线教师课堂教学效率，提高教学的质量，为培养"全面发展的具有创新精神的充满智慧的大写的人"奠定基础，具有一定的现实性、普适性和可操作性的意义。

二、研究方法

（一）研究的方法

（1）本课题采用教研人员与一线教师合作研究的方式。理论与实践相结合，互相合作，教研相长。

（2）研究者拟借助一定的理论指导，通过对城乡接合区小学语文教学现状方方面面条件的具体分析，运用多种科学方法，通过对小学语文课堂教学的全面具体的研究，拟采用以实践研究为主的综合研究方法，根据不同阶段要求将文献研究法、观察法、调查研究法等科学研究方法综合运用，采取自理论到实践，再从实践到理论的整合型研究思路，以期达到最佳研究成果。

（二）研究手段

1. 确定实验基地

本课题的研究以小学语文课堂教学为切入口，因而需要一些小学建立实验基地（第一批实验基地：开发区各小学、各县区若干城乡接合部小学），先在实验基地进行实验，在取得经验和成果的基础上逐步推广。

2. 采用分支课题负责制

课题的实施采用分支课题主持人负责制。在总课题组统一指导和管理下，要求各分支课题主持人根据总课题的实施方案，制定出各分支课题的实施方案。在实施期间，对分支课题进行分段指导和检查，以确保子课题高质量完成研究任务。各分支课题主持人相对独立的研究，可以在本课题实验基地开展研究，待有经验和成果时互相交流和推广。

（三）研究计划（表1-3-1）

表1-3-1　阶段性研究计划表

第一阶段：（2018年7月—2018年12月）发动准备，主要开展调查与文献研究	"基于核心素养的智慧课堂教学模型的建构与实践（小学语文）"问卷调查研究	成果形式：报告、综述
第二阶段：（2019年1月—2019年12月）前期成果总结及实践，进一步在实践中检验阶段性研究成果	"基于核心素养的智慧课堂教学模型的建构与实践（小学语文）"中期报告	成果形式：论文、中期报告
第三阶段：（2020年1月—2020年7月）总结推广应用。总结展示，撰写总课题结题报告，聘请专家评审结题	"基于核心素养的智慧课堂教学模型的建构与实践（小学语文）"结题报告	成果形式：结题报告、论文等

3. 精心开展研究，提出智慧课堂教学模型框架

课题组自2010年成立以来，采取从理论到实践，再从实践到理论的整合型研究思路，整体设计研究方案，系统开展研究工作，为模型的建构提供理论支撑。通过研读理论著作、相关文献资料、课程标准等，厘清智慧课堂的概念内涵与理论结构，准确把握智慧课堂教学模型的内涵；开展课例研讨，分析比较智慧课堂教学方法的落实情况；开展研讨培训，不断提高团队成员对智慧课堂教学模型的理念理解，以及理论与实际课堂教学实践相结合的效果。课题组建立了20多个教学实践基地，课例研讨1000多节，送教送研100多场次，团队成员实践报道心得体会6册共计200多万字，为建构符合区域学情特点的智慧课堂教学模型框架提供实证依据。

三、研究内容

1. 基本内容

通过对总课题内涵的反复研究，决定以智慧课堂教学模型的体系建构，深入进行本课题研究。

（1）小学语文智慧课堂教学模式的建构。（前期已经完成基础范式的建构，详见研究成果专著《小学语文智慧课堂的研究与实践》）

（2）小学语文智慧课堂体验式板块教学方法的建构。（本课题研究重点）

（3）小学语文智慧课堂教学"1+n"范式校本课程建构。（下一阶段任务）

2. 研究重点

以人为本，以素养为导向，以课型为主线，建构小学语文"六三式"智慧课堂体验式板块"1+n"教学典型模式（前期）、教学方法（当前）以及校本课程（后期）模型体系。

智慧课堂教学模型建构的原则

第一节　遵循理论与实践相结合的原则

一、遵循"课题与课堂相结合"的原则

我们的研究课题从课堂教学中产生，本着"问题即课题"的研究理念，遵循"课题与课堂相结合"的原则开展。根据总课题的研究设想，制定子课题负责制的研究思路。总课题负责人进行理论指导，各子课题负责人组建研究团队，针对其各自实际开展研究工作。

各分支课题充分发挥实验基地作用，根据自己特点制定教改方案，形式多样，内容丰富，推陈出新，各具特色。例如，前期成果主要有：锦绣华景学校熊梅主任主持的汉语拼音智慧课堂教学模式（"先学探究—互动交流—以学定导—检测反馈—评价激励"）；二小黎德群校长主持的识字写字智慧课堂教学模式（"自主学习—合作探究—展示评价—拓展延伸"）；新民小学沈建东主任主持的阅读智慧课堂教学模式"三段六步"（"三段"即课前先学、课中互动、课后巩固，"六步"的学习流程："先学探究—互动交流—以学定导—检测反馈—评价激励—反思巩固"）；三小吴潘虹老师主持的口语交际"四环节"智慧课堂教学模式（情境激趣，引发"交际"—自主合作，多维互动—总结评价，享受快乐—拓展延伸，丰富外延）；育民小学周立聪老师主持的"四环"梯式情境习作智慧课堂教学模式（情动辞发，引"说"—理发文见，导"写"—披文入情，得"法"—检验反馈，提升）；觉民小学何武周副校长主持的"先学汇报—多维合作—共同品味—拓展运用"综合性学习智慧课堂教学模式。

　　智慧课堂教学模型的建构重在遵循智慧课堂核心理念的前提下不断创新，在动态的发展完善中寻求最佳的教学范式，以求课堂教学效率不断提升，更利于学生终生发展的核心素养的形成。依据课堂教学的实际不断完善和寻求创新的过程中，依据前期研究的范式成果在课堂上不断实践检验，不断依据实际学情与教材等的变化来完善和创新，扬长避短，在继承中创新发展理念和重构智慧课堂的范式。因此，中期范式成果以部编版教材内容为教学的蓝本进行了创新和提升，有了以下以分支课题主持人所在实验学校为代表来命名新的范式，如：①湛江一中锦绣华景学校汉语拼音多元整合"三环"教学模式，学习流程：演—说—用。演——情境演示，积累表象；说——多元互动，习得知识；用——走进生活，熟练应用。②湛江经开区二中、二小"四环"识字写字智慧课堂教学模式；教学流程：激情引趣—自主合作—聚焦语用—展示评价。③湛江经开区民安管理组"双主互动"四环节阅读教学导学模式，教学流程：目标导学，自主探究—互动交流，合作共进—以学定导，落实目标—拓展创新，提升内涵。④湛江经开区新民小学"四环情境式"板块习作课堂教学范式，教学流程：情境创设—情动辞发—范文引路—检验反馈。⑤湛江市中英文"四环情景式"口语交际课堂板块教学模式，教学流程：了解话题，收集资料—激趣导入，体验情境—示范引导，实践演练—拓展创新，提升能力。⑥湛江经开区四中"四环"综合性学习智慧课堂教学模式，教学流程：创设情境—开发资源—展示评价—拓展延伸。

　　同时，在智慧课堂教学模型的建构的典型范式的理念下，其他实验学校分别相对应的典型的教学方法，如：①廉江十九小"四环情境体验式"汉语拼音智慧课堂教学方法，情境体验：利用情境图进"故事乐园"—灵活编儿歌进"拼音乐园"—身端姿正进"写字乐园"—巧借游戏进"巩固乐园"；②廉江四小"四环情境体验式"识字写字智慧课堂教学方法，情境体验：创设多媒体情境，激发识字兴趣—创设生活情境，培养自主识字能力—创设识读写情境，巩固学生识字效果—创设多种激励情境，加强识字写字积极性；③湛江市遂溪县二小"四环情境体验式"阅读智慧课堂教学方法，情境体验：创设语言文字训练情境，落实语文要素—创设语言文字训练情境，突出人文主题—创设语言文字训练情境，养成良好学习习惯—创设语言文字训练情境，点亮思维火花；④湛江市遂溪县四小"四环情境体验式"习作智慧课堂教学方法，情境体验：创设素材积累情境，为习作蓄法—创设指导方法情境，为习作寻法—创设批改方式情境，为评价活法—创设创作机会情境，为创新求法；⑤湛江经开区中英文学校"四环情境体验式"口语交际智慧课堂教学方法，情境体验：创设"说"的体验情境，打开说话匣子—创设"动"的体验情境，开启乐说之旅—创设生活体验情境，提升应对能力—创设经验体验情境，调动表达欲望；⑥湛江市坡头区中心小学"三环情境体验式"综合性学习智慧课堂教学方法，创设"平台性"教学情境，体验综合性学习的宗旨—创设"严谨性"教学情境，体验综合性学习的策略—创设"粗放性"教学情境，体验综合性学习的过程。

二、遵循"研讨和培训相结合"原则

本课题采用教研人员与一线教师合作研究的方式开展研究。理论与实践相结合，互相合作，教研相长。根据不同阶段的要求将文献研究法、观察法、调查研究法、行动研究法、案例研究法等综合运用，以求达到最佳研究效果。

课题组根据实际采取课题研讨、骨干培训活动相结合的研究方式开展一系列的活动，取得理想效果。例如，2010年11月25日，我们率先在湛江开发区觉民中学举办《城乡接合区小学语文"六三式"智慧课堂教学研究》课题开题仪式暨骨干教师培训活动，参加活动人数300多人。邀请了人教社教材培训专家团成员邱一红老师做关于高效课堂教学的专题讲座，并邀请获得省市区教学竞赛一等奖的教师做阅读、习作等课例展示，活动还吸引了湛江市小学语文骨干教师来交流学习。

2015年11月5日，省"十二五"规划2015年度课题开题报告会在开发区二小举行，湛江市教育局教研室张勉主任、李智明副主任、区教育局郑晨光副局长、岭南师院白彦茹教授、基础教育学院董小华副院长参加了开题仪式，对《城乡接合区小学语文"六三式"智慧课堂教学模式研究》课题做了点评。此后，2018—2019年，我们进行了40多场次的培训研讨活动，根据研究主题的需要，还邀请广东省首批特级教师梁哲校长为我们做了《智慧校园与智慧教育实践及前瞻》的讲座，课题主持人林爱珠老师开展了《"六三式"智慧课堂教学模式》及《"六三式"智慧课堂情境体验式板块教学方法》的讲座，惠及市内外教师5000多人次，为提高和推进智慧课堂教学模型的建构与实践奠定了基础，受到各级领导专家同行的高度评价和积极推广。此外，网络研训与现场培训相结合，线上线下双管齐下，共同研讨齐发展。

三、遵循"行动与策略相结合"原则

行动上，"走出去"与"请进来"相结合。各基地十几年来委派和组织教导主任、一线老师、教学能手等到北京、上海、浙江、长沙、山东、江苏、厦门、深圳、广州、珠海、佛山、韶关等地学习智慧课堂的先进经验，观摩全国及省级竞赛课、优质课、研讨课，从中汲取精华，为我所用。

课题组多次邀请专家指导，如一小、二小、四小、新民小学、觉民小学等学校邀请市教育局张勉主任、李智明老师、陈洪义老师、梁哲校长等领导指导课题开展工作，还邀请全国课改专家胡菠主任、校本研修专家李玉平教授、成都大学严先云教授、岭南师院白彦茹教授、基础教育学院董小华副院长、广州黄埔区教研室曹利娟教授等专家学者来学校对教师进行专题培训，解决教学困惑，探究高效课堂模式。同时部分学校还定期出培训简报，让教师在培训中不断学习和总结，促进教师的专业成长。

第二节　遵循学科教学与课程综合化实践相结合的原则

一、创建学科课程范式，展示分享双管齐下

（一）评比赛课树典型

每年都定期开展优质模式课例竞赛与论文、教学设计评比活动，不断树立典型，创建智慧课堂教学模型。

（二）展示交流乐分享

我们鼓励先行者先行动，然后带动其他实验基地工作的开展。在实验基

地组织了展示活动，让区域的学校都参与，共同探讨、分享典型模式的成果。展示活动在湛江电视台新闻频道、湛江开发区管委会新闻网、图读湛江、湛江电视台综合频道、湛江教育网以及《湛江日报》《湛江教育》上被报道，进一步推进了我区教改的工作。学生成果展示更是精彩纷呈，亲子阅读、雏鹰魅力秀、读书沙龙、国学道德诵读，高年级学生的研究报告以及古诗词诵读等，仿佛一席色香味俱佳的文化盛宴，让大家回味无穷、意犹未尽。课题成果、成员典型优秀课例展示活动以点带面，营造浓厚的研讨氛围，探索建构智慧课堂的有效途径，形成富有特色的校本文化。

（三）推广辐射创品牌

具体工作主要是以课型为主线，典型模式为范例，打造城乡接合区小学语文智慧课堂教学模式。创设适合区域特色的典型课型课例品牌，使科研成果课程化，形成特色并积极推广，发挥辐射引领作用。

（1）科研项目课堂化。本着问题即课题的思想，根据区域（城乡）差异、生源差异、师资差异、质量差异等实际，切实提高教学质量，缩短差距，达到教改的目的。总课题组的成员群策群力，集思广益，深入基地和课堂，创建有效的课堂教学模式。

（2）科研工作常规化。总课题根据实际情况，制定了"以课型为主线，典型模式为范例"的研究策略。课题组把科研工作常规化，五年来积极探索，开展不同课型的智慧课堂教学模式试点。

（3）科研成果典型化（品牌化）。我们课题组实验基地研究出的一些课型模式，不仅在全区展示推广，还在全市全省（广东省青年教师论坛活动）乃至全国（千课万人活动展示）范围内送课下乡展示交流，促使科研成果形成课程效益的转化。

二、遵循共性规律，彰显个性风格

彰显个性艺术风格：从有模到无模，从有效到智慧。

（一）共性规律：有效从"有模"开始

"有模"是指在遵循教学的客观规律和共性要求，建立科学的学科教学"模式"。现代教学论研究指出："教学作为一种专门培养人的社会活动，它的运动、发展、变化存在着不以人的主观意志为转移的客观规律。这些客观规律就是对教学的共性要求。只要掌握了这些规律，并在实践中认真遵循了这些规律，任何教师都可望在教学中提高质量。"因此，要改变广大农村学校"无效低效"的课堂教学现状，要从学科教学模式建构开始。

"课堂教学是科学"，这是智慧课堂教学秉承的基本理念。本着这一理念，遵循三个结合（"课题与课堂相结合""研讨和培训相结合""行动与策略相结合"）的原则，笔者创建了"城乡接合区小学语文'六三式'高效课堂教学模式"。

通过树立典型模式，展示优秀课例，让广大教师有"模"可"仿"，改变了城乡接合区课堂教学"费时低效"问题，我们的课堂教学质量取得了一定的成效。例如，湛江市小学语文调研测试分析材料数据显示，本区总平均分排名前列；在全区抽测中"一分两率"（平均分、及格率、优秀率）六年来均逐年上升。湛江市教育局教研室对我们区"有效课堂人人达标"的区域课改成果充分肯定，2014年11月，召开了现场总结大会，并大力推广，在全市产生积极的影响。（详见《湛江教育》2014年12月专刊《承前启后，扬帆起航》，笔者受约稿执笔。）这个区域性的课堂改革，正是结合笔者的教学主张的理念来开展的，它对全区甚至全市课堂教学质量的提高起到了很大的促进作用。

（二）个性规律：创新从"无模"萌发

唯物辩证法认为：世界上的任何事物都是矛盾的统一体。事物的发展变化是事物矛盾着的对立面既统一又斗争的结果，矛盾是事物发展的源泉和动力。课堂教学改革中的"有模"和"无模"，"建模"和"脱模"，它们也是推动课堂改革的一对矛盾统一体，是课堂模式改革前行的动力。

"无模"并非对"有模"的全盘否定和摒弃，"无模"是在典型模式基础上的创新。遵循"教有常法"的共性规律，更要尊重个性，要"定中求变"。"定"指"常法"，教有常法，是在共性中大面积提高教学质量采取的有效教学模式；"变"，此乃"创新"之意也，是根据学情和教学内容等，灵活创新教学模式，优化教学技能，从而落实核心素养。

笔者的课题成员组周立聪老师，在一所不足百人的乡村分校搞试点，我指导他创设了本土特色的"四环"梯式情境习作高效智慧课堂教学模式。2016年5月，他在全市高效课堂竞赛中脱颖而出，独占鳌头，代表湛江市参加省课堂教学比赛荣获一等奖。10年来体现以上主张的1000多个课例，获得了国家级、省级大奖，被市教研室作为优质课推送到廉江、遂溪、麻章等10多个县市区，达100多场次，听课人数2万多人次。2016年11月，中国影视出版社出版了我们的前期研究成果专著《小学语文智慧课堂的研究与实践》，这一专著自出版以来备受广大师生家长的喜爱，在三大网上购物平台以及线上线下几百家书店销售，一直居于同类书刊销量前列，深受读者好评！2017年1月和3月，《湛江教育》分别刊登了这个主张的成果报告（《从有效课堂向智慧课堂迈进》）和反思（《课堂实践的路径：从有模到无模，从有效到智慧》）。2019年12月8日至10日，工作室成员周立聪走进全国"千课万人"的舞台，与薛法根等大师同台演绎，展示了《在牛肚子里旅行》，产生了广泛的影响。

"变活"教学模式，彰显师生智慧，"变通"教学策略，落实核心素养，优化教学技能，实现智慧风格。

避免过于僵化的操作模式，要以人为本，以素养为导向，存同求"变"，既要提高教学质量，又要落实核心素养，从有模到无模，从有效到智慧。认识了学科教学的特点，最终以课型为主线，以典型模式为范例，灵活变通，使我们的课堂教学从有效走向卓越，教学的模式从有效走向智慧，学科教学走向课程综合化。

第三节　遵循学科科学传统教学与现代信息技术相结合的原则

中共中央国务院《关于深化教育教学改革全面提高义务教育质量的意见》第三大点强调：强化课堂主阵地作用，切实提高课堂教学质量。第11点明确指出：促进信息技术与教育教学融合应用。

因此我们在课堂教学中，在遵循学科科学传统教学方法的同时，结合课堂教学内容的实际需要，恰当融合现代技术，可以使我们的课堂教学效率事半功倍，提高课堂教学的质量。实践证明，恰当并深入融入现代技术进行教学，不仅可以引导学生理解教学的内容，拓宽教学的深度、广度和长度，还可以让他们明白其中的道理，使其形成正确的价值观。为达到此目的，我们常常利用直观的多媒体以及"教育+互联网"，引导学生主动探究，取得了良好的效果。

一、利用现代信息技术资源，引导学生自发探究的兴趣

例如，低年级小学生获取知识的途径往往靠直观的感知，因此，我们先设计配有课文录音和反映课文内容的动画。教学时，让学生边看动画边听录音，然后提出自己不懂的问题。多媒体生动有趣，因此学生学起来既主动认真又兴趣盎然。在学习语文园地"我爱阅读"栏目中《最大的书》一文时，整体感知了课文内容后，他们都争先恐后地举起小手来提出自己不懂的问题，有的问：老师，"刨根问底"是什么意思？有的问："最大的书"是指什么书呢？……他们畅所欲言，这样，学生主动探究的欲望与兴趣被激发起来了。

二、借助现代信息技术演示，培养学生理解与运用的能力

当学生在阅读时有了疑问，强烈的求知欲望使之迫不及待地进行探究，努力寻求问题的答案。这时我们应抓住课文的重点和难点，借助多媒体，引导学生自觉地解决。例如，学习"坐井观天"这个成语故事时，抓住重点内容（蛙、鸟的三次对话），再根据学生所提出的疑难问题，如理解小鸟的话"天无边无际，大得很哪！"这句话时，最重要的是引导学生理解"无边无际"这一词语的意思。但是，如果单靠抽象的语言文字去解释，学生是很难理解的。我们不妨借助多媒体，动画演示：小鸟飞过高山，飞过大海，飞到城市，飞到乡村……让学生体会到小鸟飞到过许许多多的地方，经过了遥远的路程，飞累了，落在井沿上，但一直都没有看到天的边际。由这些既形象又生动的动画使学生直观地感受到天大得看不到边，从而理解了这一词语的意思，为下文引导学生自觉地读懂故事的内容做铺垫。

《课程标准》第三部分实施建议中提出：阅读是学生的个性化行为，不应以教师的分析来代替学生的阅读实践。应让学生在主动积极的思维和情感活动中，加深理解和体验，有所感悟和思考，受到情感熏陶，获得思想启迪，享受审美乐趣。因此，有了以上的感知，学生很自然就明白小鸟与青蛙争论的问题就是天的大小问题，而且已经初步同意了小鸟的看法。但是青蛙为何还要与小

鸟争论呢？它又为何认为"天只有井口那么大"呢？为了解决以上的疑问，我们继续引导学生自觉地探究。当学生读到"青蛙笑着说：'我天天坐在井里，一抬头就看见天，我不会弄错的。'"这一句时，我们可以利用多媒体显示青蛙坐在井里看天的情景，再加一个小实验：用纸卷成筒让学生看天，使学生亲身体验到井底之蛙看天的情形，让学生自己找出青蛙弄错的原因。学生经过理解和体验，再由青蛙笑的神态，引导学生领会青蛙的见识少而又自以为是的道理。

三、以现代信息技术为媒介，培养学生丰富的创造力

《课程标准》中指出："要注重开发学生的创造潜能，促进学生持续发展"。因此，以上我们让学生在积极主动的探究活动中，理解了故事内容，获得了思想启迪。在此基础上，我们再以多媒体为中介，引导学生进一步探究：小鸟听了青蛙的话后，很有礼貌地请青蛙跳出井口看一看，青蛙会不会跳出来？（讨论，说出自己的观点和理由后，继续讨论以下问题。）假如它跳出来，它会看到什么？说些什么？（此时多媒体显示几幅美丽的图画：蓝天、白云、花草树木，姹紫嫣红、多姿多彩的世界。）学生针对以上有趣的问题，结合形象生动的图画，展开了积极的讨论。他们自由地想象，踊跃地发言，说出了自己的感受和想法。然后，再请学生表演。扮演跳出井口的"青蛙"，有的说：哇，天空真大啊！有白云，有小鸟，有风筝，多么美啊！原来小鸟没有骗我。有的说：世界真大呀！有五彩缤纷的花，有翠绿的树木，还有飞舞的蝴蝶，真是太美，太精彩了！幸好我跳出来了！……多么富有创造性而又充满童稚的话啊！此时，我们抓住机会做出合理的评价，表扬主张跳出井口的"青蛙"，赞赏它勇于改错，敢于创新，从而培养学生正确的价值观。同时，通过激励学生发挥丰富的想象力来进行说和演，从而开发了学生的创造潜能，促进了学生的持续发展。

四、利用互联网+教育，培养学生形成正确的价值观

《课程标准》中指出："重视情感、态度、价值的正确导向"，"使学生形成正确的价值观和人生态度"。在教学口语交际《长大以后干什么》一课时，为了培养学生形成"职业不分贵贱，三百六十行，行行出状元"的正确的价值观，我们可以借助互联网上各行各业杰出的平凡而伟大的职业能手的事

例，还可以借助互联网上的教学云资源，促进学生形成正确的价值观。

总之，遵循学科科学传统教学与现代技术相结合的原则，利用现代信息技术直观的形式，丰富的内涵，拓宽教学的深度、广度和长度，让他们明白其中的内容和道理，使其形成正确的价值观。

第二篇

核心理念

2

第三章 >>>
智慧课堂教学模型建构的概念及要素

第一节 智慧课堂教学模型建构的核心概念

一、核心概念

基于核心素养的智慧课堂教学模型建构的内涵，包含以下几个关键词：核心素养、智慧、智慧课堂、体验式板块教学模型建构等。

（一）核心素养

面对世界经济与社会的发展，多个国际组织和发达国家提出了核心素养的概念，并制定了相关教育改革措施以培育适应时代发展的合格公民。联合国教科文组织（UNESCO）提出21世纪公民必备的核心素养：学会求知、学会做事、学会共处、学会生存以及学会改变。2016年，林崇德教授领衔的我国学生发展核心素养研究课题组认为核心素养是"学生应具备的，能够适应终身发展和社会发展需要的必备品格与关键能力"。"学生发展核心素养以培养'全面发展的人'为核心，分为文化基础、自主发展、社会参与三个方面，综合表现为人文底蕴、科学精神、学会学习、健康生活、责任担当、实践创新六大素养"，每一素养又分为3个基本要点，共18个基本要点。六大素养不是人与生俱来的，而是后天习得的。因此，学生作为社会的人的特殊群体，他们需要学校特定的育人环境和育人方法，才能形成可持续发展的终身素养。

下面笔者依据《课程标准》的理念"语文课程应激发和培育学生热爱祖国语文的思想感情，引导学生丰富语言的积累，培养语感，发展思维，初步掌握学习语文的方法，养成良好的学习习惯，具有适应实际生活需要的识字写字能力、阅读能力、写作能力、口语交际能力，正确运用祖国语言文字。语文课程还应通过优秀文化的熏陶感染，促进学生和谐发展，使他们提高思想道德修养和审美情趣，逐步形成良好的个性和健全的人格"，结合陈先云理事长从理解、运用、思维与审美四个维度列出的小学语文核心素养清单：语言理解能力、语言运用能力、思维能力、初步审美能力，我们致力于智慧课堂的建构与实践，立足课堂和课程，围绕一个核心——"以人为本，立德树人，培养全面发展的具有创新精神的充满智慧的大写的人"为研究的宗旨。

（二）智慧课堂

"智慧"在《辞海》中的解释是："对事物能认识、辨析、判断处理和发明创造的能力。"发明创造事物的能力是智慧的最高表现，它包括"发现新领域，解决新问题，创造新成果"的能力。中华民族五千年的文明历史，无不是劳动人民的智慧创造的。《国家中长期教育改革和发展规划纲要（2010—2020年）》指出："适应国家和社会发展需要，遵循教育规律和人才成长规律，深化教育教学改革，创新教育教学方法，探索多种培养方式，形成各类人才辈出、拔尖创新人才不断涌现的局面。"笔者倡导的"小学语文智慧课堂"的理念，是"以人为本，以素养为导向"，旨在为培养可持续发展的具有创新精神的充满智慧的"大写的人"奠定基础。"智慧课堂"的理念正是顺应了国家对人才培养的要求。

智慧课堂的含义：依据课程标准的理念，依托现行教材，根据学情，立足课堂，以人为本，立德树人，以素养为导向，旨在培养全面发展的具有创新精神的充满智慧的大写的人。这样的课堂，谓之智慧课堂。

（三）教学模型建构

建构主义认为，学习不是知识由教师向学生传递，而是学生建构自己知识的过程；学生不是被动的信息接收者，而是信息意义的主动建构者，这种建构不可能由其他人代替。建构主义根据学生的认知特点，提出了情境性认知的观点。

（四）体验式教学模型

大卫·科尔布（Kolb，1984）是体验式学习理论的代表。科尔布认为学习不是内容的获得与传递，而是通过经验的转换从而创造知识的过程。他用学习循环模型来描述体验式学习。该模型包括四个步骤：

（1）实际经历和体验——完全投入当时当地的实际体验活动中。

（2）观察和反思——从多个角度观察和思考实际体验活动和经历。

（3）抽象概念和归纳的形成——通过观察与思考，抽象出合乎逻辑的概念和理论。

（4）在新环境中测试新概念的含义——运用这些理论去做出决策和解决问题，并在实际工作中验证自己新形成的概念和理论。

（五）情境体验式板块教学模型的建构

智慧课堂情境体验式板块教学方法的含义：依据智慧课堂教学理念和宗旨，根据学生认知的特点，创设教学情境，科学整合教学资源板块，融合信息技术，优化教学技能和教学内容，让学生在自主体验中获得真知，逐步形成全面发展的具有创新能力、充满智慧的大写的人。这样的课堂教学方法，谓之智慧课堂体验式板块教学方法。

小学语文智慧课堂情境体验式板块教学方法模型的建构和内涵：根据智慧课堂情境体验式板块教学的含义，依据小学语文六大知识板块的教学特点，建构小学语文智慧课堂情境体验式教学方法体系，分别是：

（1）小学语文智慧课堂汉语拼音情境体验式板块教学方法模型的建构。

（2）小学语文智慧课堂识字写字情境体验式板块教学方法模型的建构。

（3）小学语文智慧课堂阅读情境体验式板块教学方法模型的建构。

（4）小学语文智慧课堂习作情境体验式板块教学方法模型的建构。

（5）小学语文智慧课堂口语交际情境体验式板块教学方法模型的建构。

（6）小学语文智慧课堂综合性学习情境体验式板块教学方法模型的建构。

其核心要素包括"一个核心""两个基点""三个步骤""四个板块""五个意识""六大课型""情境创设"七个方面。

第二节　智慧课堂教学模型建构的核心要素

小学语文"六三式"智慧课堂教学模型的建构的核心理念包括七个要素："一个核心""两个基点""三个步骤""四个板块""五个意识""六大课型""情境创设"。

一、一个核心

以人为本，立德树人，培养全面发展的具有创新精神的充满智慧的大写的人。

二、两个基点

基于核心素养，培养学生自主合作探究真知的能力；基于智慧课堂"1+n"情境体验式板块教学模型的建构与实践，促进学生综合素养的提高与创新思维的形成。

三、三个步骤

"准确解读—精心设计—灵动施教"，即"准确解读，优化落点—精心设计，优化步骤—灵动施教，优化技能"，三者关系如图3-2-1所示：

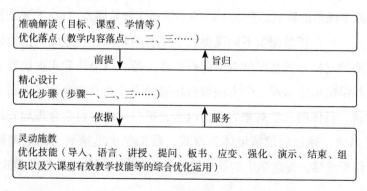

图3-2-1

三者的关系有机结合。准确解读是确定教学内容落点的前提；教学步骤依据优化教学内容落点来精心设计；优化教学技能，灵动施教是为教学步骤服务的，旨归是落实教学内容落点，循序渐进，以人为本，立德树人，培养学生自主合作探究真知的能力，促进学生综合素养的提高与创新思维的形成，培养全面发展的具有创新精神的充满智慧的大写的人。

四、四个板块

四个"教"与"学"基本板块。

教：导—疑—思—创，即"依情导学—质疑问难—思维审美—创新拓展"。

学：知—习—展—辨，即"读懂（初步感知）—习得（习得积累）—展示（展示运用）—思辨（辩证创新）"。

五、五种意识

一是学情意识，智慧语文课堂教学要有遵循学情的意识（以人为本）；二是要素意识，智慧语文课堂教学要有服务于语文要素（学科知识共性的全面发展）；三是人文意识，智慧语文课堂教学要服从于人文主题（人文精神共性的全面发展）；四是生活意识，智慧语文课堂教学要有联系生活实际的意识（社会责任共性的全面发展）；五是创新意识，智慧语文课堂教学要有形成创新思维的意识（综合素养、个性创新）。

六、六大课型

六大课型指汉语拼音、识字写字、阅读、习作、口语交际、综合实践活动等，依据六个课型的特点，开展不同的小学语文智慧课堂"1+n"课堂教学模型建构与实践。包含智慧课堂不同课型教学模型的建构、智慧课堂情境体验式板块教学策略的建构、智慧课堂教学课程的建构等。情境体验式板块教学模式，顾名思义就是情境体验式教学方法与板块教学模式的有机融合，根据《课程标准》、教材、具体的教学对象等诸多因素，把教学内容科学合理地安排在几个"板块"当中，通过创设情境体验模式，帮助学生迅速而正确地理解教学内容，培养创新思维，促进学生的核心素养全面和谐发展的一种教学模式。

七、情境创设

李吉林老师说过，优化情境是实现教学目标的途径，并不是目的。智慧课堂情境体验式板块教学的情境创设，就是根据六大知识板块的课型教学特点以及具体教学内容，尊重学生主体体验，依据具体学情，创设合适的情境，优化教学途径，落实核心素养。情境的创设，主要为落实学生终身发展的核心素养服务。因此，情境主要依据具体教学内容从落实核心素养的三大方面——文化基础，自主发展，责任担当；六大素养——人文底蕴、科学精神、学会学习、健康生活、责任担当、实践创新；18个基本要点——人文底蕴：人文积淀、人文情怀、审美情趣；科学精神：理性思维、批判质疑、勇于探究；学会学习：乐学善学、勤于反思、信息意识；健康生活：珍爱生命、健全人格、自我管理；责任担当：社会责任、国家认同、国际理解；实践创新：劳动意识、问题解决、技术运用等进行具体科学的优化创设，具体归纳为六大情境创设。

（一）场景情境创设

例如，生活经验情境（家庭日常生活等）、学习环境情境（学校、教室等学习场所）、自然环境情境、社会环境情境等。

（二）实物情境创设

例如：物品、图片、绘画、剪贴画等。

（三）声音情境创设

例如：音乐、语言描述等。

（四）动作情境创设

例如：表演课本剧、现场资源互动等。

（五）资源情境创设

例如：写作背景、作者简介、社会背景、练习设计、资料库、微课、影视等文字及视频类资源情境的创设。

（六）综合情境创设，即以上情境的综合优化运用

例如，实物+声音，动作+声音，资源+实物，等等。

情境创设的基本原则：一是情境创设必须根据学生认知规律，各年段情境创设着重点不尽相同。低年段着重场景、实物、声音、动作、视频等情境的创设，高年级多采用资源及综合情境的创设。情境的创设必须依据学生特点及规律，教学目标、教学内容及教学重难点的实际需要优化创设，不能为创设而创设，更不能随意和花哨，以免课堂教学效果繁难无效。二是情境创设必须为教学目标服务，为育人目标服务，为学生形成可终身发展的核心素养服务。三是情境创设必须根据不同的课型教学目标和特点有所侧重。四是情境创设要体现深度学习。五是情境创设要与信息技术恰当融合。六是情境创设要体现课程化的理念。这些都是根据具体学情与教学内容优化情境创设，为提高课堂教学效果服务。下面以两个知识板块的具体课例为例具体谈谈。

（1）案例一：识字写字知识板块的智慧课堂教学情境的创设（以《日月明》为范例）

板块一：创设图画情境体验，感受中国汉字的魅力（落实审美能力素养）——价值观。

板块二：创设儿歌情境体验，享受音美如歌的韵律（落实语言积累素养）——字音。

板块三：创设微课情境体验，领略形美如画的汉字（落实识字能力素养）——字形。

板块四：创设语言运用情境，交流多种识字方法（落实理解运用素养）——字义。

板块五：创设实践活动情境，学会书写汉字（落实良好学习习惯素养）——书写。

板块六：创设生活运用情境，感知学习汉字的作用（落实创新思维素养）——思维。

（2）案例二：口语交际知识板块智慧课堂教学情境的创设（以《长大以后干什么》为范例）

板块一：优化生活实际情境体验，落实言语运用素养。

板块二：优化表演活动情境体验，落实情感态度素养。

板块三：优化现场资源情境体验，落实创新思维素养。

板块四：优化阅读资料情境体验，落实审美价值素养。

板块五：优化儿歌渗透情境体验，落实人文精神素养。

此外，还可根据教学不同的课型板块进行既科学又灵活的情境创设，如习作教学中可以进行"优化实践操作情境""优化照片重现情境""优化情节铺垫情境""优化音乐渲染情境"等。由于"各素养之间相互联系、互相补充、相互促进,在不同情境中整体发挥作用"这一特点,情境创设也是相互联系、互相补充、互相促进的,根据教学目标及教学内容的落点进行优化,优选教学方案,以期达到最佳的效果。通过优化情境,让学生充分体验情境,从而实现智慧课堂教学的高效性、创造性,使学生形成语文核心素养,培养健全人格,落实育人目标。

综上所述,小学语文智慧课堂教学模型的建构体系如图3-2-2所示。

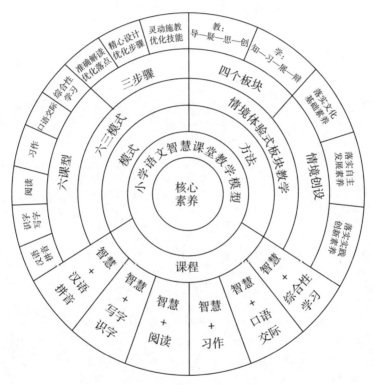

图3-2-2　智慧课堂教学模型建构图

从图3-2-2中看出,智慧课堂教学模型的建构,包括智慧课堂模式、方法、课程三大模型的建构,模式的建构在前期研究成果专著《小学语文智慧课堂的研究与实践》着重阐述,基本模式是"六三式"智慧课堂教学模式,自2010年开始实践,对大面积提高课堂教学的质量取得了一定的成绩,这在前面已有陈述,在此不再赘述。智慧课堂课程模型的建构尚在开发当中。本书主要侧重方法的建构,但是,智慧课堂教学方法模型的建构是与模式建构息息相关的，是一个动态发展理念，因此情境体验式板块教学方法要体现整体化、情境化、深度化、个性化的教学理念。教师依据育人价值观目的、课程标准理念、学科科学性质、课程内容以及具体学情等，采取合宜的教学方法，情境创设是体验的前提，板块的确定是深度化的保证，它对教学内容的融会贯通和重组做出递进式、扩散式、启发式的深入教与学，是保证智慧课堂教学范式达到预期的育人目标的重要理念。

第四章

智慧课堂教学模型建构的价值及目标

第一节　智慧课堂教学模型建构的价值

　　语文智慧课堂教学模型的建构的价值取向：致力于学生的终身发展奠定基础。

　　《课程标准》指出："语文课程致力于培养学生的语言文字运用能力，提升学生的综合素养，为学好其他课程打下基础；为学生形成正确的世界观、人生观、价值观，形成良好个性和健全人格打下基础；为学生的全面发展和终身发展打下基础。"由此可见，语文教育对于如何培养人才，培养什么样的人才，如何落实学生的核心素养，促进学生全面发展和终身发展，是多么重要且意义深远的课题啊！

　　语文是民族文化的载体，是一门综合性、实践性的课程。一方面，它具有工具性，另一方面具有人文性。语文作为一门基础学科，在不同人的眼里各不相同：在哲学家的眼中，语文是人的社会化的工具；在科学家眼中，语文是思维的工具和手段之一；文学家则认为，语文是知识、信仰、道德、法律的基础载体，语文能力是人的基础素质之一。语文的本质特点，决定了语文教学与人才培养有着相辅相成、密不可分的关系。

　　小学语文智慧课堂教学模型的建构在人才培养中起着关键性的作用。这一作用主要体现在如下几方面。

一、智慧课堂教学模型的建构为人才培养形成基本知识的理念

中国语言作为母语，它的主要功能是作为一种工具，是思维和表情达意、交流思想的工具。这就要求语文教学要为社会培养各类人才奠定语言文化的能力，也就是把培养人才的听、说、读、写的各种能力作为自身的任务。语文，说到底就是如何理解外界传递给你的信息，以及如何来表达你自己的意图，关键是理解和表达。一个人如果缺乏这种最基本的能力和条件，他将无法理解和掌握其他的知识，就不能称之为人才。

另外，语文学科本来就是一门内涵十分丰富而外延又无限广阔的学科。语文教材具有综合性，涉及方方面面的知识。它不仅包含自身的语音、语法、修辞、逻辑、文学知识等特点，还囊括了哲、史、地、美、书法和自然科学等多方面的知识，它比任何学科都更具思考性，更容易激发学生由此及彼的联想，更能培养人的创造能力。它可以在强化书面及口头语言表达能力与学以致用的基础上，探讨如何从古今中外的文学宝库中吸取精华。正所谓天高任鸟飞，海阔任鱼跃。在语文科学的无限广阔天地里，可任凭人的思维随意驰骋。正如恩格斯说他在巴尔扎克的《人间喜剧》里面得到的东西，比当时所有职业的历史学家、经济学家和统计学家那里学到的东西还要多。又如有人把《红楼梦》说成是一部社会百科全书，这并不过分。由此可见，语文教学为人才培养提供了最基础、最全面、最丰富的知识，是人才培养必不可少的手段和途径。智慧课堂教学模型的建构为人才培养形成基本知识的理念。

二、智慧课堂教学模型的建构在提高人才素质方面有着独特的优势

中华人民共和国成立以来，我们的教育方针明确规定：要使受教育者在德、智、体、美、劳诸方面全面发展，要全面贯彻教育方针，培养全面发展的人才。语文教学具有义不容辞的责任，更何况语文教学在提高人才素质方面有着得天独厚的优势。这主要表现在，语文是民族文化载体，它不仅具有工具性、文化性，而且具有很强的思想性。因此它在塑造健全人格方面理应一马当先地负起使命。

（一）智慧课堂教学模型的建构更好地塑造健全人格方面的优势

"德育为首"的原则，说明了培育人才应把思想素质放在首位。"文道合一"的原则，体现了语文教学和思想教育有机统一的精神。可见教育的根本任务和语文科学在渗透思想教育方面具有得天独厚的条件，即利用其形象含蓄的思想优势，把受教育者培养成高尚的人，纯粹的人，有益人民的人。

1. 光辉灿烂的文字遗传是塑造健全人格的形象媒体

中华民族传统文化源远流长，在传统教育中，伦理道德、价值观念，人格的塑造始终被置于重要地位。语文学科的人文性日渐突显，加之它的形象、含蓄，较之于其他学科，如政治、历史在思想教育方面有优越性。中国悠久的历史文化，为我们遗留下大量优秀文学作品，它为我们展现出一个个丰富多彩的人格世界，无论是文言文还是白话文，大量的文学作品都体现了中国传统文化的精神价值。我们读它，仿佛正沐浴在作者身体力行的人格教化中，令人为之振奋、为之呐喊，心灵得到净化，人格得到陶冶，语文教学在塑造人格，铸造民族魂中有着举足轻重的作用。

2. 借语文教学之机培养自强不息精神，是塑造健全人格的重要一环

"天行健，君子以自强不息。"这是要求"君子"具有勤奋地、不懈地从事某一事业的精神。这在历史长河中激励着无数正直的人士积极向上，努力拼搏，成为后世无数奋发有为的人才立身处世的重要原因，造就了众多的学者、思想家、科学家。"自强不息"的精神，是我们民族的精神，它是从我们民族灿烂的文化遗产中归纳出来的精神，它激励着一代代仁人志士，如远到中国第一位爱国主义诗人屈原，他发出"众人皆醉我独醒"的剖白；近至中国近代文坛伟大的文学家、思想家和革命家鲁迅先生的"横眉冷对千夫指，俯首甘为孺子牛"的冷峻而尖锐的"呐喊"，同时这种"自强不息"的民族精神，也使我们祖国源远流长的文化长河不断地产生数量可观的、熠熠生辉的诗书：《史记》《茅屋为秋风所破歌》《呐喊》……真是不胜枚举，这些作品的思想与作者，本身就是一座座高大无比的人格丰碑。所有这些都蕴含着形象而生动的思想哲理，是其他科学所不能替代的。因此，语文教学，除了扫清文字修辞的障碍之外，理应把重点放在对受教育者的思想渗透上，培养出具有强烈的爱国精神，勇于自强不息又具有忧患意识、济世精神和勇于献身精神的健全人格的优秀人才。这是语文教学的当务之急，因为语文教学在这方面具有独特的优势。

（二）智慧课堂教学模型的建构是启迪人才智慧的金钥匙

要培养出全面发展人才，语文教学责无旁贷，而语文智育教学是语文教学的核心部分，它是开启人才智慧之门的关键，其主要内容包括：传授知识、开发智力、培养能力三大任务。

1. 传授知识对发展人的智力具有重要作用

中学阶段是选拔人才的关键，现行《中学语文教学大纲》（以下简称《大纲》）明确规定，在中学语文教学中，必须教学生"必要的语文基础知识"。其中包括读写知识、语法知识、修辞知识、文化知识和文言语法知识五个大类，五者共同形成一个完整的知识体系。语文作为一门特殊的基础科学，它除了传授本学科的知识外，也与其他学科融会贯通，它是启发人的智力，培养人接受其文是"传授知识"与"发展智力"的载体，是通往其他科学领域的桥梁。如果一个人缺乏了基本的语文能力，他的智力发展将受到限制，也就无法适应社会的需要。换句话来说，没有语文这一基础学科，其他知识将无法传授，人类社会的整体智力将停滞不前，其他领域的科学无法发展，社会将无法前进。

2. 开发智力是人才培养的关键

语文教学的目的之一是使受教育者具有较高的语文素养，培养具有独特个性的创造性人才。为了达到这一目的，传统的语文教学把培养学生的观察力、开发学生的记忆力和培养逻辑思维能力作为开发智力的内容。

（1）观察力是各种能力的基础，是心灵的通道，也是学习的源泉。观察是知觉和思维相互渗透的复杂的认识活动。在观察过程中，不断地把观察到的事物与已有的知识或假设联系起来思考，把事物间相似性、特异性和重复现象进行比较，发现事物之间的必然联系，是因为他观察此事物运动、变化和相互作用的过程，出现的特异性和偶然性反映了事物间多种必然性的交叉，这些发现绝对不能离开观察。可见，具有独立见解的创造型人才必须具有敏锐的观察力。古人所云"行万里路，读万卷书"，正说明了古人已明白了观察的重要。

为了发展观察力，在语文教学中就要有目的、有计划地组织和指导受教育者进行观察。在语文教学过程中，受教育者可通过阅读文学作品来观察世界，也可以从作品中学习作者观察事物的方法。另外，语文教学在指导受教育者写观察日记、心得时，可以引导他们将观察到的材料分析、比较、辨别、综合，从而提高受教育者阅读、分析、创作的能力。只有不断地观察自然、观察社会、观察人生，才能了解世界，发现自然和社会的客观规律，而语文教学正恰如其分地使受教育者做到了这点。

（2）充分利用语文智慧课堂教学模型的建构开发受教育者的记忆是十分重要的。记忆是智慧的仓库，失去它，人将无法进行创造性的活动。近年的生理学、心理学研究成果表明，在小学及中学低年级开发受教育者的右脑，开发其记忆力是十分必要的，这与语文教学内容刚好吻合。我国的小学语文教育内容基本是靠记忆手段完成的。而在其他阶段的语文教学中，记忆仍是培养人才具有语文能力的重要手段。在实际生活、工作中，有的领导同志发言时不用讲稿却口若悬河，滔滔不绝地做报告；相反，有的人就是拿着讲稿来读，也显得张口结舌，弄得笑话百出。可见，利用语文教学的形象性、可诵读性等有利方面去开发人才的记忆力是重要的，也是可行的。

（3）充分利用语文智慧课堂教学模型的建构开发人的思维力是语文教学的核心所在。孔子说："学而不思则罔。"（语出《论语》）语文学科是语言学科，也是思维学科，语言和思维相辅相成，二者密不可分。正所谓"不愤不启，不悱不发。举一隅不以三隅反，则不复也。"（语出《论语》）这里的"愤悱"，朱熹解释为，"心求道而未达，口欲言而未能"。即是说心里懂但未懂透，口想说又说不出来。而导致这种"愤悱"状态的原因，就是因为缺乏最基本的语言素养，思维力尚未开启。因此，要消除这种现象，让人的思维达到"举一反三""进退自如""触类旁通"的境界，就必须要进行全面的语文能力的训练，这也是语文教学的目的。

（三）充分利用智慧课堂教学模型的建构致力于学生核心素养的形成是终极目的

现代国家之间的竞争非常激烈，比拼的是综合实力，需要全方位的发展，需要大量高素质人才支撑，教育则是发展的根本，如果教育搞不好的话，就会成为无根之木，人才培养跟不上，导致创新乏力，难以支撑长久的发展。由此可见，国家竞争本质上就是教育竞争，我国教育基础薄弱，经过多年追赶，与发达国家相比仍然存在不小差距，需要树立坚定牢固的信念，优先发展教育事业，为建设社会主义现代化强国培育合格人才。由此可见，培养具有创造能力的人才十分重要。而培养人才的创新能力正是语文教学的终极目的之所在。

在语文智育的过程中，不但教给学生必要的语文基础知识，也发展了学生的智力，并使受教育者将知识转化为能力，尤其是创造能力。创造能力的特点是求异创新，表现在对问题的思考上，思考者不受既定结论的局限，不拘泥于一条途径，而是尽量寻求最合理的结论，具有发散性、变通性、独特性的特点。从语文学科的特点来看，笔者认为语文教学是培养学生创造性思维的最好途径。例如，在教学过程中，通过智慧课堂教学模型建构的"四个板块"——"教：导—疑—思—创；学：知—习—展—辨"的理念，在阅读教学中灵活变通，可以采取"阅读感知教材—理解把握课文要点—思考、鉴赏别人的作品—联想乃至产生创作的欲望"这四个层次来培养人的创造能力。其中前二者是基础，后二者是在前者基础上的升华，是培养创造能力的关键，尤其是第四点，受教育者在语文教学过程中受到各方面知识的熏陶，不但可由联想而产生创作欲望，还可在包罗万象的语文教育中受到某些启发，从而触发人的各方面的创造性思维的产生。因此，语文教学不局限在传授语文基础知识，它也是培养人的创造性思维的源泉，充分利用智慧课堂教学模型的建构致力于学生核心素养的形成是终极目的。

第二节　智慧课堂教学模型建构的目标

智慧课堂教学模型的建构的目标追求：全面落实学生的核心素养。

随着新课程改革的深入推进，"以学生发展为本""全面提高学生语文素养"的教育教学理念已深入人心，小学语文教学取得了明显的进步。但是，每当笔者走进农村的课堂，看到听到一些真实的课堂教学，心情就很沉重，就常常想，我们的教师真的全面理解并践行了"语文课程是一门学习语言文字运用的综合性、实践性课程"这一课程性质了吗？教什么？如何教？什么是"有效课堂"？全国轰轰烈烈地进行着课堂改革模式真的都适合我们吗？如何辩证地看待教学模式？这些，是大家一直苦思冥想并亟待解决的问题。

为寻求突破、改变现状，笔者坚守在课堂教学一线不断实践不断探索。

在大量阅读相关专著（如《有效教学十讲》《从有效教学走向卓越教学》《小学语文课程标准与教材研究》《高效课堂九大"教学范式"》等）中汲取理论精髓，在培训研修中学习众多专家的理论，在指导教师课堂教学中不断累积经验。理论渐渐丰满，思路越来越清晰。从主持市级课题《城乡接合区小学语文"六课型三步骤"有效课堂研究》到省级课题《城乡接合区小学语文"六三式"高效课堂教学模式研究》，在不断"研究—实践—再研究—再实践"的基础上，最终提出了"智慧课堂的实践路径：从有模到无模，从有效到智慧"的教学主张。

笔者倡导的"智慧课堂"的理念，是"以人为本，以素养为导向"，旨在为培养"全面发展的具有创新能力的充满智慧的大写的人"奠定基础。

一、智慧课堂教学模型的建构致力于高素质人才的培养

语文是"最重要的交际工具"，也是"最重要的文化载体"，在人才培养中担负着重要使命。但是，如果我们面对严峻的现实不思改革，还是捧着旧教案，用着老方法，因循守旧；或望洋兴叹，无可奈何，怨天尤人；或盲目"改革"仓促行事，举措失当的话，必将把我们未来的"人才"推向畏难、厌学的死胡同，把"人才"变成机械性地答题而不懂解决实际问题的"书呆子"。有不少有知识之士对语文教学存在着的重知识、轻能力；重理论、轻实践；重教书、轻育人；重工具化、技术化的枯燥乏味的训练而轻充满人文性、趣味性的文化鉴赏分析的现象提出了询问，发出了"不要误尽天下苍生"之类的呐喊。于是，从党的十一届三中全会之后，语文教学兴起了轰轰烈烈的改革浪潮，涌现出以魏书生为代表的一大批杰出的语文教学改革先锋。

这批教改的弄潮儿，他们的教改成绩斐然。例如，魏书生的《论语文教学科学管理》，他把学习管理变成了一门理论，这主要表现在：一是充分发挥了学生在学习上的主导作用；二是把学习管理从自为状态上升到自觉状态，从零星的东西发展到系统的东西。而魏世法教授的"六课型教学法"则启迪我们：教学是有规律性的东西。此外还有很多教改先锋做出了方方面面的贡献，如马芯兰的"四性教育法"，宁鸿彬的"比较式单元教学法"，周靖馨在"综合程序教学法"的基础上提出的"四环节智能定型单元教育学法"，等等。它们为我们语文教研开辟了道路，提供了借鉴的经验，可谓功不可没。但是，他们也

存在着不足之处，而最大的不足就是未能充分地、全面地提示语文学科的特点和语文教学的规律性，因而他们的成果未能普及和推广。为此，我们不得不为深化教改而不断地探索和思考，因为这关系到我们培养高素质的人才问题。

二、智慧课堂教学模型的建构致力于新形势下新型人才的培养

为谁培养人才，培养什么样的人才，一直是我们为达成教育教学的终极目标要思考的问题。语文课程是一门学习语言文字运用的综合性、实践性课程。义务教育阶段的语文课程，应使学生初步学会运用祖国语言文字进行交流沟通，吸收古今中外优秀文化，提高思想文化修养，促进自身精神成长。工具性与人文性的统一，是语文课程的基本特点。我们教学的依据是《课程标准》，是由国家教育领导部门主持制定和统一颁发的，同时也体现了不同历史时期，人才培养对语文教学提出的不同要求。从我国先后颁发的五个中学语文教学大纲中我们可以看出：教育作为一定社会形态的上层建筑之一，它必然要体现一定社会形态的政治经济的要求，而一定社会形态的政治经济决定着要培养什么人才，教育受经济基础的制约，它随社会经济的发展而发展。

从《大纲》的变化发展看来，它表面是教育为自己的发展开辟道路，但深入思考，我们就会发现，它实质是社会经济的发展，不同的人才观对教育提出的新要求在教育上的反映。各个历史时期对人才观的认识不同，这从大纲要求的变化可以知道。例如，1963年和1978年我国颁发的《大纲》不但提出了读和写的教育要求，还提及听说的教学要求；1988年颁发的《大纲》就把读、写、听、说的教学要求分别提出来，四项要求不可忽视。2011年版的语文《课程标准》，把三维目标作为人才培养的新方向。2014年教育部研制印发《关于全面深化课程改革落实立德树人根本任务的意见》，提出"教育部将组织研究提出各学段学生发展核心素养体系，明确学生应具备的适应终身发展和社会发展需要的必备品格和关键能力"。强调要高举中国特色社会主义伟大旗帜，推动社会主义核心价值观进教材、进课堂、进头脑，着力培养学生高尚的道德情操、扎实的科学文化素质、健康的身心、良好的审美情趣，努力使学生具有中华文化底蕴、中国特色社会主义共同理想、国际视野，成为社会主义合格建设者和可靠接班人。指出全面深化课程改革，落实立德树人根本任务，要坚持系统设计，整体规划育人各个环节的改革，整合利用各种资源，统筹协调各方力量，

实现全科育人、全程育人、全员育人。要坚持重点突破,聚焦课程改革的关键领域和主要环节,针对制约课程改革的体制机制障碍,集中攻关、重点推进。要坚持继承创新,注重课程改革的连续性和可持续性,适应新时期教育发展的新要求,积极开拓,大胆试验。核心素养是党的教育方针的具体化,是连接宏观教育理念、培养目标与具体教育教学实践的中间环节。党的教育方针通过核心素养这一桥梁,可以转化为教育教学实践可用的、教育工作者易于理解的具体要求,明确学生应具备的必备品格和关键能力,从中观层面深入回答"立什么德、树什么人"的根本问题,引领课程改革和育人模式变革。2016年,核心素养概念的提出,又赋予新时期人才培养创新的内涵和意义。中国学生发展核心素养以培养"全面发展的人"为核心,分为文化基础、自主发展、社会参与3个方面,综合表现为人文底蕴、科学精神、学会学习、健康生活、责任担当、实践创新六大素养,具体细化为国家认同的18个基本要点。

纵观以上育人观的时代意义,加上世界经济的全球化和科学技术的迅猛发展,课程改革还远远跟不上培养人才的需要,就统编教材前的语文教材来说,它仍然存在着受政治思想局限的弊端,仍然欠缺科学性与实用性。现在,我国教育部对现行的《课程标准》的"三科"教材都实行统编,使它的内容更丰富、更具人文性和系统性,更利于培养人的个性创造性思维能力。这正反映了新形势下,科学技术的日新月异,社会经济的日益全球化、信息化、系统化对人才培养和语文教学提出新的挑战。因此,智慧课堂教学模型的建构应致力于实现新形势下新型人才的培养的目标。

三、智慧课堂教学模型的建构致力于创新型人才的培养

课改的大方向,就是为当前培养适应21世纪现代化建设需要的社会主义新人服务。因此,首先我们要研究社会经济的发展对语文教学提出了哪些新要求,并据此作为自身改革的出发点和归属。其次,我们还要深入研究语文的学科特点和规律,以此作为我们教改的依据的切入点。当今世界经济的全球化,要求培养人才的创造能力是关键。那么,我们在语文教学中必须以这一目标为重点,着重鼓励受教育者敢于质疑、敢于创新,不要迷信前人学说,不要盲崇权威,人云亦云。巴甫洛夫说:"怀疑,是发现的设想,是探索的动力,是创新的前提。"(引自《启迪学生智慧的艺术》209页)正因为巴甫洛夫敢于怀

疑，才发现条件性反射学说。我们要培养学生的创造能力，就必须打破以前那种"填鸭式""灌输式"的教学，要让学生成为学习的主人，对他们的大胆设想给予肯定。例如，有人就对鲁迅的《故乡》提出了异议，认为"其间有一个十一二岁的少年，项带银圈……"中的"带"字用错了，应用"戴"才对；"浑蓝的天空中挂着一轮金黄的圆月"中的"金黄"的明月为何与李白的"床前明月光，疑是地上霜"不同？又有人对《孔乙己》中的"孔乙己大约的确已经死了"一句中的"大约"和"的确"是不是矛盾了提出了疑问。就连小学生也敢对巴金爷爷的《繁星》提出疑问："我爱月夜，但我也爱星天"为什么不说"我爱月夜，但我更爱星天"？这些例子中敢于质疑、敢于创新的"小字辈"们的不畏权威精神，我们就应去肯定他们、鼓励他们，这也是教改的一大方向。

当然，课改，它既然作为一种教育改革，必将是由国家、社会和老师共同进行的从制度到内容、形式、方法等一系列的变革，才能取得最后的成功。而不能停留在方法阶段。

总而言之，我们必须把握住课改的大方面，全面贯彻《意见》的精神，落实培养学生终身发展的核心素养。在现有的物质技术条件下，深入研究教师与学生、教与学、教法与学法之间的相互关系，建立起课堂教学新模型，树立立德树人的观念，培养创造性思维，从而使智慧课堂教学模型的建构切实地为培养出高素质的跨世纪的全面发展的人才服务。

第五章
智慧课堂教学模型建构的理念与创新

在课改实验中，有人认为模式就是要规范化、标准化，忽略了个性化的人的存在，受应试教学思想的影响，结果导致育人目标的偏离和缺失，因此，我们要避免这种过于僵化的、规范化的操作模式，要以人为本，以素养为导向，存同求"变"，既要提高教学质量，又要落实核心素养。

第一节　智慧课堂教学模型建构的理念

一、"模型"建构要从学科出发，以人为本

教育教学的最本质的目的——以人为中心，以培养人的核心素养为宗旨。余文森教授则说："任何学科的教学都不是仅仅为了获得学科的若干知识、技能和能力，而是要同时指向人的精神、思想情感、思维方式、生活方式和价值观的生成与提升。学科教学要有文化意义、思维意义、价值意义，即人的意义！"

北师大肖川教授认为："从学科角度讲，要为素养而教（用学科教人），学科及其教学是为学生素养服务的，而不是为学科而教，把教学局限于狭隘的学科本位中，过分地注重本学科的知识与内容、任务和要求，这样将十分不利于培养视野开阔、才思敏捷并具有丰富文化素养和哲学气质的人才。"

因此，我们任何教育教学的改革，当"以人为本，以素养为导向"。学科教学要体现学科的知识特点、遵循学科发展规律、遵循学生认知和成长规律。

二、"模型"建构要为提高教学质量服务

在共性中活用模式，提高课堂教学质量。不同学科有不同的教学特点，模式要体现学科特点；同一学科有不同的课型，不同的课型要有不同的教学"模式"。《小学语文智慧课堂的研究与实践》成果，创建了智慧课堂六大课型的基本模式，目的就在于避免语文课堂上教学的无的放矢，费时低效，以各课型典型模式为范例，让教师有规律和模式可循，活用教学模式，提高课堂教学质量。例如，口语交际以及综合性学习课型，是大多数老师头痛的课型，尤其在课改之初，大家都是摸着石头过河，所以很难把这类课型上好，特别是农村教师，他们就干脆不上，或轻描淡写带过。我们课题组从2010年开始已经针对这一现状进行研究，经过团队的努力，打造了包括此两类课型的"智慧课堂六大课型"，通过结合当地实际和学情的典型课例展示，以梁春梅老师的"四环"综合性学习智慧课堂教学模式，即"先学汇报—多维合作—共同品味—拓展运用"教学模式，展示了优秀课例《读李白诗歌，品太白遗韵》；以吴潘虹老师"四环"口语交际智慧课堂教学模式，即建构师生共同发展的"激趣—互动—评价—拓展"教学模式（情境激趣，引发"交际"—自主合作，多维互动—总结评价，享受快乐—拓展延伸，丰富外延），展示了《保护有益的小动物》。这两个典型课例分别获得省录像课评比一等奖、二等奖（课例实录详见《小学语文智慧课堂的研究与实践》一书，当中还有不少获省级部级奖的课例实录，在此不赘述），这对从没获过奖的城乡接合区的教师来说是一个极大的鼓舞。

余文森教授说："实际上，正是由于忽视了教学中的科学性和规定性，导致了教师在教学中感到无所依凭、难以捉摸，从而影响了课堂教学的有效性和教学质量的提升。"而我们这样树立典型模式，展示优秀课例，教师们有"模"可"模"，活用教学模式，从而解决了无效教学的难题，全面提高了课堂教学的质量。

三、"模型"建构要为落实核心素养服务

在个性中创新模式，落实语文核心素养。我国近代教育家余子夷先生说

过："我们教学生，若没有科学的根据，好比盲人骑瞎马，实在危险。但是只知道科学的根据，而没有艺术的手腕处理一切，却又不能对付千态万状、千变万化的学生。所以，教学法一方面要把科学做基础，一方面又不能不用艺术做方法。"（《教学法的科学观和艺术观》）

人本主义者库姆斯在《教师专业教育》一书中，批评了行为主义按照科学原则设计的教师行为和教学评价。他认为，好教师的教学绝不是千篇一律地遵循着什么既定规则的，他们都有各自的个性，并在教学中体现出来；好教师在教学中会注重具体的特定的情境，不可能以既定的方法行动。所以，没有什么固定不变的好方法，这就是说，方法不是公共的，在这个教师算是好的、有效的方法，对那个教师而言未必也是好的。所以，一个好教师应当是个艺术家。笔者很赞同余文森教授的观点，他说，他对行为主义者与人文主义者两大派别的观点认为是言之有理，但有失偏颇。余文森教授说"总之，必须把教学的共性和个性有机统一起来"，"教学有法是走向教无定法的前提，教无定法是对教学有法的积极超越。这也深刻揭示了教学共性与个性的关系"。

温儒敏教授说：所谓"语文素养"，是指中小学生具有比较稳定的、最基本的、适应时代发展要求的听说读写能力以及在语文方面表现出来的文学、文章等学识修养和文风、情趣等人格修养。过去语文课一般只讲语文能力，如"听说读写能力"，现在提出"语文素养"，涵盖面大一些，既包括听说读写能力，又不只是技能性的要求，还有整体素质的要求。就是说，语文课程在语文基本能力培养的过程中，必然要注重优秀文化对学生的熏陶，学生的情感、态度、价值观，以及道德修养、审美情趣得到提升，良好的个性和健全的人格得到培养。

第二节　智慧课堂模型建构的创新

一、存同求"变"，落实核心素养

反思中求"变"。"变"，在此乃"创新"之意也。我们踏着前人研究的足迹，反思着课改的得失成败，站在专家研究的成果之上少走了很多弯路，尤其是余文森教授的《从有效教学到卓越教学》，这是他对之前《有效教学十讲》的理论突破和提升。他让我们认识了"规范化模式"的弊端，我们边研究边求"变"，确定了"以课型为主线，以典型模式为范例，打造城乡接合区小学语文智慧课堂教学模式，促进学生语文素养的形成"的研究宗旨。因此，存同求"变"，在提高教学质量，解决费时低效的现状的同时，一定要以人为本，落实核心素养。

二、"变活"教学模式，彰显师生智慧

存同求"变"，落实核心素养。要落实学生的语文核心素养，我们存同求"变"。"同"是共性，是指在探索提高语文课程"汉语拼音、识字写字、阅读、习作、口语交际、综合性学习"的六大课型的课堂教学中总结出来的具有学科知识板块特质的基本且典型优秀的教学模式和策略；"变"则是在基本的范例模式上的变革。这样才能真正体现"教有定法与教无定法"的有机融合，才能促进学生语文核心素养的形成，才能彰显智慧课堂师生智慧的魅力。

余文森教授曾说："我们认为，教学有其共性，任何教学都必须遵循教学的共同的、基本的规律和原则。现代教学论研究指出，教学作为一种专门培养人的社会活动，它的运动、发展、变化存在着不以人的主观意志为转移的客观规律。这些客观规律就是对教学的共性要求。只要掌握了这些规律，并在实践中认真遵循了这些规律，任何教师都可望在教学中提高质量。但是不能把教学的共性要求变成千篇一律的固定模式和整齐划一的不变规格，教学毕竟是教师个人的精神劳动，每个教师的教学都必定深深地打上个人的烙印，正是教师的个性特别是教师的创造性才使教学充满艺术的魅力。"

三、"变通"教学方法，落实核心素养

核心素养的培育需要良好的教育。遗憾的是，在我们中小学，经常可以看到有些学生学科知识掌握得很熟练很牢固，解题能力也很强，但是你跟他相处，马上就会感受到他身上缺了什么东西，这东西就是素养！学科教学要努力把学生培养成为知识丰富、思维深刻、人性善良、品格正直、心灵自由的人。

笔者为了选拔一位教师参加省市举办的语文教师核心素养大赛，连续在

一线课堂观摩学校推荐的课例。当中有一位工作不到一年的年轻教师，她上的是一年级的《荷叶圆圆》一课，其中有个环节是品读积累语言，她在引导学生品读积累了文中的"圆圆的""绿绿的"等叠词后，借用孩子们熟悉的动画片《熊出没》里光头强的外形特点引导学生拓展练习，学生很感兴趣，争先恐后地说出了"光光的头，大大的嘴巴，圆圆的眼睛"等短语，很形象，效果不错。这个环节设计基本上达到积累词语、运用语言的目的。在议课的时候，有位老师指出，光头强是个反面角色，用这个形象来拓展会不会影响"美"的主题？一"问"激起千层浪，参加议课的老师们各抒己见，意见难以统一。对于这个疑问，我客观地指出，光头强虽然是个反面的角色，但他的样子却是很具个性化、很典型，孩子们都很感兴趣，假如单从学科知识（词语的积累与运用）的训练和落实效果来看，无可厚非。但是，教学不是为学科而教，不能只停留在语言文字符号的学科表层意义，更应从学科表层文字的背后来达到情感态度价值观的熏陶，如从这个角度来分析，这个的例子又似乎欠妥。有没有两全其美的策略呢？有！如何做？我进行了这样的预设：

先按照这位教师事先的设计进行：让孩子们各抒己见，用叠词"光光的头""大大的嘴巴""长长的脸""小小的耳朵（眼睛）"尽情描述光头强的外貌特点，拓展积累词语。接下来预设：

师：光头强美吗？你们喜欢他吗？

生齐声应：不美！不喜欢。

师：为什么？

生：样子长得丑。

师：哪里长得丑呢？

生1：头光光的，嘴巴大大的……

生2：他还乱砍树，干坏事。

……

师：嗯，你们说得真好！咱们把刚才说的词语串起来说一句话（课件出示填空）。

生说话练习：光头强的头（光光的、亮亮的），脸（长长的），眼睛（圆圆的），嘴巴（大大的）……他很狡猾，又干坏事，我不喜欢他。

……

师：相对文中荷叶而言，圆圆的、绿绿的、大大的荷叶是多么的美啊（生顿悟）！

师生配合：它是青蛙的（歌台），是小鱼的（凉伞），是蜻蜓的（停机坪）

师：还可以是谁的什么呢？（让生自由练习说话！）

……

师：是的，又大又绿的荷叶不仅仅长得美，还给好多动物带来了方便，我们能不喜欢它吗？（回归人文主题）请大家美美地读一读课文

……

老师们觉得这样"变通"方法，真的一举多得，大呼妙哉！其实，不同的见解与声音并不可怕，反而体现课堂教学设计智慧火花的碰撞，"变通"一下，既可引导学生快乐地掌握基础知识与基本技能（积累运用语言，这是小学生这一阶段必备的核心知识与能力，也是不可或缺的，它是核心素养形成的基础，是核心素养的重要组成部分，也是可以逐渐互转的外层和中层要素），又可同时突出人文主题，进行核心价值观的感染熏陶，促进学生人文素养（内层要素）的形成和发展，可谓一箭双雕，何乐而不为呢？

在学科教学改革中，懂得处理学科特点与人的核心素养的形成的关系，心中有"人"，存同求"变"，"变活"模式，"变通"策略，就可以扭转乾坤，就能让你的课堂异彩纷呈，就能更好地促进学生核心素养的形成，日积月累，使之逐步成长为全面发展的人。可谓存同求"变"，一"变"多得啊！

我们通过对小学语文"高效课堂教学模式"进一步分析研究，深化其内涵，进入"智慧课堂教学"领域进行探索，以人为本，存同求"变"，在共性中求质量，在个性中求创新，切实落实学生语文核心素养（当然，要懂得"变活"与"变通"，不是一蹴而就的，这是教师们专业水平与专业素养长期累积的一种游刃有余，是教师们从知识型教师向智慧型教师迈进的专业素养的要求，这又得从另一个层面和角度来论述了，在此不再赘述）。

因此，要培养学生六大方面的核心素养，我们必须要创新我们的教学模式，否则，将成为空谈。这也是我们智慧课堂的核心理念，我们的实验教师做得很好。他们在第一阶段的模式基础上进行了大胆的创新和创作，取得了长足的进步。例如，汉语拼音教学研究模式，熊梅老师就在黄晓虹老师的基础

之上，结合学情，进行了大胆创新，又设计了另一智慧拼音课堂教学模式：多元整合四步骤汉语拼音教学模式："直观认识—积累表象—形成知识—熟练应用"的学习过程。熊老师恰到好处地运用这一模式，展示了《zh ch sh r》课例，成功地抓住一年级学生的心理特点，以旧带新，教学设计以创设多种形式、充满趣味性的游戏贯穿始终，用充满童趣的语调和肢体语言，有效调动学生的积极性，引导学生在"听、说、读、写、思、玩"中落实了低年段小学生语文核心素养，得到听课专家教师们的高度赞誉和肯定！

第三节 智慧课堂模型建构的传承与发展

一、理论传承：从模式到模型

笔者提出的"基于核心素养的智慧课堂教学模型建构"，是建立在以皮亚杰为代表的建构主义的思想以及科布尔的体验式学习模型理论之上的，是基于具体学情实际以及为促进学生核心素养的形成和发展服务的课堂教学模型建构。它包含智慧课堂教学组织形态的建构，以及"智慧课堂1+n"课程体系的建构。智慧课堂教学组织形态的建构是指在教师指导下的、"以人为本"的"大课堂"理念的教学模型。传统课堂教学组织形态往往是以教师的"教与导"为中心的，学生只需专心听讲，或根据教师的问题设计从文本中寻找答案来验证教师的预设的问题，即传统式的教学形态。而智慧课堂教学模型重在体验式学习，要求学习者发挥主观能动性，对自己的学习具备主动权，因此，智慧课堂体验式教学组织形态中对教学内容的确定以及教学步骤的设计必须具有创新意识，必须基于学生核心素养的形成和终身发展也就是要围绕核心素养的要素来进行建构。也就是说，这种模型的建构包含：语言运用与建构、思维发展与提升、审美鉴赏与创造、文化传承与理解的因素。而小学语文智慧课堂教学模型的建构，又要突出小学语文核心素养：语言理解能力、语言运用能力、思维能力、初步审美能力，立足"小"和"语"，即基础语文，立足小学语文

"课堂和课程",围绕一个核心:"以人为本,立德树人,培养全面发展的具有创新精神的充满智慧的大写的人。"它尊重学生的已有生活经验以及成长规律,重视知识的积累与运用,能力的形成和发展,思维的习惯与创新,这样学生才能真正成为教学过程的主体。而智慧课堂教学的体验式教学组织形态强调学习者积极主动地参与,并且在参与和体验中获得快乐和成长,形成习惯,勇于创新。智慧课堂教学的基本要素包括:"一个核心""两个基点""三个步骤""四个基本板块""五种策略意识""六大课型",这些要素更便于理念的落实与实践。

二、发展延伸:从传统到智慧

要理解从"模式"与"模型"的创新点,要重新厘清"模式"与"模型"的定义,"模式"在《现代汉语词典》中的解释是:某种事物的标准形式或是使人可以照着做的标准样式,如模式图,模式化等。可见"模式"重在突出"标准样式",单一化。

而上述提到的"模型"的定义,则指模拟原型(所要研究的系统的结构形态或运动状态)的形式,是系统或过程的简化、抽象和类比表示。不再包括原型的全部特征,但能描述原型的本质特性。模型的连续性:可挖掘、可创造、可延伸、可提升。"模型"的关键点在"不再包括原型的全部特征,但能描述原型的本质特性""可挖掘""可创造""可延伸""可提升"。

智慧课堂教学模型的建构,有别于传统教学中单一、封闭、僵化的课堂教学模式。创新点在于:它不是机械地规定课堂教学的程序和步骤,而是根据具体学情,基于学生核心素养的形成和发展为目的有关的课堂教学的关键要素,建构一个新的适合自己教学对象的卓越的具有个人风格的典型范式。这里提到的基础典型范式是指本人以及研究团队的前期研究成果——"六三式"高效课堂教学模式。

从"模式"到"模型",即从"有模到无模",从"传统到智慧"的历程。课堂教学改革中的"有模"和"无模","建模"和"脱模",它们推动课堂改革从传统模型到智慧模型转变。

三、从有效课堂向智慧课堂迈进

难课改，课改难！有歧路，多思量！在课题的研究实践中，我们站在前人研究成果的基础上，辩证地分析了"规范化"模式中出现的问题，在不断地研究与实践中寻求解决问题的对策。不断地反思与实践中我们取得了成功，研究成果证明了我们的智慧，它激励着我们坚定地前行。且研且思，且思且行，我们的思路更加开阔，我们的方向更加明确，我们的步伐更加坚定。正所谓："万里关山从头越，乘风破浪正当时"，我们会一如既往地研究、探索和实践，从有效课堂向智慧课堂迈进，向课改的更深处漫溯！

第三篇

模型创新

3

第六章 >>>>>

智慧课堂教学模式的建构

第一节　智慧课堂汉语拼音"1+n"教学模式的建构

　　智慧课堂汉语拼音"1+n"教学范式的建构，以湛江一中锦绣华景学校为智慧课堂实践基地，工作室课题组成员熊梅主任依据本课题研究的理念，在原来的范式基础之上进一步完善，探索出智慧课堂汉语拼音"1+n"教学范式——多元整合"三环"教学模式。

【教学模式】

多元整合"三环"教学模式。

【教学流程】

　　演—说—用。演——情境演示，积累表象；说——多元互动，习得知识；用——走进生活，熟练应用。

　　汉语拼音是低年级语文教学的重要内容，利用汉语拼音可以在手机、电脑中输入汉字，可以利用音序查字法查字典提高识字效率，可以帮助学生读准字音，学习普通话等，因而汉语拼音教学在语文学科的教学中占有重要的地位，不容忽视。《课程标准》中对汉语拼音的学习要求是：学会汉语拼音。能读准声母、韵母、声调和整体认读音节。能准确地拼读音节，正确书写声母、韵母和音节。认识大写字母，熟记《汉语拼音字母表》。

　　长期以来，汉语拼音教学存在的枯燥、乏味、单一等问题一直困扰着我们。针对新教材的特点，依据新课程的理念，汉语拼音智慧课堂力求改变传统的拼音教学方式，采用多元整合的"三环"教学模式，简化学习拼音的过程，把学习拼音字母和学习音节寓于故事游戏之中，化易为难，寓学于乐，营造出利于学生自主、合作、探究的氛围，使枯燥单调的拼音课变得生动有趣。真正体现拼音是识字、阅读的工具。

（一）演——情境演示，积累表象

苏霍姆林斯基说过："小学生往往用形象、色彩、声音来进行思维。"低年级儿童的思维主要是形象思维，容易在直接的视觉刺激下引起注意。汉语拼音教学中，基础知识是声母、韵母和声调，它们是构成一个完整音节的"零部件"。这些组成音节的"零部件"是一些枯燥乏味的识记符号，对以形象思维为主的低年级学生来说，是没有任何吸引力的。这时受学生喜爱的图片、声音、动画就可以充分地运用在汉语拼音教学中了。设计有趣的动画情境导入，可以营造愉悦的氛围吸引学生，运用动画演示，揭示拼读规律，直观形象，学生更容易看得见，学得会。

这一环节，是指教师根据教学内容，设置情境，增强学习汉语拼音的趣味性。学生能进入情境，主动学习。具体实施较为灵活，主要有以下几种方法。

1. 情境图导入法

部编版教材意境优美的情境图，大都既提示字母的音，又提示字母的形。而且把学习内容有效地整合起来了。整合起来的情境图，一是有利于学习拼音，二是有利于培养观察能力，三是有利于发展儿童的语言，四是有利于增强学习的趣味性。利用情境图导入，学生能够上课伊始就积累表象，形成初步记忆。

2. 实物演示法

儿童的形象思维优于抽象思维，尤其在拼音教学中，用直观的实物演示来帮助学生准确发音，记住字形是行之有效的方法之一。教师在教学时可充分利用生活中和拼音字母相似的实物来进行教学，起到事半功倍的效果。

3. 场景再现法

故事是儿童成长中过程中的精神乳汁，在教学活动中通过特定的故事辅助教学，能够更轻松地完成教学任务。例如，"勇闯海豚湾""拼音王国历险记""智慧女神闯关"。再如，角色扮演："声母韵母对对碰"等情境演示，课堂更加轻松有趣，更利于教学目标的达成。

（二）说——多元互动，习得知识

多元互动，习得知识这一环节是在情境演示，积累表象的基础上进行的。美国哈佛大学教授霍华德·加德纳用多方面的研究成果证明每一个人最少包括8种智慧，它们分别是：语言、数学逻辑、视觉空间、音乐、肢体运动、人际、内省以及自然观察等多种基本智慧。他认为在人的一生中，这些智慧不断受先天及后天的影响启发或开闭，而教育最主要的目的，不只是在知识的传授上，更是在发掘并引领这些智慧的发展上。因此，尝试着用多元智慧理论来指导汉语拼音教学，在课堂上，不断变换讲课的方法，从语言到视觉再到肢体，等等，经常以创新的方式激活孩子不同的智慧，活跃课堂气氛，调动他们自主学习的积极性，使抽象枯燥的拼音符号变得具体可感，学生易于接受也乐于接受。

该环节的实施，需要教师从不同角度出发，把教学内容精心设计成多个环节，而这些环节又相辅相成，合理分散教学中的难点和重点。

1. 游戏拼音节

例如，"找朋友"：持声母或韵母的小朋友，能组成音节地交朋友。"摘水果"：水果图上写有音节等，读得出来就摘走。"放鞭炮"：读对了音节等，同学们发出鞭炮声"呼啪"以示祝贺。"猜一猜"：藏起字母卡片，让同学们猜读，或是出谜语猜字母等。

一节课上尝试多种方式，不断地冲击孩子的大脑，让拼音教学不再枯燥乏味，让学生充满学习的兴趣，在玩中学，学中玩。

2. 编顺口溜记字母

例如，记忆字母形状时，引导学生主动发现形近字母的异同点，启发学生联系生活经验编顺口溜识记。例如，右上半圆p p p，右下半圆b b b，左上半圆q q q，左下半圆d d d。像个6字b b b，脸盆泼水p p p。又如，编儿歌：在教学声母zh ch sh r时，学生通过动画直观感受了四个声母的形和发声特点后，教师设计了进入情境，创编儿歌这一环节。儿歌是为儿童创作的，适合儿童唱的歌谣，语言浅显、形象、生动，朗朗上口。儿歌既有音乐感，又可以加入肢体运动。学生自己创编，小组交流，你说一句，我说一句，发挥了他们的口语交际能力，最后教师进行总结成为一首儿歌。接着教师又设计了"小猴子过桥""摘星星""抽奖"的游戏，借助游戏活动，丰富拼音教学，还能让每个学生说起来，动起来，在互动中习得知识。

3. 听音猜拼音

老师读拼音，学生拿好拼音卡片，读到谁谁就举起自己的卡片。

4. 找碴儿

教师用拼音写一段话，其中故意写错几个拼音，让学生"找碴儿"——找出写错的拼音，并记录下来，看看谁找得多。

……

总而言之，学生的认读、拼读、书写实践贯穿课堂的始终，多元互动，习得知识。

（三）用——走进生活，熟练应用

《课程标准》中提到语文课程应该是开放而富有创新活力的。汉语拼音教学应与学说普通话、识字教学相结合。

生活是儿童学习的广阔空间，有着取之不尽的教学资源。将拼音教学生活化，让每个字母都能派上用场。我们要"充分利用现实生活中的语文教育资源"，拓宽学生学习拼音的渠道，使学生在广阔的空间里认识、运用拼音。

此环节的具体做法是：在学生掌握了当堂教学内容后，教师可以创设不同的情境，让学生能够学以致用。

（1）创设童话世界的情境，带着学生走进童话世界，利用拼音畅游童话世界。

（2）阅读绘本故事，在故事中熟练拼读。

（3）环境濡染，把汉语拼音图片张贴在教室里、走廊里，把学习用品贴上拼音，把学生的名字用拼音写出来粘贴在课桌上，互相认读，让学生到处都有视觉语言。

（4）拓宽网络平台，展示生活中的场景，让学生分小组用拼音标注出来，比一比，谁最棒。

（5）在家里用拼音给家具贴标签，每天用拼音写一句最想说的话交给老师，用拼音给家长写"悄悄话"等。

（6）"冲关大挑战"，教学和检测相结合。

模式说明：此小学汉语拼音多元整合"三环"教学模式是基于"生本教育"理念下，依据"城乡接合区小学语文（六课型三步骤）高效课堂教学研究"的指导精神而建构的新型教学模式。此模式要求转变灌输式教学为体验式、参与式、自主式教学，力求凸显学生学习的主体性、自主性，简化教学过程，变"教学"为"导学"，关注课堂的生成，以建构焕发学生生命活力的课堂。教无定法，各个环节应该是相互依存、相互渗透、相互变通、灵活多变的。在采用过程中，教师应充分依据教材实际、学生实际以及学情发展实际灵活设计出更能符合学情需要、更能有效促进学生发展的学导方案。

第二节　智慧课堂识字写字"1+n"教学模式的建构

智慧课堂识字写字"1+n"教学模式的建构，以湛江经济技术开发区第二中学小学部为智慧课堂实践基地，工作室课题组成员邱瑜老师依据本课题研究的理念，在原来的模式基础之上进一步完善，探索出智慧课堂识字写字"1+n"教学模式——"四环"识字写字智慧课堂教学模式。

【教学模式】

"四环"识字写字智慧课堂教学模式。

【教学流程】

激情引趣—自主合作—聚焦语用—展示评价。

识字写字是小学低年级的教学重点，识字是学生提高阅读能力的基础，写字是小学生应具备的一项重要的语文基本功，是巩固汉字的手段，对于提高学生的文化素养起着重要作用。《课程标准》中明确提出：小学阶段，要让学生喜欢学习汉字，有主动识字的愿望。在掌握了识字方法之后，还要激发学生写字的积极性，重视对学生写字姿势的指导，引导学生掌握基本的书写技能，养成良好的书写习惯。这就要求我们在语文教学中采用多样的教学方法，交给学生多样的识字方法，带给学生学习语文的乐趣。并从小打好写字的基础，让学生写一手好字，做到"端端正正写字，堂堂正正做人"。语文学科是实施素质教育、提高学生素质有效的学科之一。为促进学生的识字写字能力，全面提高学生的语文综合素质，建构了四环节课堂教学模式：激情引趣—自主合作—聚焦语用—展示评价。

（一）激情导入，引趣识字

良好的开端是成功的一半，语文教学新课成功的导入，要富有魅力，要一下子就扣动学生的心弦，充分调动学生的学习兴趣，集中学生的注意力，引发学生的学习动机，引导学生进入良好的学习状态，产生事半功倍的效果。

1. 运用现代教育技术诠释汉字文化底蕴

我们的汉字文化源远流长，我们的祖先最早是用象形文字来记载事物的。识字写字课可以运用多媒体课件，演示汉字的演变，联系学生已有的经验世界，引导学生去观察发现，将学生带入学习的情境之中，调动了学生学习的兴趣，拉近学生与课本的距离；低年级的学生活泼好动，声音、图画、颜色都会引起他们的注意，令他们产生浓厚的兴趣，顺应儿童的心理。

2. 体验汉字结构的巧妙

汉字结构确实精巧奇妙，古人就常常借汉字的结构来拆字或组字，创制有趣的文字游戏。在识字写字教学中，我们可以通过体验汉字结构的巧妙，激情引趣。

（1）猜字谜

儿童好奇心强，求知欲望高，他们一接触字谜就想追根问底，因此，在识字教学中，为激起学生识记字形的兴趣，引进字谜，学生会乐此不疲，积极踊跃参与。

（2）编歌诀

根据汉字的结构，先分析部件或笔画的特点，然后编成顺口溜以帮助学生记忆字形的一种识字方法。这种方法以其幽默风趣、朗朗上口的特殊魅力深受小学生喜爱。

（二）自主学习，合作识字

1. 先学后教，随文识字

为了收到好的自学效果，我们教给学生初读课文的"四画读书法"：一画段，二画圈，三画需认字，四画翘舌音。

"一画段"，即让学生自学一篇课文前，先用笔在课文每个自然段前用阿拉伯数字标出序号。

"二画圈"，即学生在完成"一画段"后，对照课后生字表中需要"学会"的生字，在课文中用"○"画出，这样用"○"一画就使学生明确了哪是要求"学会"的，哪是要求"会认"的。

"三画需认字"，就是画完要求"学会"的生字后，再对照课后要求"会认"的生字，用"√"在课文中画出，以区别要求"学会"的字。

"四画翘舌音"，就是在读课文的过程中，把含翘舌音的音节用"＿"在其下面画出来，以利于正确发音。

"四画读书法"说明：在学生用"四画读书法"自学了课文，对课文有了初步的认识之后，采用多种方式，不断复现所学词语，从看图读拼音识字，到读拼音识字，再到去掉拼音识字，生字的识记体现坡度，在反复与生字的见面过程中，学生认识了生字。

2. 合作探究，方法识字

合作学习，这个板块包括运用自己的识字方法学习生字并作学习汇报，这就具有多方面的功效：①变革了学生的学习方式，鼓励学生运用适合自己特点的学习方式进行学习，真正实现了个性化的学习，充分发挥了学生的学习潜能；②拓宽了学习的时间与空间，真正将学习的主动权还给学生。

在生字教学中，让学生参与到识字中，自己动脑筋想出最佳的识记方法，不仅提高了识记生字的效率，也培养了思维能力和语言表达能力。这种创造性的学习方法，使学生的主体作用得到了充分的发挥，变"苦学"为"乐学"。

（三）聚焦语用，辩证识字

语文课程是一门学习语言文字运用的综合性、实践性的课程。准确地理解、积累与运用字词，不仅是学习语文的重要任务，也是培养学生语言文字运用能力的基本要义。轻其所轻，重其所重。该教学板块的任务是理解生字新词、整体感知课文内容，主要把教学重心锁定在提升低年段学生语言运用能力上，在理解词句中培养准确遣词造句的能力。例如，在教《雷雨》一课中的"垂"时，先观察蜘蛛垂下来的动画表演，初步感知"垂"的意思；接着比较"掉下来"和"垂下来"的异同；再创设生活图景迁移运用（苹果"掉下来"、兔子耳朵"垂下来"）；然后返回文本体会作者遣词造句的准确；最后创新语境（诗句填空）体会表达效果，摄取—消化—运用—积累融为一体，学生经历过这种切入肌肤的理解和感悟，提高了阅读品味和文化品位。

（四）展示评价，优化习惯

1. 指导书写

学生写字的好坏，教师的指导至关重要。在学生掌握了生字的读音、字形之后，要利用十分钟的写字时间，将生字归类，引领学生梳理写字规律，探究写字方法。教师先将本课最难写的字，范写在田字格中，再指导学生规范写字，学生依照"三看"（一看宽窄，二看高矮，三看笔画）的书写规律和方法，在书中描红，进一步写好生字。

2. 优化习惯

正确的写字姿势是写好字的前提，学生书写的时候到学生中间巡视，及时纠正错误姿势，继续强调要做到"三看"：一看宽窄，二看高矮，三看笔画；"三个一"：手指离笔尖一寸，胸离桌面一拳，眼睛距书本一尺。

3. 展示评价

学生书写完毕后，通过让学生进行自评、互评、教师点评展示等方式找出不足，写不好的字再写。让学生通过观察规范书写，培养了学生的观察能力，达到了规范书写，培养习惯的目的。在评价中体会成功的快乐，书写能力得到提高，使学生自始至终保持兴趣。

第三节 智慧课堂阅读"1+n"教学模式的建构

智慧课堂阅读"1+n"教学模式的建构，以湛江经济技术开发区新民小学为智慧课堂实践基地，工作室课题组成员沈建东主任依据本课题研究的理念，在原来的模式基础之上进一步完善，探索出智慧课堂阅读"1+n"教学模式——"双主互动"四环节课堂导学模式。

【教学模式】

"双主互动"四环节课堂导学模式。

【教学流程】

目标导学，自主探究—互动交流，合作共进—以学定导，落实目标—拓展创新，提升内涵。

《课程标准》明确指出："课程改革应关注学生的情感、态度、价值观和行为表现，倡导开放互动的教学方式和学习方式；使学生在充满教学民主的过程中，提高主动学习和自我发展的能力。"当我们以这一新课程理念重新审视传统的语文阅读课教学时，不难发现，传统的语文课堂因过于追求课文内容的讲解、机械性知识的讲授和教师无节度的表现，而忽略了学生作为生命个体本身的情感需求，忽略了学生自由自觉的活动和体验，疏忽了学生所处的现实生活，结果带来了教学中重知识轻生活、重认知轻情感、重灌输轻研讨、重服从轻自主、重预设轻生成等倾向。这种单向、线型、封闭的教学模式不符合新课程改革要求。为此，应按新的课程理念的要求，改革语文课教学，促进师生和谐发展，开创学校素质教育的新局面，建构一个"教师为导学主体，学生为学习主体的互动交往、交互合作学习"的"双主互动，和谐共生"教学生态过程。

"双主互动，和谐共生"阅读智慧课堂导学模式是以课标、教材为依托，以学生的学为中心，以教师的导为主线，把充分发挥教师的主导作用和学生学习的主体作用有机结合起来，并贯穿于课堂教学活动的全部过程之中。它旨在转变灌输式教学为体验式、参与式、互动式教学，力求在体现教师的指导作用的同时，凸显学生学习的主体性、自主性，由"学"主导全课堂，变"教学"为"导学"，通过主体间平等对话、感情体验和沟通理解，生成了主体间的互识和共识（互识表明交往中的差异性，共识表明交往中的统一性），建构出焕发学生生命活力的，融"学"与"导"于一体的相互学习、相互促进、和谐共生的课堂，最终实现"以人为本，立德树人，培养全面发展的具有创新精神的充满智慧的大写的人"的育人宗旨。

在此过程中，"自主探究、互动交流、以学定导、拓展创新"各个环节是相互依存、相互渗透、相互变通、灵活多变的。在施教时，可依序而行，一走到底；也可无限循环、螺旋上升。

（一）目标导学，自主探究

这一环节，是指教师给出目标任务，学生能围绕目标带着任务积极、主动地进行先学探究，从而引发学习的主动性。其实施步骤如下。

1. 激学

（1）直接激学

开门见山地与学生展开谈话，直接明确学习内容，提出学习要求，引导学习新课。

（2）间接激学

通过创设一定的教学情境，提出所要学习的内容与要求。其方式很多，如故事导入法、歌曲导入法、画面导入法、游戏导入法、疑问导入法等。

激学的主要目的是激发起学生良好的学习情绪和学习状态，引发学生主动地投入学习中去。因此，所采取的激学方式可以和教学内容有关也可以与教学内容没有太大的关系。教师只要能以学生的接受能力为标准，根据学生的课前学习状态和教学内容设法去调动学生学习的积极性，从而让学生达到了主动学习、快乐学习的境界，那就功德圆满了。

2. 导学

（1）任务导学

教师根据学习目标，依据新课标、教材、教参和学情制定"先学提纲"或"导学案"交给学生先学探究，要求学生会读、会认、会写、会说、会教。

（2）导以学法

在交给学生"先学提纲"或"导学案"的同时要依据学生的年龄特点与学习特点导以具体详细且容易操作的学习方式及方法，指导学生在先学探究过程中充分利用各种学习资源主动获取知识。

此环节由于是发生在先学环节，学生对所学内容没有太多的接触与了解，并且作为小学生，尤其是低年级学生，他们的认知水平与学习能力又十分低下且各有差异，因此一定要依靠教师的"导"才能更有成效地开展先学活动。教师的"导"要精心设计好学习的"要求与要点"，因人而异地教给学生合适的学习方法。"先学提纲"或"导学案"要具有"简单性、核心性、开放性"，学习方式和方法要具体详细且容易操作，让学生人人能学、人人乐学。

3. 自学

（1）明确目标

学生根据教师提供的学习"要求与要点"（先学提纲、导学案），明确学习任务，把握学习要领，并借助教材资源、网上资源、学具资源、家庭成员资源及同伴资源等，为先学探究做准备。

（2）先学探究

学生围绕学习的"要求与要点"（先学提纲、导学案），在开放自主的时空下，利用已有知识和一切可以利用的学习资源，认真思考，大胆质疑，主动探究，并有意识地记下学习过程与学习效果（或圈疑点难，或批注感受，或记录收获等），做好互动交流的准备。

学生的自学可以在课前进行，也可以在课上进行。学生的生活阅历、认知水平与体认感悟能力等自学能力水平不高，其自学过程是离不开教师与家长的引导与辅助的。因此，我们还需做好与家长的沟通与辅导工作，让家长具备一定的导学技能，并教给孩子正确的自主学习方法，让教师的"导"更能有效地促进学生自主学习能力的发展。

（二）互动交流，合作共进

互动交流这一环节是在先学之后，学生把自己的先学成果在小组中交流及组际间交流，使学生人人都有展示自我、感受成功的机会，并在相互交流中互研互学，不断充实学习。该环节的实施，既要注重学生间的交流互助，又要注重教师的牵引促进。

1. 互学共进

（1）组内交流

组内交流是小组成员以学习小组为单位，在小组内相互交流汇报各自的学习成果，互帮互学，深入理解和领会所学内容，共同提高的互动再学习过程。小组交流的内容主要有：交流收获，互帮互学；梳理分歧，探疑解难；总结优化，推广策略；大胆创新，锻炼思维；评价赏识，促进发展等。

（2）组际交流

组际交流是学习小组向全班汇报组内学习成果，互相启迪，开拓思维的过程。通过组际交流把小组共同的认识成果转化为全体的共同认识成果，解决小组存在的问题，深化对知识的理解，互相启发，开拓思维，同时也凸现出重难点问题，有利于教师的"导"——以学定导。组际交流的主要内容有：展示学习成果，分享思维方法，齐探学习策略，同解疑难困惑，共创思维新意，互评团队精神等。

2. 引导促进

在合作交流过程中，教师是一个组织者、引导者、促进者。教师要根据学生、教师、文本之间生成的问题进行综合分析，有效地展现在课堂对话中，让学生在自由对话中充分感知、充分体验、充分生成，并在问题对话中，提高学生分析问题和解决问题的能力。教师要用充满激励性、启发性、赏识性、反思性的评价语，调动学生学习的积极性和动力，用教师的智慧和真情点燃学生学习的欲望，增强学生自主学习的信心，用科学、人文、适度的评价方式，让学生真正认识到学习是一种感受知识、体验生命、享受幸福的成长过程，从而全面缔造学习者，促学生全面发展。

此环节是交流互学及学情反馈的过程。教师要善于调动学生充分展示学习成果的欲望，还要教给学生科学的合作学习方法和培养学生良好的合作交流习惯，以形成有序而有效的合作学习环境。在学生合作学习的过程中，教师还要以一个组织者、引导者、促进者的身份做好组织、引导及激励工作，同时还要善于观察与倾听，充分了解学生的学习需要，做好"以情导学"的准备工作。

（三）以学定导，落实目标

此环节是发生在小组和组际交流后，教师围绕学习目标，根据学生的学习情况，抓住凸显学习目标的重难点知识和问题，把它"放大""重视"，然后进行有针对性的"导学"。该阶段是教学的重点，所采用的导学方式可以包含以下三个方面。

1. 导教

对于一些较为浅显而易懂的学习内容，教师尽可能地交给学生一些认、读、拼、写的方法，充分调动学生的学习积极性。

2. 导议

对于有一定深度而又具有共性的问题，教师可设法激发学生展开积极的讨论，各抒己见，达到在相互讨论中掌握知识的目的。

3. 导学

（1）顺疑而导

对于互动交流后还是悬而未决的疑难问题或是错误、不妥之处，教师应及时准确地进行评价、点拨和更正。对于学生不能解决的重点问题，教师要亲自讲解。讲解时利用"引导—发现"的教学模式，把握住"示范性、重过程、激励性"原则，教师在学生思考讨论问题的过程中，进行适时适度的点化，在教师点化过程中师生共同得出结论，使学生的思维形成水到渠成。

（2）抓核心设导

对于凸显教学目标的核心所在，教师要充分预设，并依据学情设计精心的导学，以深化教学目标的落实。

导学的方法应依据不同的教学内容与学生的认知特点而定，可以是"示范讲解法""直观演示法""情境呈现法""创设语境法""规律总结法"等等。而导学的核心目标落点应在促进"语言、思维、审美、文化"等核心素养的形成发展以及知识、能力、情感、习惯等语文综合素养的提高和创新思维的形成上。在导学过程中，选择何种导学方式和何种导学方法应依据教材的特点和学生的认知规律及认知水平而灵活运用。不管采用怎样的方式和方法进行导学，都要充分考虑趣味性、实效性和协调性。教师要以"搭台者"的身份依借引导、指导、交流、启发等方式，鼓励学生成为真正的"唱戏者"，把学习的主动权还给学生，把可以托付的教学托付给学生，充分发掘教学资源，充分发挥学生在课堂中的主体作用，从而真正实现教学当中的"双主互动、和谐共生"，从而实现育人目标的有效落实。

（四）拓展创新，提升内涵

此环节是在前三个环节的基础上开展的课内外拓展，以深化教学内容，提升教学目标，升华语文阅读学习智慧。其内容可包含以下几个方面。

1. 聚焦文本，挖掘创新资源

正如叶圣陶先生所言：教课文不要抽出而讲之，要做到聚焦于文本。现行的语文教材，篇篇文章都是经过精心筛选，文质兼美的典范文章。如何挖掘教材中所蕴含的创新资源，培养学生的创造力，这就要求教师在备课过程中，要吃透教材，善于挖掘教材当中有利于培养学生创新意识的问题，激发学生的好奇心和探索的欲望。例如，可以利用有些课文的意犹未尽，让学生进行续写；可以利用文章中描述的某些跳跃，鼓励学生突破思维定式，多角度思考问题，寻求多种答案，培养学生创新能力……

2. 拓展文本，创新阅读体验

教师引导学生走出文本，带领学生进行阅读联想，由此及彼，举一反三：一是指导学生思考问题的方法；二是帮助学生拓展思路，引导他们多角度地思考问题；三是把学生思维引向深入；四是引导学生展开丰富的想象，通过联想对话，互助学习，取长补短，拓展思维；五是教师引导学生联想实际，拓展创新，学以致用。

开展的课内外拓展，教师应在准确把握学情和对文本具有准确而充分解读的前提下，通过对导学方式的精心设计之后方可施为。实施过程中务必把握好一个"度"字，即深度、广度、高度、力度皆应适度，切勿无视学情、忽略学年段特点而对教材进行天马行空式的无节度开拓，以致拔高学习目标，加深学习难度，费时费力而又事与愿违。

第四节　智慧课堂习作"1+n"教学模式的建构

智慧课堂习作"1+n"教学模式的建构，以湛江经济技术开发区新民小学为智慧课堂实践基地，工作室课题组成员周立聪主任依据本课题研究的理念，在原来的模式基础之上进一步完善，探索出智慧课堂习作"1+n"教学模式——"四环情境式"习作智慧课堂板块教学模式。

【教学模式】

"四环情境式"习作智慧课堂板块教学模式。

【教学流程】

情境创设—情动辞发—范文引路—检验反馈。

《课程标准》明确指出："学生的写作能力是语文素养的综合体现，写作是运用语言文字进行表达和交流的重要方式，是认识世界、认识自我、进行创造性表述的过程。"写作是对生活的表达，所以小学生的习作也应该反映自己对社会生活的人和事的认识和感受，去表达他们的情感态度。但是目前小学作文教学中，学生的个体体验并没有在作文中得到很好的体现，大多数学生写作文都不是出于情感表达的需要，而是为了应试或社会的评价标准等原因而被写作。学生的作文缺少个性，没有独特的体验，讲假话，讲空话，作文内容雷同，甚至抄袭现象也很严重。在他们的习作中，我们看不到童真童趣，看不到一个属于儿童自己的世界。

"情境习作教学"是指在习作教学时根据教学内容，创设或提供一种具体的、优化的生活情境，让学生设身处地地感受、观察、思考和表达，使学生乐写会写的一种教学模式。

"板块式作文教学"就是将一节作文课的教学内容及教学过程分为几个明显而又彼此密切关联的教学"板块"，使教学的过程、教学的内容呈"板块"状排列，板块直接环环相扣又逐层深入。这种教学设计进程清晰有序，活动丰富扎实。

"情境式板块习作教学"则是在情境教学的基础上遵循教育的一般规律，顺应儿童的发展规律（儿童认知的一般规律：由形象到抽象，由感性到理性，由简单到丰富），再根据习作的内容和儿童学习规律设计的层层递进的教学板块，让学生在创设的情境中既能有感而发，又能习得方法。整个习作训练结构清晰，活动扎实有效。

在情境式板块习作教学活动中，学生置身于优化的教学情境中，点燃学生智慧的火花，滋润学生情感的嫩芽，展示学生的聪明才智，挖掘学生的潜在能力，从中获得认识的快乐，创造的快乐，成功的快乐。

"四环情境式"板块习作课堂教学模式的四个基本环节为：情境创设、情动辞发、范文引路、检验反馈。情境式板块习作教学呈现了"形象思维"—"语言符号"—"逻辑思维"的梯度提升。

（一）情境创设，引"说"

激发学生情感，是建构情境写作教学理论框架的主要特点，它贯穿着情境习作教学的整个过程。真实的情境创设能激发学生学习的情绪及情感，这种热烈的情绪让学生获得丰富的体验，受到熏陶感染，进而产生一种内驱力，使学习成为儿童心灵的需求，便有了表达的需求。这个环节解决了习作写什么的问题。

苏联教育家赞科夫指出："教学法一旦能触及学生的情绪和意志领域，触及学生的精神需要，这种教学法就能发挥高度有效的作用。"这个环节创设了真实的生活情境，激发学生的认知冲突，激起学生的积极思考。

情境的创设一般有以下几种方法。

1. 创设故事情境

开展习作课时，可以引入故事，让学生进行想象训练，或编故事或改写或续写等等。

2. 创设活动情境

可以积极开展各种课外活动，开拓学生的视野。例如，走进大自然，野炊活动等。也可以设计一些体验式的活动，如实验，比赛等。

3. 利用表演创设情境

表演的主角是学生，因此更容易激发他们的热情：吹拉弹奏、琴棋书画、唱跳讲说……

4. 模仿文本创设情境

学生把自己的练笔与文本进行对比，学习作者的方法，保留自己的精华，进行第二次练笔，作文能力得到了提高。

5. 利用多媒体创设情境

通过视频、歌曲或其他艺术作品对学生的熏陶，调动学生的情感同时，勾起学生记忆中相关的画面。

以上方法在实际的教学中要结合教学的内容、教学条件以及学情灵活运用，有时候也可以多种情境结合在一起创设。创设的原则是情境的创设一定要引发学生真实的体验，勾起其生活学习经验，触发其真实情感。

（二）情动辞发，导"写"

当生动有趣的情境呈现在孩子面前的时候，他们首先去看去听，从而走进情境，感受情境，儿童的视觉、听觉、运动觉等，就在这时不自觉地调动起来。这是学生兴趣的最原始的开始，我们要善于保护学生这份兴趣的积极性，让学生的情感在这特定的情境中喷发，这才是我们所需要的习作的真情实感，也是学生习作的内因驱动力，也是习作的灵感源泉——虽然它是那样的青涩。

这是情境习作教学中最为重要的部分，这里的情境的创设是否能引起学生情感及生活体验上的共鸣决定着这个习作教学的质量。这个环节，我们让学生进行第一次的习作：完全随自己的感觉走，写出自己的真情实感。

这个环节的注意事项：①不过于干扰学生写作时文思的流畅性，要延续其在"情境"的情绪；②尽量不做技巧性的指导；③相应对个别学生进行辅导，重点指导其在情境创设中的情感表达。

（三）范文引路，得"法"

课堂上注意结合一定的方法，有意识地指导儿童按一定的顺序、不同角度去观察体验，可塑性极大的儿童感官就会变得敏锐完善起来，这同样会直接促进儿童的直觉和悟性的提高。

有了初次的情感体验，激发了活动的兴趣，写出的习作不一定很完善，也许是条理上不通顺，也许是语句上不够优美，甚至词不达意。所以第二次的体验就很必要了。第二次的体验不再是感性的、模糊的，而是理性的，有一定方法的。

这个时候，适当地引进一篇具有代表性的典型范文，可以是习作，也可以是课文片段，引导学生总结出此次习作的一般方法。方法不宜多，尽可能做到"一课一得"，如"点面结合""细节描写""语言描写"……接着再运用总结出来的方法进行第二次的观察体验。

有了第二次观察体验，学生对初体验就更为深刻，对事物的认识就更为客观，逐渐掌握了观察事物的一定规律和方法，逐渐养成了留心周围事物的习惯。这时，学生会自觉地观照自己的第一次习作，找出习作中不足的地方，甚至自如地修改、完善。

这个环节的一般方法如下。

1. 出示范文

出示一篇范文（经典文本、学生的现场优秀习作或者有着共性问题的习作等）。

2. 赏析范文

重点分析范文中作者的表达方法：

（1）写作顺序。

（2）如何组织材料。

（3）描写方法。

3. 总结方法

根据本次的习作要求，选取训练重点，再根据这个训练点，提炼出一般的写作方法。

4. 比较提高

初步用范文和自己的习作进行比较，找出要提高的地方。

（四）检验反馈，提升

《课程标准》指出："修改自己的习作，并主动与他人交换修改，做到语句通顺，行款正确，书写规范、整洁。"习作评改是教师获得反馈信息的一个主要渠道，是帮助教师调整习作教学方法的有效途径。

在这个教学环节中，有了前面的方法的指导和总结，教师引导学生制定出评改的标准和要求，以求有一个统一的标准来检验和修改自己的习作。这个环节分三步。

1. 制定评估标准和修改要求

对于习作评改的标准，我们分为两大项：第一项是"常规要求"，这一项是每一次习作都必须要修改的内容，如修改错别字、圈画出好词好句、字数充足、字面整洁、书写工整、修改标点符号、结构完整、符合题意等；第二项是"本次习作要求"，也就是本课做到的"一课一得"，这就根据每一次习作的不同要求而定，如写场面的要求要用到"点面结合"的写作方法；写人的作文要写出人物的细节描写等要求；写说明文的习作就要求使用说明方法等。

2. 学生修改

根据修改标准和要求，先让学生自己对第一次的习作进行修改。

3. 进行互评

教师也要注意课堂评改形式的多样化，一般使用的几种评改形式：自评自改、同桌互评改、小组四人轮改、好差一对一交换互补批改、自由组合交换互评改、师生评改等。

第五节　智慧课堂口语交际"1+n"模式的建构

智慧课堂口语交际"1+n"教学模式的建构，以湛江经济技术开发区第三小学为智慧课堂实践基地，工作室课题组成员吴潘虹老师依据本课题研究的理念，在原来的模式基础之上进一步完善，探索出智慧课堂口语交际"1+n"教学模式——"四环情境式"口语交际智慧课堂板块教学模式。

【教学模式】

"四环情境式"口语交际智慧课堂板块教学模式。

【教学流程】

了解话题，收集资料—激趣导入，体验情境—示范引导，实践演练—拓展创新，提升能力。

伴随着社会的发展，人们对口语交际能力的意识越来越高，越来越看重口语交际能力的培养。因此，学校必须相对应地对口语交际课堂教学高度重视。口语交际作为智慧课堂教学六大课型之一，基于智慧课堂教学的核心理念，着眼于"提高学生口语交际能力"这一目标，让更多的教师走上口语交际"智慧课堂"教学之路，我们在实验中探究出一套四环节课堂教学模式。

（一）了解话题，收集资料

上口语交际课时，学生们常常会感到无话可说，交流时大多缺乏新颖素材，老师提示得多，学生展示得少，并没有出现预料中的效果。正所谓巧妇难为无米之炊，只有在课堂教学之前让学生围绕着话题提前收集资料，做好充分的准备，才能在课堂上有话可说。

1. 研究话题，明确要求

学生必须明确知晓口语交际话题，搞明白这次口语交际的主要内容是什么，具体要求是哪些，需要准备哪些材料。

2. 紧绕话题，收集资料

口语交际的内容往往会跟本单元的专题有关。教师可借助本单元的教学引导学生收集资料，如在教学单元导读的时候，可初步渗透口语交际目标，让学生紧绕目标多方面收集相关的资料；随着课文的学习，要深化目标，引导学生进一步收集资料，并更深层次地整理已获取的资料，这样，学生有了强大资料的支撑，必能有理有据，旁征博引，侃侃而谈。

3. 巧妙安排，引导路径

小学生年龄比较小，特别是低年级的学生，往往不知道怎样去收集资料。老师在布置任务的时候，要考虑学生各方面的条件，指令要通俗易懂，让学生知道做什么，做到怎么样，并且有具体的办法提示该怎么做。可以引导学生从自己的生活经历、请教身边人、查阅报纸杂志、观察体验等方面去收集。

（二）激趣导入，体验情境

"感人心者，莫先乎情"，学生有话可说，更要有话想说。只有学生的情感被调动起来，才有交际的兴趣。教师应根据话题巧妙地创设各种情境，让学生融入情境之中，情动而辞发。

1. 还原真实，让学生身临其境

生动、逼真的情境能让学生更加感同身受，萌生交际的欲望。教师可根据交际的话题，把学生带入真实的情境，帮助学生进入角色。如在教学部编版一年级上册《小兔运南瓜》时可模拟真实的情境，让学生扮演小兔。学生通过表演，演绎"小兔"没法把南瓜运回家，急得团团转的情形。请其他同学以"小兔"的小伙伴的身份帮"小兔"想办法。

2. 巧提问题，激发学生好奇心

小学生好奇心比较强，想象力丰富，教师应该抓住小学生的这些特点，创设一种新颖、有趣的"疑"境，充分激发他们的兴趣，引导学生发表自己的看法。例如，教学人教版三年级上册《动脑筋解决问题》一课，教师一进教室，就对学生说："今天的讲台很脏，我想用抹布擦干净再开始上课，咦，我们班没有抹布，怎么办呢？"教师话音刚落，学生就便七嘴八舌地帮助出主意："用纸巾代替。""去隔壁班借！"这时，教师趁机说："怎么借呢？该向隔壁班的老师说些什么呢？"就这样，教师巧妙地提出一个"借抹布"的问题，激发学生的好奇心，使学生兴致盎然地投入交际中去。

3. 充分利用多媒体，丰富交际语境

利用多媒体创设情境，具有有趣、逼真、形象、具体的特点，能让学生入情入境，十分感兴趣。图片、音乐、动画、视频等媒体语言对学生口语交际能力发展的影响不可低估，教师应创设形式多样、新颖有趣的情境让学生在轻松愉快的氛围中进行口语交际。

（三）示范引导，实践演练

口语交际是循序渐进的过程，一开始，学生的表达可能不够完美，比较表面。小学生比较喜欢模仿，在课堂上，学生模仿的对象是教师，这时候，教师的示范引导就至关重要。教师要引导学生观察学习，感悟方法并运用方法去实践演练。

实践演练则是一堂口语交际课的高潮部分，也是学生得到有效的交际锻炼最重要的一个环节。交际是人与人之间相互联系的一种行为，这是一个双向互动的过程。口语交际课最重要的特点就是互动，因为只有互动，才能让学生在实践中不断锻炼，从而培养学生逻辑性、反应能力以及语言表达的条理性和规范性。

在口语交际课堂上的互动应是多种形式的，师生间、生生间的听、说、问、评、讨论、交流、争论应当贯穿于课堂教学全过程。例如，在教学人教版二年级《猜谜语》一课时，教师创设了不同的情境，采用了灵活的交际形式，既有教师出谜语学生猜，学生出谜语教师猜，又有学生个人互猜谜语，小组合作编谜语，等等。对象广泛，形式丰富。

（四）拓展创新，提升能力

任何口语交际教学都是为了让学生提升交际的能力，更好地融入社会、适应社会，教师应正确认识到课堂与生活，交际与生活的联系，树立大语文观。

1. 引向深入，设定更高层次的目标

口语交际是一种互动的过程，更是有层次的、有目的性的互动的过程。一节优秀的口语交际课，教师应该创设多个话题和情境，让学生在不同的层次中反复地经历、体味，以引导学生向更高的目标发展。例如，二年级《猜谜语》一课，教学中设定了多层次的交流，从学生小组猜谜语，到学生上讲台表演说谜语，最后到学生自编谜语。循序渐进，由易到难，最终达到更高层次的目标。

2. 以写助说，让课堂形式多元化

我手写我口，我手书我心。在学生口语交际的基础上，鼓励学生把想说的内容用文字书写出来。说中有写，边说边写，说写结合。既提升了学生的表达能力，又有效地提高了写作能力。例如，在教学三年级《夸夸我的同学》一课时，在整节课的最后，教师让学生在本子上写上此刻想对同学说的话，并把这些话说给同学听。把说变成写，把写转化成说，这是一个渐进的过程，也是一个内化的过程。

3. 注重与社会实践生活相结合

课堂是培养学生口语交际能力的主阵地，但这是不够的，而且口语交际能力的培养也是为了让学生做好以后融入社会的准备。因此，教师应有意识地根据课文内容延伸到课外，以巩固和拓展课堂教学的成果。例如，教学三年级《我们能做点什么》一课，教师让学生制作保护环境的标语牌，并为保护环境做一件自己力所能及的事情。这样的拓展延伸，把学生带进社会的大课堂，成为实践者。

第六节　智慧课堂综合性学习 "1+n" 教学模式的建构

　　智慧课堂综合性学习 "1+n" 教学模式的建构，以湛江经济技术开发区第四中学小学部为智慧课堂实践基地，工作室课题组成员罗华主任依据本课题研究的理念，在原来的模式基础之上进一步完善，探索出智慧课堂习作 "1+n" 教学模式——"四环情境式" 综合性学习智慧课堂板块教学模式。

【教学模式】

"四环情境式" 综合性学习智慧课堂板块教学模式。

【教学流程】

创设情境—活动展示—师生互评—拓展延伸。

　　《课程标准》教学建议部分明确指出："综合性学习主要体现为语文知识的综合运用、听说读写能力的整体发展、语文课程与其他课程的沟通、书本学习与生活实践的紧密结合。""综合性学习的设计应开放、多元，提倡与其他课程相结合，开展跨领域学习。跨学科学习，也应以提高学生语文素养为目的。"

　　因此，综合性学习教学活动，应打破传统课堂以传授知识为主的格局，在探究实践中探索出 "四环"（创设情境—活动展示—师生互评—拓展延伸）综合性学习智慧课堂教学模式，让综合性学习与实践更紧密地联系在一起，帮助学生在综合性学习中形成自主探究意识，发现学习语文的乐趣，让语文核心素养在综合性学习活动中获得提升。

（一）创设情境——课前收集，分组准备

（1）了解中国历史上的伟大诗人、中国精美古诗词。

（2）给自己写的诗配上诗情画意的图画。

（3）小组编写创意的小诗集。

（4）主持人、朗诵小组竞选。

（5）组长、组员分工合作。

根据《课程标准》的要求，六年级学生已经具备了一些综合性学习的基础，每个学习小组经过长时间的训练磨合也都具备了团队合作学习的能力，因此笔者在教学中努力做到体现学生自主、探究、开放的特征，使综合性学习更有实效。

（二）活动展示——目标呈现，精彩展示

师：这一段时间，我们已经收集、阅读了许多诗。让我们继续进行综合性学习，有选择地开展下面的活动，进一步了解诗歌，感受诗歌的魅力。

1. 自己动手写写诗

先读一读阅读材料中同龄人的诗，想想他们是怎样把自己的感受用诗歌表达出来的，再试着写一写诗，还可以和同学交流自己写的诗。

人的修养，开始于学诗，自立于学礼，完成于学乐。儒家认为，诗、礼、乐三者是教化民众的基础或者说三种载体与手段，必须恰当利用。因此，"兴于诗、立于礼、成于乐"可谓是儒家的教育思想的概括，进一步，则可以归结为审美教育思想。诗教在于使人浸润于诗中，并最终成为文质彬彬、温柔敦厚的君子。而诗之所以能有德化之功，乃是因为在孔子看来"诗三百篇，一言以蔽之，曰：思无邪"。无邪，就是纯正，无过无不及，也正因为诗（思）无邪，才能起人、兴人——几年沉韵，反思前行：广东省骨干教师、湛江市优秀教研组长、湛江市首批名教师、湛江开发区第四小学教导主任罗华，号召我校语文组全体教师，从1到6年级各班，都在教学中深入探索，也总结了一些行之有效的诗歌教育方法。

（1）在教学中，拿生活题材鼓励孩子写诗

学校诗歌教育的"主阵地"在于平时课堂教学的贯穿。

① 一、二年级的学生应该以语言训练为主，然而三、四、五、六年级的学生更容易上手了。教师经常启发学生们把"汉字"写成一首诗。例如，"风""雨""雷""电"，"花""鸟""虫""鱼"等汉字，教师会教学生通过猜字谜、汉字的形式，将汉字本身的形态想象成一幅画、一首歌，然后便成了一首诗。例如，罗华老师指导钟榕同学描写的一首诗《花精灵》，她把"花"字观察很仔细，结合人类生活的场景，把花拟人化的描述也特有一番情趣——

花精灵

在美丽的花丛中，

住着可爱的花精灵。

她的心脏有个名字叫花蕊，

总闪着发亮的荧光，

像夜空中的星星在眨眼。

她呀，可是花中之母呢！

白天和小伙伴们玩耍，

夜晚伴随着孩子们入睡。

② 三、四年级的学生，教师相当注重在日常生活中培养学生对诗意语言的锤炼，语文课堂大多都是常规的阅读教学课，教师会倡导学生在常规的阅读课中寻找诗意点，借言语实践的机会让学生进行诗意的创作，这必然是一个需要循序渐进的过程。例如，黄冠老师指导梁思诗同学描写的一首诗《竹林》，就是从阅读《竹子》一文中让学生得以感悟，这首诗给人的感觉是清新的、自然的，还写出了竹子的正直、自清的好骨气——

竹子

清晨，

被阳光透过缝隙，

撒下细碎的微光。

人们看到，

只有一种感受，

美！

可是，有谁懂得你坚贞不屈？

有谁知道你刚强正直？

有谁看见你承受的风风雨雨？

呵呵，有一个人，

郑板桥最了解你！

③ 五、六年级的学生，教师会让写作巧妙地和诗歌相结合，让学生学会诗意地表达。其他方面可以加以辅助，如在课文中留白，让学生续写故事，创作一个小段落，以培养他们对诗意的感觉。它有一个共同的特点：便是画面感

强，具有很丰富的想象力，这与写作课堂的教学是分不开的。例如，我校戴雪英老师指导她们班同学在写作课上观看录像片段，里面播放的动画是"蝴蝶飞翔的过程"，戴老师还要求学生，如果能在写作中融入一首小诗，该多美呀！诗情画意，文采飞扬……就在那节课上，戴老师循循善诱、和蔼可亲的言语一瞬间触动了谢巧婷同学，经过她萌动的灵感，写下一首《停歇》，动感强、语言美——

雨停了，

小雨点把家安在一枝纤细柔美的竹枝尖上，

成了一面圆鼓鼓的镜子。

美丽的蝴蝶扑扇着翅膀从远方飞来，

它累了，

停在竹枝上，

就着圆鼓鼓的镜子，

欣赏着自己美丽的弧线。

（2）新意的诗歌，需要学生丰富的意象

教师们最困难的是培养学生想象力。所谓"一图一诗"教学法，学生通过对大自然的热爱和认识，所留下的一张张珍贵的相片所创作的诗歌是最美的。它充分地调动了学生的左右脑，变复杂的理性线性思维为场景、图画、情节、情感等融合诗元素的立体思维来感悟意象，促进了我校师生赋诗的激情。还有刘天平老师"一图一诗一文"的作品示范，给我们营造了创作生态诗歌的灵感。

就在这美好的四月里，我校3～6年级小学生踏着春光走进湛江森林公园"生态园"，到处去寻找诗的足迹。你看，我校的学生多钟情于写诗呀！自己随手所拍的相片就是一首精美的小诗：景中有诗，诗中有景，童真童趣，纯朴天然。学生们在生活中从与诗相伴、与诗悟情，已延伸到保护生态环境的自觉领域当中去，教师们颇为感动。例如，在这次春游后，罗华老师指导六年级的陈妙同学写了一首《我是缸里的瓜苗》，诗中体现了小瓜苗向上爬的精神，其意象让人得到启发——

我是缸里的瓜苗

我是缸里的瓜苗，

生长在坐井观天的世界里。

没有兄弟姐妹,

没有朋友,

只有孤独的我。

我多想破缸而出,

看看外面的世界,

哪怕是一秒钟,

我也无所谓,

但希望总是远离事实。

哎!

只能在缸里徘徊,

努力寻找出口。

只能在缸里呐喊,

谁来拯救我!

看来只能往上爬了,

爬满整个世界去,

我相信这天总会到来。

2. 举办诗歌朗诵会

可以朗诵收集到的诗,也可以朗诵自己写的诗。先在小组里讨论一下,选哪几首诗歌来朗诵,采用什么方式才能使本组的朗诵更精彩,还要商量一下怎样开好班级诗歌朗诵会。

清晨,开发区四小的校园:花儿微笑,鸟儿欢唱,一首首古诗在绿意盎然的校园里吟唱。当孩子们踏入校园的一瞬间,就不知不觉地沉浸在"诗的校园"里,去寻找古诗的韵味。周二、周四早读是学生们最快乐、最自由的学诗综合实践时段,他们可以自由组成诗歌推荐小队,完成当老师的综合实践和体验。学生们在推荐诗的前一周就要设计小队个性口号、播宣传广告,想与众不同的开场,让学诗同学有耳目一新的感受和他们一起随诗歌激情飞扬。

在推荐诗歌的过程中,各小队充分展现自己合作的智慧,时不时,他们还会在游戏中诵起古诗来。毗邻大海的校园还被一路流淌着诗意的花香萦绕,校内处处诗意浓郁,校外的中澳友谊花园,无不跳动着诗歌的精灵,给诗歌教育实践创造了丰富的活动空间,丰富诗意生活,提高学生们的综合素质。

经典诵读课后，学校各小队还设有诗歌的实践作业。例如，做"诗歌名片""诗歌书签""诗歌卡片""诗情画意""编诗歌舞蹈""设计诗歌游戏"等，大家在相互学习和实践中不断超越、成长，建立了良好的人际交往。

就是这样，我校以获得"广东省诗歌教育示范学校"为契机，充分地利用学校各种宣传媒体开展"听诗歌""学诗歌""吟诗歌""赏诗歌""写诗歌"等丰富多彩的校园文化活动，强化了"诗雅"教育。

3. 合作编本小诗集

小诗集里可以编入收集到的诗和同学们自己写的诗，也可以编入诗人的故事或诗歌的相关资料；可以给诗配上插图，还可以用书法形式展示我们喜欢的诗。给诗集取个好听的名字，装订后在班上展示，评一评哪本诗集材料丰富，编排最有创意。

4. 进行诗歌知识竞赛

将收集到的诗歌知识编成题目，用比赛的方式看看哪些同学的诗歌知识最丰富。

例如，把传统诗的知识与现代诗相结合。中国历史上诗人的称号：诗鬼（李贺）、诗狂（贺知章）、诗仙（李白）、诗圣（杜甫）、诗佛（王维）、诗骨（陈子昂）、诗杰（王勃）、诗囚（孟郊）、诗奴（贾岛）、诗豪（刘禹锡）、诗魔（白居易）、诗神（苏轼）等。

总之，笔者把展示分成四个板块，学生学得更有趣。例如：

（吴淇主持）小荷才露尖尖角——自创诗歌。

（张嘉烨主持）激情洋溢诵诗歌——朗诵诗歌。

（李心如主持）别出心裁品诗歌——品评诗歌。

（郭慧妍主持）腹有诗书气自华——诗歌知识竞赛。

（三）师生互评——师生分享，互评达标

1. 吴淇主持——分享自己的创作

（1）男、女同学各自分享学生自己的作品——《蜜蜂》《白云》。

（2）欣赏罗老师自己创作的佳作——《倘若你要开花》。

师生分享，互评达标1：师生分享过后，教室里传来阵阵掌声。此环节师和生的作品不但得到充分展示，而且还达到互补的作用。学生创作不仅得到大家的肯定，老师的作品也规范了学生创作的思路。

2. 张嘉烨主持——诗歌朗诵会分享

（1）男同学朗诵《满江红》。

（2）女同学朗诵《虞美人》。

（3）罗老师朗诵《将进酒》。

师生分享，互评达标2：此环节高潮迭起，师生朗读比赛：既赛出朗读高超的技巧，也赛出了中国古诗文的魅力。

3. 李心如主持——评选创意小诗集

（1）分组汇报诗集。

（2）师生评价，竞选冠、亚、季军。

师生分享，互评达标3：此环节更是技高一筹，学生有自己创作的诗歌作品集，能够在课堂上竞选，这真是不容易的事情呀！这展示了平时最难体现的学生综合性学习素养（包含写作的素养和主编的素养）。

4. 郭慧妍主持——诗歌知识小竞赛

（1）找诗人，读古诗。

（2）看画面，填诗句。

师生分享，互评达标4：每年，小学生诗歌节是广东省"文化强省"的重点项目之一。随着诗歌节在全国的影响力越来越大，吸引了来自华人地区及全国各地越来越多的小学生参加。小学生诗歌节设立旨在将诗歌理念与基础语文教育对接，释放孩子纯真的语感、想象力和创造力。

这一板块弘扬了中国传统文化的精髓：特别是诗歌节的理论"原点"——孔子提倡的"以诗为教"的教育思想，对弘扬民族文化，涵养民族精神，培育健全和谐的理想人格，提升少年儿童美学修养和想象力、创造力，起到重要作用。

（四）拓展延伸——寄予期望，放飞梦想

1. 回顾成绩

（1）学校教育品牌——"诗雅觉民"，成就师生诗意人生。

（2）广东省小学生诗歌教育示范学校——四雅归心龙潜深海拾珍贝，小诗传韵凤舞九天摘明珠。

2. 名家寄语

台湾诗人余光中先生给小学生寄语——童心是诗心的源头，天真是天才的起点；童心是敏感的指针，指向母语的磁场；愿你们的指尖，指向中华诗歌的丰年。

3. 总结寄望

与诗同行，让梦飞翔！

这节综合实践活动课《与诗同行》遵循了"在活动的基础上发展""在发展的指导下活动"的原则，同时培养学生策划和开展活动的能力，引导学生鉴赏诗歌，学习诗歌创作的基本技巧。不仅带给学生活动的快乐，更在精神上给学生铺垫上一层恒久的文化底蕴，使学生在诗歌的道路上走得更远，让生活充满诗意。

智慧课堂教学方法的建构

《意见》中指出：优化教学方式，融合运用传统与现代技术手段，重视情境教学。精准分析学情，重视差异化教学和个别化指导。我们立足课堂，积极探索科学的教学方法，优化教学方式，取得了良好的效果。以下是笔者结合二十几年课堂教学经验，引领的省市区各级名师工作室团队成员，经过十年多的磨砺，总结出的"情境体验式"智慧课堂板块教学方法。

第一节　智慧课堂汉语拼音"1+n"教学方法的建构

智慧课堂汉语拼音"1+n"教学方法的建构，以廉江市第十九小学为智慧课堂实践基地，工作室课题组成员林小红主任依据本课题研究的理念，探索出智慧课堂汉语拼音"1+n"教学方法——"四环情境体验式"汉语拼音智慧课堂板块教学方法。

【教学方法】

"四环情境体验式"汉语拼音智慧课堂板块教学方法。

【情境体验】

利用情境图进"故事乐园"—灵活编儿歌进"拼音乐园"—身端姿正进"写字乐园"—巧借游戏进"巩固乐园"。

汉语拼音是小学生学说普通话的基础，是打开知识大门的金钥匙，是迈向科学高峰的阶梯。所以，汉语拼音教学是小学语文第一学段的重要学习内容。对此，《课程标准》这样规定：学会汉语拼音。能读准声母、韵母、声调和整体认读音节。正确书写声母、韵母和音节。认识大写字母，熟记《汉语拼音字母表》。并且还这样建议：汉语拼音教学要尽可能有趣味性，宜多采用活动与游戏的形式，应与学说普通话、识字教学相结合，注意汉语拼音在现实语言生活中的运用。

没有趣味对于低年级的学生来说是不可想象的，不好玩的课，儿童是无法喜欢的，教师们要深谙此道。如何建构汉语拼音智慧课堂"1＋n"教学策略？笔者觉得在汉语拼音教学中首先要钻研教材、整合资源，其次要精心设计、化难为易，最后要形式多样、趣味盎然，引导学生自主探究、合作交流，为学生进一步学习祖国的语言文字给予有力的拐杖，为学生语文素养的提高奠定基础。下面以"汉语拼音"为例，浅谈建构《汉语拼音智慧课堂"1＋n"教学策略》。

【教学策略】

（一）利用情境图进"故事乐园"

部编"义务教育教科书"安排了13课汉语拼音教学的内容。每课伊始都有用于引出本课字母发音的情境图，每幅整合的情境图都包含着一个故事情境。教学时，老师应引导学生充分观察图画，看图说话，从中引出本课要学的字母和音节，将发展观察能力、表达能力与学习拼音有机地整合在一起。

例如，第1课"a o e"这三个单韵母的教学，教师可先让学生观察书上的情境图，说说图中画了谁？正在干什么？然后引导学生进入这样的情境中：夏天的清晨，空气多么清新，一只大公鸡慢慢走来，站在石头上打鸣了！大公鸡怎样打鸣？你来学一学。大公鸡发出的"喔喔喔"声就是我们今天要学习的单韵母"o"——公鸡打鸣o o o。一个小女孩听到了大公鸡的叫声立马起床练起了声，这就是我们要学的韵母"a"——女孩唱歌a a a。小女孩悦耳的歌声引来了大白鹅。你看它在水里引吭高歌——e e e。根据教学需要，我整合了出示字母的顺序，由"o"再到"a、e"，使故事情节更巧妙，学生更爱听！

（二）灵活编儿歌进"拼音乐园"

"语音为口耳之学"，我们可灵活创编儿歌、顺口溜，帮助学生架起生活口语和拼音学习之间的桥梁，建立起字母符号与具体语言的联系，从而增强汉语拼音学习的趣味性。

1. 利用儿歌学发音

例如，教学《b p m f》一课时，通过创编儿歌帮助学生进一步掌握发音要领："爸爸带我爬山坡（p），迎着风（f）儿爬上坡（p），收音机里正广播（b），爱护花草不乱摸（m）"。再如，教学《zh ch sh r》一课，我们也可创编儿歌带领学生读准发音："蜘蛛织网zh zh zh，刺猬吃果ch ch ch，狮子威武sh sh sh，一轮红日r r r。"这些充满情趣的儿歌不仅让学生掌握了发音，也让学生从中获取了知识，培养了儿童学习拼音的兴趣。

2. 利用儿歌区别形近的拼音

汉语拼音字母中有很多相似的面孔，学生非常容易混淆，我们可以编成儿歌让学生正确区分："左下半圆d d d，右下半圆b b b；一支伞柄t t t，一根拐杖f f f；一个门洞n n n，两个门洞m m m。""像个2字z z z，半个圆圈c c c，半个8字s s s。"这些朗朗上口的儿歌能让学生在反复的诵读中不经意地就记住了这些形近的发音，也减轻了学生的学习负担。

3. 利用儿歌学声调拼读

教学声调拼读时，教师可用教具直观演示。在黑板上画一条高低起伏的山路，用一辆玩具小汽车边读儿歌边演示："一声高高平又平，二声好像上山坡，三声下坡又上坡，四声好像下山坡。"同时。为了加深记忆，教师还可和学生玩手势操：一声手横向运动，二声手向上扬，三声手向下又向上，四声手用力向右下画斜线。这样手舞足蹈的，课堂气氛活跃了，学生情绪高涨了，学习便也变得轻松愉快了。

4. 利用儿歌学拼读规则

汉语拼音拼读规则可以儿歌的形式呈现。如两拼音节的拼读方法：前音轻短后音重，两音相连猛一碰。教师带读书本的两拼音节，然后由学生小组自由拼读，推荐最佳组员做语文小能手，带领全体学生一齐读，让学生体会学习成功的快乐！三拼音节拼读教学也和前面两拼音节的教学方法相同。学习整体认读音节特别提示不能拼！标声调的方法也可以儿歌形式来提醒：标声调，按顺序。有a别放过，无a找o、e。i u并排标在后。"j q x y"与"ü"相拼的规则历来是教学中的一大难点，我们可利用这首儿歌来训练学生：小ü、小ü真有礼，见到"j q x y"脱帽又行礼，去掉两点还读"ü"。一首首儿歌，提示了拼写的规则，同时也很好地引导学生养成良好的学习习惯。

（三）身端姿正进"写字乐园"

在一年级这个起步阶段，书写习惯的培养尤为重要。教师一方面要督促学生做到书写姿势正确，另一方面要具体指导、严格要求，使每个学生不但能把拼音写正确，而且能把它写美观。教师指导书写拼音时，先以"四线格儿歌"引入："拼音格，四条线，拼音字母住里边。住上格的不顶线，住下格的不踩边，中格写满顶两边。"继续以第1课"a o e"为例指导书写："a"住中格，中格写满顶两边，写时先半圆，后竖弯，两笔写成，注意写饱满才好看。"o"也住中格，写时左上起笔，一笔写成。"e"同样住中格，一横半圆，一笔写成。教师边读儿歌边示范。学生"书空"、描红、写字、展评，大家互相学习，共同进步。

（四）巧借游戏进"巩固乐园"

一切的教学活动都是为了学生能掌握、运用祖国的语言文字，做个堂堂正正的中国人！为了让学生更好地巩固汉语拼音，教师要灵活运用各种激励手段，设计多样化的竞赛活动，吸引学生参与其中，学在其中，乐在其中，真正打造高效的课堂教学。

"找一找"游戏，教师随机读拼音，指名一同学听音找卡片，找对了就带领全班同学齐读，培养学生合作交流的学习习惯。"变一变"游戏，目的是让学生正确区分容易混淆的几组音"b—p""n—l""j—z""q—ch""x—sh"及其音节。我们以小组为单位"PK"，读正确者加一分，看哪个小组加分多就胜出。"抢读"游戏，以小组为单位，教师出示卡片，哪个小组先举牌就由他们组读，读正确的奖"小星星"，就是这么一"抢读"，学生的小脑袋瞬间迸发了，大家争先恐后，竞相作答。"飞鸽传书"游戏，教师说中文，学生用拼音写出同学的名字并能正确拼读才可以把卡片送到该同学的手中。"拔河比赛"活动，每组推荐一个裁判，由裁判举"拼音"牌子，小组齐读，只有一次机会，看谁拼读正确，就可把卡片贴在自己队的绳子上。

各种游戏的设计，适应了低年级孩子爱玩的天性，在玩中学，在学中玩，既轻松又高效，切实巩固了所学的拼音知识，为进一步的学习夯实了基础。

教学艺术是永无止境的，只有不断学习，不断挑战，才能不断前进。常言道"教无定法"，每一个策略的提出均只是为了更优化课堂教学，夯实学生的基础，发展学生的核心素养。"智慧课堂打造智慧学生，享受智慧人生"，让我们为这远大的目标努力吧！

第二节　智慧课堂识字写字"1+n"教学方法的建构

智慧课堂识字写字"1+n"教学方法的建构，以廉江市第四小学为智慧课堂实践基地，工作室课题组成员钟红霞主任依据本课题研究的理念，探索出智慧课堂识字写字"1+n"教学方法——"四环情境体验式"识字写字智慧课堂板块教学方法。

【教学方法】

"四环情境体验式"识字写字智慧课堂板块教学方法。

【情境体验】

创设多媒体情境，激发识字兴趣—创设生活情境，培养自主识字能力—创设识读写情境，巩固学生识字效果—创设多种激励情境，加强识字写字积极性。

小学语文识字写字教学是阅读和写作的基础，是整个小学阶段语文教学的关键。学生识字量不足，将严重制约读写能力的发展。识字教学的质量，直接影响着语文教学的质量。教师必须培养学生具有较强的独立识字写字能力，掌握一定的识字写字方法、技能，使学生真正爱识字、乐识字、轻松识字。在低年级段要"多认少写"，"多识"有利于学生尽早、尽快、尽可能地认字。高年级段则要培养学生独立识字能力及创新思维，要识写结合，以便及早进入汉字阅读阶段，给学生打开一个生活经验世界以外丰富多彩的文本世界，这无论对学生的情感和思维，还是对培养获取信息的能力，都有重要意义。教师要改变自身的教学观念，充分地尊重识字写字教学领头作用，还要认真反思自身识字写字的不足之处，要随时更新教学理论，使学生从被动学习转变为主动学习，进而不断提高学生的识字写字能力。下面笔者结合小学语文课堂教学实践，基于识字写字教学的相关研究，对识字写字教学的一些方法进行探讨，谈谈如何提升智慧课堂识字写字教学策略。

【教学策略】

（一）创设多媒体情境，激发识字兴趣

识字写字教学要体现语文要素的策略。

1. 以多种形式激发学生识字写字的兴趣

兴趣是最好的老师，只有不断激发学生们的学习兴趣，才能使他们轻松愉快地进行学习。在以往传统的教学中，教师总是反复单一地教学生识字写字，但小学生活泼好动，注意力容易分散，教师教学的呆板性，不但使课堂无任何生机，缺乏趣味性，而且会令学生对识字写字失去兴趣，不利于识字写字教学的发展，因此教师要以多种形式激发学生识字写字的兴趣。

（1）采用直观的教具、现代化的教学手段

低年级学生以形象思维为主，单凭教师的讲述很难对某个字产生深刻的印象。遵循教学的直观性原则，恰当地运用直观教具，尤其是电教手段，可以让复杂、抽象的教学内容显得比较简单、明确、具体。如在教学时可以通过多媒体的演示、艳丽的色彩、生活的图像、动听的声音，把学生牢牢吸引住，大大提高了识字效率。

（2）采用游戏的方式

由于处于小学阶段的学生，认知发展不完善，缺乏自我管理能力，注意力容易分散，对新鲜的事物充满兴趣，因此采用与学生生活距离最贴切的游戏方式，把游戏引进课堂，引导学生在丰富多彩的游戏中识字，寓教于乐，让学生真正喜欢汉字，对汉字产生浓厚的兴趣。平时注意收集学生中喜欢的游戏，进行精心设计运用于识字教学，根据课文要求，设计不同的游戏活动。例如，猜字谜，这是课堂教学中最常用的游戏形式，如要学"鸡"字，教师可以用猜字谜的方式引入新课内容，"上课前，老师想请小朋友们猜个动物字谜，看哪位小朋友最先想到老师说的是什么动物，'身穿五彩花花衣，每天早晨要唱歌，人人听了忙穿衣。'"老师绘声绘色的描述，不仅能加深生字的印象，还能激起学生学习生字的兴趣。在记忆生字时，如"告"字，教师可打字谜"一口咬掉牛尾巴"。字谜还可以让学生动脑筋创编，培养创新思维。笔者在识字教学中常采用的游戏有：摘苹果、开火车、找朋友、夺红旗、送生字宝宝回家、智慧大闯关等。

识字教学中，教师必须以人为本，尊重学生的主体地位，随时关注学生的全面变化，透过游戏环节，引导学生提升识字的能力，提升其课堂识字参与度，使学生们透彻理解和掌握语文知识，达到兴趣提升，语文能力与技能提升的成效。

2. 教会学生识字的方法，培养学生独立识字的能力，提升学生语文能力与技能

每个汉字都有其组成的特点和形成准则，教师在小学语文的教学中应利用汉字自身特点，学生的认知情况进行多样化教学，提升学生语文能力与技能，培养学生独立识字的能力。

（1）根据汉字的特点进行教学

根据《课程标准》的要求，语文教学要注重学生对生字、词语的认知、含义、用法的整体掌握，要研究汉字的学习方法及规律，研究识字、写字与阅读、写作教学以及发展学生思维各个环节之间的联系，以提高教学效率。在汉字教学中，根据汉字的特点，注重对汉字的分析，对于学生掌握汉字的音、形、义及书写都能起到很好的作用。例如，教学象形字"田"，首先让学生看图片或课件，一块块方方正正的田地展现在学生眼前。问："你看到的是什么？"生："田地。""它是什么样子的，请用手画一画。"学生用手依图形画出。这样，学生从感官上很轻松、很自然，很直接地记住了"田"字。例如，学了许多"木字旁"的字以后，学生都知道这些带"木字旁"的字大多跟树木有关。进一步引导学生去归纳：和"水"有关的字大部分都带"三点水"，"月字旁"一般和身体有关。

教师在识字教学中扮演着引导者的角色，因此要指导学生掌握识字的方法，如可以运用组词、组句等方法，让学生对复杂的字进行记忆，同时对于一些容易混淆的形近字，如"昌""冒"两字，要让学生注意对其进行区分，还有一些意义相近的字，也可以放在一起进行比较教学，让学生熟练掌握不同汉字的写法和用法。

（2）结合学生特点进行教学

结合小学生的年龄特点，灵活采用多种方式，教会学生识字的方法，培养学生独立思考的能力，提高识字效果。在小学阶段，利用儿童的心理特点，将一些汉字编成顺口溜，进行识字教学。例如，识记"从"字：两个人做朋友，一前一后拉着手。学"春"字，编为：三个人一起晒太阳。学"美"字：羊字没尾巴，大字在底下。"磨"字这样记：一点一横长，一撇脚伸长，两个小木匠，坐在石头上。顺口溜识字教学，既有趣味性，又朗朗上口，易学好记，学生印象深刻。

（二）创设生活情境，培养自主识字能力

在生活中识字，鼓励学生用自己的方式识字，识字写字教学体现学生个性、创新能力。将学生识字的课堂从教室搬到生活中，让学生从生活中主动识字、因地制宜对学生开展识字教学工作。例如，平时购买物品的各种包装袋，路边的宣传广告标语，乘车的车票、电视动画等都可以作为识字教学的素材。从生活中识字，贴近学生生活，激发学生识字欲望，提高学生自主识字的信心。

在教授了小学生如何运用工具和学习方法来识字的同时，还要培养他们自主识字的习惯和能力，在教学中优化教师的教学方法和提高学生在阅读过程中学习汉字的能力，使他们在欣赏课本的同时又学习到了新的知识。

语文是最开放，最容易和社会发生联系的学科。因此识字教学也应该是开放的，不只局限于课堂。我们要运用社会生活这个大课堂，让孩子们主动认识出现在身边的字，如学校的标语、街上的广告牌、店名、食品上的名称等。我们还可以在班上开展"读故事""讲故事"活动，既扩大了识字量，丰富字词积累，又培养了孩子的口头表达能力。

每个孩子都希望自己成为一个发现者、创新者，他们喜欢用自己独有的方式去认识事物，得到肯定后往往会获得心灵上的满足，并会用更高涨的热情，更积极的方式去探索新知。教师要想方设法保护他们的这种热情，鼓励他们用自己的方式识字，不要强求统一。例如，认识"司"字，有的学生用"词"去掉言字旁就变成了"司"。学习"李"字时，有的学生说"李"就是"十、八、子"这三个字组成的，有的学生说"李"就是"木、子"这两个字组成的。出现这种情况，教师应该给予肯定和鼓励。

汉字的字形虽然难记，但还是有规律可循的。在识字教学中，当学生积累了一定的识字经验时，要放手让学生去研究、去探索，寻求适合自己的识字方法，培养学生的自主识字能力。

（三）创设识读写情境，巩固识字写字效果

识读写结合，巩固学生识字效果，培养学生爱国情怀。

识字和阅读必须同步，课堂上学习的汉字只有及时运用到阅读中，才能巩固和强化课堂的效果。教师通过引导学生阅读，让学生体会到掌握了汉字就可以了解世界各地的知识，阅读丰富多彩的故事，让学生充分体验学习汉字的乐趣。还可以开展"识字大会"活动，让学生把在阅读中遇到的不认识的汉字记录下来，来到课堂上通过查字典的方式去学习认识，进一步巩固识字的效果。

写字是巩固识字的重要手段，因此识字还要和写字相结合教学。新课程改革要求关注学生写字基本功的培养，在学习写字的阶段，不能盲目追求写字的数量，要注意培养其基本功，训练识字技能及形成良好的识字习惯。学生要认真掌握汉字的基本笔画，对常用的偏旁部首等也要做一定的了解和掌握，让学生能按照汉字的书写顺序进行书写，并且注意纠正学生不正确的写字姿势，这样才能打好汉字学习的基础。

中国的汉字是美的载体，每个汉字都是一个灵动的生命，我们应该教学生走进它、欣赏它、热爱它。写好中国字，做好中国人，要让学生通过学写中国字，激发学生从小养成热爱祖国语言文字的深厚情感，培养学生的爱国情怀。

（四）创设多种激励情境，加强识字写字积极性

采用多种激励机制，运用恰当有效的奖励方式，激发学生识字写字积极性。采用多种激励机制，无论课内还是课外，都不放过每一个可以对学生做出积极评价的机会。评价是制约课外识字向纵深发展的关键。课外识字灵活性、自主性强，运用教师传统的评价方法不能更好地适应课外识字活动要求，因而在评价中增设自我评价与同学们之间的评价。同时教师根据学生的参与度增设等级。经常在班级中举行识字比赛，展览学生的写字作品，奖励有进步的学生，让每个学生享受成功的喜悦。

学生的识字写字水平的高低直接影响学生以后的语文学习，教师要正确看待识字写字的重要性，在课堂之中要向学生传递识字的重要性，写字是识字的重要手段，能巩固识字的效果，教师要常抓不懈，让学生真真正正地学会写字的技能。《课程标准》下，小学识字写字教学中，教师要不断探索，创新教学方法和教学手段，把握汉字特点，变化教学形式，提高教学效率，为学生以后的组词、造句、阅读、写作等方面奠定扎实的基础，从而提高学生语文综合能力，使学生有更好的发展空间。

第三节　智慧课堂阅读"1+n"教学方法的建构

智慧课堂阅读"1+n"教学方法的建构，以遂溪县第二小学为智慧课堂实践基地，工作室课题组成员李祥主任依据本课题研究的理念，探索出智慧课堂阅读"1+n"教学方法——"四环情境体验式"阅读智慧课堂板块教学方法。

【教学方法】

"四环情境体验式"阅读智慧课堂板块教学方法。

【情境体验】

创设语言文字训练情境，落实语文要素—创设语言文字训练情境，突出人文主题—创设语言文字训练情境，养成良好学习习惯—创设语言文字训练情境，点亮思维火花。

随着新课程改革的纵深发展，"核心素养"这一理念已深入人心，如何在小学语文阅读教学中落实语言文字训练，提升学生语文核心素养呢？本文结合《小学语文智慧课堂研究与实践》的理念，从课堂教学实践经验出发，通过对课堂教学课例进行剖析、归纳、探究，在"研究—实践—再研究—再实践"的基础上，探索出小学语文"智慧课堂"阅读教学"如何落实语言文字训练，提升学生语文核心素养"的策略：一是语言文字训练要服务于语文要素，二是语言文字训练要服从于人文主题，三是语言文字训练要注重于习惯养成。

根据城乡接合区的小学语文课堂教学的实际，依据具体学情，从"为什么教""教什么""怎么教""教到什么程度"的层面，谈谈"如何落实语言文字运用，提升学生语文核心素养"的"智慧课堂"阅读教学策略。

【教学策略】

（一）创设语言文字训练情境，落实语文要素

语文要素，顾名思义就是"语文素养"的基本"要素"。部编版教材围绕"语文要素"和"人文主题"双线组织阅读单元。阅读教学如何贯穿"语文要素"和"人文主题"呢？如何把教材中隐含着的以"稳步发展，螺旋上升"的

语文要素落实到位，逐步提升学生的语文素养呢？笔者认为可以具体从以下策略着手。

1. 创设语言文字"读"的训练情境，培养学生理解能力

《课程标准》指出：语文课程是一门学习语言文字运用的综合性、实践性课程。应使学生初步学会运用祖国语言文字进行交流沟通，吸收古今中外优秀文化，提高思想文化修养，促进自身精神成长。要培养学生的理解能力，关键在于语文实践。叶圣陶先生说："语文课以读书为目的，老师若引导学生善于读，则功莫大焉。"这是真知灼见，揭示了语文学习的内在规律：学习语言，贵在读书。如何引导学生善于读书呢？通过对名师的优秀课例的分析，归纳出以下行之有效的"读法"。

（1）咬文嚼字：近义换词"咀嚼读"

王崧舟老师在上《荷花》一课时，当孩子对"白荷花在这些大圆盘之间冒出来"这句话，发出"我觉得这个'冒'字特别美，到底美在哪儿，我也说不清"这样的无奈时，教师是这样引导学生咀嚼的：用"露、钻、长、顶、穿、伸"换词理解"冒"字的意思，不但积累了近义词，还通过引导学生品读"冒"字句子谈自己的体会，明白作者不用"长"、不用"伸"、不用"钻"，就用一个字——"冒"，嚼出了"荷花的急切、荷花的激动、荷花的争先恐后、荷花的心花怒放"的情境，引领学生诗意地感悟了叶圣陶老先生本来就"平凡亲切"，甚至于素朴得有点寡味的文字。

（2）斟酌推敲：重组句式"对比读"

第三届广东省小学语文青年教师教学观摩活动特等奖获得者黄铧老师执教《蜘蛛开店》，她抓住童话故事情节循环反复的语言特点，根据小学低年段学生的认知规律，重组了课文的句式（谁要干什么？谁怎么做？顾客来了谁？结果怎么样），富有节奏感的四个问句，加上语气词，引导学生读懂了童话故事内容，突出了故事情节的生动有趣，此法备受教师欢迎。

（3）借助注释：理解词义"表演读"

抓住文中关键的动词、形容词等，通过表情或动作表演等，理解词句的含义，培养学生理解文本的能力。此类方法使用很普遍，也是老师们"喜闻乐用"的。例如，《小猴子下山》中的"掰""扛""追"，通过动作演示，边读边演，理解深刻；《自己的花是给别人看的》，引导学生理解"莞尔一笑"这一词语时，先观察表演学生的表情，朗读中感受这笑中饱含着德国房东的"腼腆""羞涩""淳朴"，理解了她"温柔美好的微笑""温暖有爱的内心"。

（4）创设情境：回环复沓"强化读"

此法在细读文本时常用。省赛第一名获得者东莞选手刘艳老师在执教《乐府诗集》北朝民歌《敕勒歌》中，创设了宽阔的草原的情景等，让学生通过想象，反复朗读，在读中理解"天似穹庐，笼盖四野"的广阔美丽的草原意境。

（5）依据韵律：平长仄短"吟诵读"

这在古诗词的教学中常常可见。通过平长仄短的韵律及声韵包含的意义，理解古诗词的意思，尤其是对吟唱文化的传承，起到很好的作用。

（6）按图索骥：简笔描画"概括读"

《夸父追日》《清明节的由来》等借助思维导图或简笔漫画，把故事情节概括出来，采用复述的形式概括读，这是小学中高年段略读课文或长文阅读的一种好办法。此外，低年段的童话故事教学，也常借助文中连环画插图结合语言文字训练，读懂故事内容，如童话故事《小蜗牛》《小猴子下山》等。

（7）引经据典：探索出处"发现读"

省赛特等奖深圳的符卷老师通过"读懂"—"知妙"—"运用"的方式，引经据典，引领学生读懂了季羡林先生的《自己的花是给别人看的》中的"山阴道上""应接不暇"的含义和出处——"今朝更踏山阴道，却向云间认八松"，"山阴道上行，山川自相映发，使人应接不暇"。拓展了相关的古诗词，让学生在读中体会了语言学家季老先生底蕴的深厚，用语的经典。

（8）上下（内外）关联：联系语境"理解读"

"所有的花你不让我，我不让你，这儿一簇，那儿一丛，都在微风中炫耀着自己。这就是——""红的像火，粉的像霞，白的像雪。花里带着甜味儿。这就是——"

在教学《自己的花是给别人看的》时，联系名家朱自清先生的经典散文《春》中的语句，用经典文章中的具体语境，既巧妙理解了"花团锦簇""姹紫嫣红"等词义，又拓展了名家经典语言的积累，相得益彰，可谓匠心独运。

总之，阅读教学如果缺乏必要的语言文字训练，则会显得浮躁和浅薄。反之，在教学时根据学情，抓住关键的好词佳句进行训练，含英咀华，课堂就会满室芳香，韵味十足，由此培养学生理解语言的能力，感受语文独特的韵味。当然，"智慧课堂"阅读教学杜绝眉毛胡子一把抓，否则，课堂将会变得面面俱到，烦琐而不着边际。

（9）层次巧妙：创设语境"递进读"

体验式板块教学，既重模式的板块设计，这体现教学内容的落点思路清晰，又重教学方法上的板块设计，这体现教学方法的有序和渐进，模式与方法本质上是相辅相成的。一般情况下，没有学生大量的阅读实践活动，就构不成"板块"，自然也就不称其为"板块式阅读教学"了。但是，并非所有的活动学生都乐于参与，这就要求我们在设计活动板块时要考虑到活动的难易程度，趣味与否，是否新颖，是否具有一定的挑战性。例如，教学《"凤辣子"初见林黛玉》一文，文中关于凤辣子打扮和外貌的描写很难读好，我们可以创设这样一个层递式"趣味朗读"板块情境：

一读：这个人打扮与众姑娘不同，彩绣辉煌，恍若神妃仙子：

> 头上戴着髻，
>
> 绾着钗；
>
> 项上戴着圈；
>
> 裙边系着珮；
>
> 身上穿着袄，
>
> 外罩褂；
>
> 下着裙。
>
> 一双眼，
>
> 两弯眉，
>
> 身量苗条，
>
> 体格风骚，
>
> 粉面含春威不露，
>
> 丹唇未启笑先闻。

二读：这个人打扮与众姑娘不同，彩绣辉煌，恍若神妃仙子：

> 头上戴着攒珠髻，
>
> 绾着挂珠钗；
>
> 项上戴着璎珞圈；

> 裙边系着玫瑰珮；
>
> 身上穿着窄裉袄，
>
> 外罩银鼠褂；
>
> 下着洋绉裙。
>
> 一双丹凤眼，
>
> 两弯柳叶眉，
>
> 身量苗条，
>
> 体格风骚，
>
> 粉面含春威不露，
>
> 丹唇未启笑先闻。

三读：这个人打扮与众姑娘不同，彩绣辉煌，恍若神妃仙子：

> 头上戴着金丝八宝攒珠髻，
>
> 绾着朝阳五凤挂珠钗；
>
> 项上戴着赤金盘螭璎珞圈；
>
> 裙边系着豆绿宫绦双鱼比目玫瑰珮；
>
> 身上穿着缕金百蝶穿花大红洋缎窄裉袄，
>
> 外罩五彩缂丝石青银鼠褂；
>
> 下着翡翠撒花洋绉裙。
>
> 一双丹凤三角眼，
>
> 两弯柳叶吊梢眉，
>
> 身量苗条，
>
> 体格风骚，
>
> 粉面含春威不露，
>
> 丹唇未启笑先闻。

经过三次趣味朗读，学生读出了节奏，读出了味道，也读出了人物形象。学生当初拿到课文后的畏难情绪一扫而光。当我们打着节拍读的时候，学生更是乐此不疲。读着读着，学生居然能把这段文字背下来了，同时，被作者曹雪芹的高超写作技巧深深折服！

总之，智慧课堂板块式阅读教学的策略是灵活多姿，丰富多样的，充分地表现了教师教学设计的技艺、创新意识与审美意识，它就像一个小小的魔方，各种组合都充满新意，都会为驾驭它的语文教师的课堂教学增加光彩。所以我们语文教师一定要站在一个新的高度去思考，不仅要思考"教什么""怎么教"，还要思考"为什么教"和"教到什么程度"的问题，要把握好当前的语文教育教学规律，切实提高教学质量。

2. 创设语言文字训练"写"的情境，提升学生表达能力

语文学习说到底，是两条腿走路，一是读，一是写。因此，语文阅读教学强调积累和运用。积累的目的是运用，通过语言运用，才能获得言语活动经验。

表达能力体现在语言运用能力方面。它包括两种方式：一是口头表达，一是书面表达。陈先云理事长说：语言理解与运用，是处于语文核心素养整体结构的基础层面。在小学阶段，口头表达固然是语言运用的主要方式。若要厚实和巩固语言的积累，更加要注重书面语言的运用和表达。

"读写结合法"是阅读教学中语言运用的常用策略。通过关键切入点"激发写"，提升学生表达能力。

（1）围绕表现手法，延伸语言文字训练

表现手法主要有：托物言志、写景抒情、叙事抒情、直抒胸臆、寓情于景、虚实结合、侧面描写、正面描写等。从表现手法的切入，读写结合，相得益彰。例如，教学《"凤辣子"初见林黛玉》，通过对名著中经典的外貌、语言、神态等正面描写人物的写作特点品味鉴赏后，拓展补充了心理活动的侧面描写训练（"妹妹几岁了？可也上过学？现吃什么药……丫头老婆们不好了，也只管告诉我。"这些话对哪些人说的？她们听了心里怎么想的，选择其中一个角色来写一写）。这种语言文字的运用可谓别出心裁。

（2）仿照修辞手法，迁移语言文字训练

修辞是修饰文字词句、运用各种表现方式，使语言表达得准确、鲜明而生动有力（《现代汉语词典》）。掌握比喻、拟人、夸张、排比、对偶、反复等修辞手法，迁移运用，也是读写结合策略的常用切入点。例如，学习《威尼斯的小艇》中比喻、拟人、夸张等修辞手法的作用，品味语言表达的优美，然后迁移运用，有利于提高表达能力。

（3）关注人文主题，升华语言文字训练

例如，学习《蜘蛛开店》一文，可以抓住"改变"这一主题，从"xx编织店，每位顾客只需一元钱"这句话的单一思维弊端出发，激发学生想象故事发展的可能，开拓学生思维空间，升华语言文字训练，十分有意义。

（4）结合生活实际，拓展语言文字训练

语文教学与生活息息相关，这样的教学内容比比皆是。结合生活实际进行拓展，有意识地坚持训练，就能提高学生语言表达能力和语文素养。例如，教学了《"精彩极了"和"糟糕透了"》，就如何看待父母的不同的爱，联系生活实际写写自己的想法；教学《中彩那天》，结合生活实际写写自己对"还"与"留"这一道德难题的抉择；等等。

当然，切入点不是单一的，有时是综合考虑。郭沫若先生说："胸藏万汇凭吞吐，笔有乾坤任翕张"，在阅读教学过程中，尽可能地挖掘教材的语言因素，结合文体特点，关注主题，联系生活等，找到恰当的"引燃点"，有效地启发学生表达的欲望，提升学生表达能力。

（二）创设语言文字训练情境，突出人文主题

"工具性与人文性的统一，是语文课程的基本特点。"语文作为一门实践性很强的学科，学生必须通过亲自品读、实践、运用，才能透过抽象的语言符号，品味出丰富的人文内涵，从中受到感染熏陶，体会人性之真善美，具有初步的审美体验，提高语文素养。

1. 创设语言文字训练情境"启发思"，提高学生的思维审美能力

窦桂梅老师在执教《朋友》这一课时，精彩地"三"读："但，茫茫人海，就有一个人不怕死，而且真的愿意替别人坐牢，他就是皮斯阿司的朋友——达蒙"这句话。她运用了品读的技能——重音强调，"三读三悟"："茫茫人海""真的愿意""皮斯阿司的朋友"，贯穿了人文主题——歌颂勇敢、真诚的友谊。

窦老师说，读书是和文中的人物对话，朗读就是和自己的心灵对话。这是对"阅读是学生的个性化行为。阅读教学应引导学生钻研文本，在主动积极的思维和情感活动中，加深理解和体验，有所感悟和思考，受到情感熏陶，获得思想启迪，享受审美乐趣。要珍视学生独特的感受、体验和理解"这一理念最好的诠释。

崔峦老师说，改革阅读教学应抓住两个关键词，第一个关键词就是"语言"。要紧紧抓住文本语言，读出情，品出味，悟出效，习得法，激活思。窦老师通过引导学生"品味语言"，理解了当中丰富的人文内涵，培养了学生思维能力、评判意识和审美素养。

2. 创设语言文字训练情境"导于行"，培养学生健全的人格

符卷老师在《自己的花是给别人看的》教学中，通过引导学生精读，发现季老先生的文章"以小见大"的妙处，拓展阅读季老的《清塘荷韵》《夹竹桃》两篇散文节选内容文段，体会"人人为我我为人人"大主题。由此引导学生列举生活当中"以小见大"的事例，从而深刻地体会了这个人文主题的深刻的含义。

有人说，生活即语文，语文即生活，确实如此。在语言文字中徜徉，在实际生活中观照，学以致用，培养情操，形成良好的习惯，培养健全的人格，获得审美的体验，这才是阅读教学的真谛。

（三）创设语言文字训练情境，养成良好学习习惯

"好习惯使人终身受用"。因此，阅读教学中创设良好习惯养成的语言文字训练情境，借助语言文字的训练培养学生良好的习惯。

1. 创设语言文字训练情境，培养学生识字写字的习惯

一是培养识字方法的运用习惯。例如，形声字识字法、形近字比较识字法、字理识字等。阅读教学中要通过对具体语言文字的运用，训练识字技能以及培养学生智力，从而提升识字能力，形成良好的识字习惯。二是培养良好的写字方法和写字习惯。郭沫若先生曾说："培养学生写好字有好处，能使人细心，容易集中意志。"这对阅读很有帮助。语文教师平时要强调书写的审美功能，让学生明白字迹清楚，书写工整、漂亮的好处。有的教师在阅读教学中随文教学写字，通过写字姿势和方法进行引导，采用顺口溜等形式，如坐姿："头正，肩平，足安"；握笔姿势："三个一：一尺一寸一拳头"等；写字方法："一看高矮，二看宽窄，三看笔画"等。识字写字的方法形式多种多样，随文识、写，效果也很显著。

2. 创设语言文字训练情境，培养学生课外读书的习惯

教材是传授语文知识，训练学生阅读能力的主要载体。阅读教学培养学生从课内向课外延伸的阅读能力。拓展课外阅读，引领学生感受语言美，形成习惯。教学《自己的花是给别人看的》，抓住季老先生的"以小见大"的散文特色，引导学生拓展阅读季老的《留德十年》；教学《"凤辣子"初见林黛玉》，品味人物外貌、动作、神态的经典语言，引导学生读名著《红楼梦》等。

3. 创设语言文字训练情境，培养学生自觉积累的习惯

（1）背诵内化，积淀语感

背诵是学生语言内化、强化的重要过程，通过熟读背诵，可以积淀语感，全方位地积累语言。《课程标准》要求学生背诵古今优秀诗文，包括中国古代、现当代和外国优秀诗文。整个小学阶段要求背诵160篇（段）。另外，在每一册教材中还有要求背诵的一些文章或段落。可见，背诵的重要性。然而，如何有效地落实背诵，达到积累量？自然是要在每一节课中落实，特别是阅读教学。让背诵成为课堂必不可少的重要环节，让学生在背诵中丰富语言，积淀语感。例如，唐代诗人贺知章的《咏柳》，运用比喻和巧妙的想象，将对柳树的赞美，引向对春天的赞美。教学中，引导学生通过多种形式反复诵读，达到背诵的程度，积累语言。在拓展延伸环节，引导学生想象："在作者眼里，春风是一把剪刀，剪出了细细的柳叶。那么，在你眼里，春风又是什么呢？"学生兴致盎然，创意无限。有人说："二月春风像画家，她把绿色给了小草和树木，将更多的颜色都给了花朵，红的、黄的、紫的……"这位同学的话刚停，立刻有学生补充说："就像学过的《秋天的雨》一文似的，春风有一盒五彩缤纷的颜料。"正因为学生在之前的学习中积累了一定量的精妙语言，且语言文字的规律、含义等在头脑中联系起来。从而，在不知不觉中帮助学生，使其运用语言时得心应手，增强表达能力。由此可见，背诵内化的确是促进学生形成良好语感的有效途径。目前，虽然我们的课程改革逐步深入，教学方法不断改进，但我们总感觉学生的语文素养下降了。其实，就是学生的语言积累减少了。当学生的语言积累丰富了，语言感悟能力提高了，语文素养自然也就提升了。

在语文教学中，阅读教学是语文教学的重头戏。学生提高语文方面的能力，除了生活中的体验，更多的则来源于阅读。因为阅读不仅能获取有用的信息和丰富的知识，还能汲取精神养料，提高人的整体素质。

（2）"书心"外化，善于表达

我手书我心，"厚积薄发"，语文教学中要培养学生自觉积累的习惯。没有语言的积累，提高学生语文素养就成了空中楼阁。语文教师应当在阅读教学中引领学生在背诵积累的基础上学会"书写",写批注,书心得,作评价等,如在教学自读课文《夸父追日》时,通过引导学生在"一找、一画、一标、一写"中学会概括、批注,先用概括的方法把课文"读短",然后又借助批注把课文"读长",形成独特的略读课文的有效积累方法,值得借鉴。

《课程标准》指出:"语言文字是人类最重要的交际工具和信息载体,是人类文化的重要组成部分。"可见语文教学的关键点在于语言文字的训练。《文心雕龙》曰:心生而言立,言立而文明,自然之道也。"言"乃文章之本,因此,阅读教学只有切切实实地落实语言文字的训练,方能"嚼出味、品出意、习得法";只有切切实实地"理解语言、积累语言、运用语言",才能实现阅读教学的目的,提升学生语文核心素养。

(四)创设语言文字训练情境,点亮思维火花

1. 点亮思维,丰富理解

教学的精彩之处在于点亮学生的思维。在教学《"精彩极了"和"糟糕透了"》一课时,通过品读课文,来分析父亲和母亲对巴迪的诗的不同看法,并创设情境,让学生抓住语言、动作等描写来探究人物的内心,从而明白文中的爱有两种表现形式。结合生活中的孩子越来越不懂得父母的爱,围绕"你是如何看待巴迪父母对他的爱的?"展开辩论。让学生敢于提出看法,做出自己的判断,自由表达心中所想。此时的他们,融入自己平时对爱的感悟和理解,思维情感在课堂中交互流淌。说得有情有理,个性飞扬的同时,更体验到表达的快乐,学习的愉悦。此时,再拓展至学生的生活实际,是否有类似的感受,说一说,再写下来。"读、思、悟、说、写"有机结合,相互促进,打开了思维的广度,提升了阅读能力。

2. 独特体验,升华情感

阅读是学生个性化的行为。我们应鼓励学生在课堂中对文本多元化进行解读,激发他们自己独特的体验。例如,教学《桂花雨》时,学生在初读的基础上将文章读成几个字,高度概括文章。随后,鼓励学生用思维导图来做笔记,抓关键词,细细揣摩,记录下自己的独特体验。在学生充分阅读后,再与同学、教师交流。因每个学生都有着不同于他人的阅读和思考方式,并且阅读兴趣及经验有差异,肯定会有不同的理解和感悟。我们要尊重每个学生的独特个性,还要鼓励学生敢于与众不同。让学生在自由的氛围中,深入地理解文章的

语言文字和思想内容，文中的思想人文因素，不需要教师刻意地渗透，而是学生自己从字里行间"读"出来，并将潜移默化地融进学生的心灵。教师引导学生从不同的角度、以不同的形式进行阅读，发表自己独到的见解，进而提高学生个性化阅读的能力，为他们的终身发展奠定了扎实的基础。

3. 巧用期待，拓展思维

《课程标准》指出："要利用阅读期待、阅读反思和批判等环节，拓展思维空间，提高阅读质量。"因此，有经验的教师大都善于利用阅读期待，激起学生的求知欲，唤醒学生的学习内驱力，使学生在自主探究中达成教学目标，提高阅读品质。例如，一位教师在教学语文人教版六年级的《穷人》一课时，设计了以下五个教学环节。第一，在复习本课词语中，让学生初尝"发现"的乐趣——三行词串，分别是描写环境、心理活动和人物品质的词语。第二，教师提问："课文除了课题，通篇没有一个'穷'字，却处处让人感受到穷人生活的窘迫。你能找出课文中体现'穷'的细节描写吗？"让学生再获发现之喜悦。第三，小组合作学习，深入文本，发掘穷人身上的高贵品质——善良、关爱、勤劳、同情。对学生解读文本时忽略的地方，教师分享自己的阅读感受，如对孩子的描写。这样，让学生体会到文章"穷人虽是生活中的穷人，却是精神上的富人"的主旨，再由"意"及"言"，揣摩课文通过细节描写反映人物品质的表达方法。第四，迁移运用，仿写句子。教师提供以下情境"考试试卷发下来了，成绩很糟糕，你在家里等妈妈回来……（忐忑不安）；考试试卷发下来了，成绩很优秀，你走在回家的路上……（乐不可支）"要求学生扩写句子时不能出现括号里的词语，但通过具体的细节描写却能让人分别感受到人物"忐忑不安""乐不可支"的心情。第五，拓展延伸，名篇荐读。整节课，以"发现"贯穿始终，学生学习的内驱力觉醒了，更加喜欢读、喜欢写、喜欢学语文。可见，教学中，巧用阅读期待，可达事半功倍之效。

总之，探寻基于培养学生语文素养的阅读教学策略，要求我们语文教师站在一个新的高度去思考，不仅要思考"教什么""怎么教"，还要思考"为什么教"和"教到什么程度"的问题，要把握好当前的语文教育教学规律，切实提高教学质量。

第四节　智慧课堂习作"1+n"教学方法的建构

智慧课堂习作"1+n"教学方法的建构，以遂溪县第四小学为智慧课堂实践基地，工作室课题组成员陈碧云主任依据本课题研究的理念，探索出智慧课堂习作"1+n"教学方法——"四环情境体验式"习作智慧课堂板块教学方法。

【教学方法】

"四环情境体验式"习作智慧课堂板块教学方法。

【情境体验】

创设素材积累情境，为习作蓄法—创设指导方法情境，为习作寻法—创设批改方式情境，为评价活法—创设创作机会情境，为创新求法。

语文新课程，就像一缕春风，给教育带来了春天，芳草青青，花红柳绿，语文教师也同样感到清新空气扑面而来，新课程在为语文教师开创新天地的同时，也给语文教师的教学提出挑战，尤其是习作教学。

学生怕习作，视习作为语文学习中的"拦路虎"，教师也为习作教学煞费苦心，习作教学存在"低效高耗"的现象。笔者从事小学语文教学已经有多年了。笔者知道凡是能够有效地促进学生发展，有效地实现预期的教学结果的教学活动，都可称之为"有效教学"。那么如何突破传统的教学瓶颈，提高习作教学的有效性，体现课堂的智慧呢？要想解决这个问题我觉得应该从以下几个方面入手。

【教学策略】

（一）创设素材积累情境，为习作蓄法

常言道"巧妇难为无米之炊"。学生害怕习作的根本原因是无内容可写。通过长期的尝试和研究，笔者认为教师应引导学生捕捉习作素材，解决习作无内容可写的问题。

1. 留心生活，积累素材——让"巧妇"有"米"可炊

生活是习作的源头，小学生习作的思想、观点、感情及一切材料都来自现实生活。如果学生生活丰富，接触的事物多，见识广，视野开阔，感受就会深刻，写起作文来就会左右逢源，触类旁通。

其实，小学生的生活内容极为丰富多彩。在学校里，有多种多样的活动，如学习、文体、课余活动等；在家里，有家务活；在社会上，气象万千，有奇异的家乡变化等，这些都是很好的写作材料。要丰富学生的写作材料，必须借助于对周围事物的仔细观察。但小学生"无意注意"占主导地位，智能发展还处于低级阶段，意志的内控力弱，你要他时刻自觉地细心观察那是不可能的。我觉得教师应先指导学生定向观察。从学生实际出发，设计各种与活动相配套的语文综合性学习的活动，为写作注入"活水"，推陈出新，教出新意，教出快乐。例如，学校开展春、秋游的时候，让学生写一张通知或向自己的朋友介绍你参观的景点；学习写信时，会让同学们互相写信，倾诉心里话，贴上邮票寄出去，等待收到信的喜悦；学习课文剧时，引导学生改写课文，编排、排练剧本；观看《舌尖上的中国》，品美食，做美食，写美文；母亲节、父亲节时拍下感恩父母的照片并写微博……

这样，学生在兴致盎然、充满刺激的活动中，丰富了写作素材，也写出了许多真情实感的好文章。另外，尽可能减少命题作文，减少作文的限制，保护学生的兴趣。他们在实践中尝到写作的乐趣。学生一旦养成了随机留心观察的习惯，他们捕捉生活素材的能力就会不断增强，从而头脑里的材料也就越来越丰富，写作时便会"文思泉涌、得心应手"。

因此，留心生活，用心积累就成了"巧妇"有米下锅的保证。

2. 学法迁移，积累素材——让"巧妇"有法可炊

解决了"米"的问题后，如果没有炊的方法，还是会吃糊饭和稀饭的。所以，教给学生适当"炊"的方法是习作教学必须解决的问题。

语文教材中的文章，文质兼美，具有典范性，是指导学生写作的最好范文。教师应充分利用这些课文，引导学生学习作者观察事物、分析事物、表述思想的方法。例如，《桥》一文在表达上抓住环境描写和通过人物的语言、动作表达人物思想感情等表达方法。在教学时注意引导学生学习文中的表达方法，将有助于学生习作。给学生以充足的时间和空间广泛阅读，该背的课文要背诵如流，该记的内容要滚瓜烂熟，让学生在阅读中享受"美文"熏陶，体味谋篇布局，达到善于借鉴运用自如的目的。同时要把习作训练贯穿于日常教学活动中。要求学生随课堂积累优美词句。因为，要使文章精彩，首先是文章有优美的语言和词语。这些内容从哪里来呢？主要靠平时的积累。教师可要求学生备有一个优美词句本，每学完一课，把课文中的好词好句摘抄在本子上，并互相交流，有些词语还要求学生结合生活实际练习写话。这样日积月累，使学生获益匪浅。

（二）创设指导方法情境，为习作寻法

《课程标准》明确告诉我们：学生是学习和发展的主体。语文课程必须充分激发学生的主动意识和进取精神，倡导自主、合作、探究的学习方式。教学内容的确定、教学方法的选择、评价方式的设计都应有助于这种学习方式的形成。那么如何切实提高习作教学的有效性，让教师们教得轻松，学生学得快乐呢？

1. 创设激发学生的习作兴趣的情境

兴趣是最好的老师。如果使学生感到习作就是生活中的一次次现实的言语交流，是生活的一种需要，那么他们就会把习作当作一种乐趣、一种自觉的行为，习作教学也就会收到理想的效果。

例如，在教授人教版语文第五册习作时，教师先拿出一个小盒子，说是自己最喜欢的东西。让学生猜一猜，里面是什么？让学生边猜边表达，挑选两名学生上来观察，并和学生约定，只能用表情告诉大家看到"小东西"时的高兴心情。然后，又提出：谁能把看到别人当幸运者时自己的羡慕心情写得最好，谁就可以作为第二拨幸运者上前观察。学生的好奇心又一次被激发出来，但观察者名额已经满了，失望情绪油然而生，学生有不满、生气、抱怨、抗议等表情。于是教师再提要求：把此刻你的种种心情写下来，为大家争取揭开秘密的机会。最后，秘密揭开了，原来是一面镜子。教师再布置作业：大家把刚才的片段修改加工成一篇短文。

本节课当中，教师以平稳的节奏，采用情境激趣，进行情境定格，及时捕捉心理活动，适时给予学生适当的点拨和提示，撰写片段，在交流中引导学生学会观察，感受心理活动的变化。引导学生在观察中学会思考，学会表达的策略。按照由部分到整体的顺序，把每个片段串联起来，形成一篇文章。教师注重把有意义的"玩"法引入习作课堂，有意创设不满、生气、抱怨、抗议等场景，有意煽情。这种玩法，符合学生的心理需求外，从操作来看，也是在为学生观察、说话、习作服务。很好地解决了"写什么"的问题，在从说到写的过程中，学生感觉到有米下锅了。

那么，教师在习作的初步教学中，就应想尽办法激发学生对本次习作的兴趣，让学生从内心想去写这篇文章；在习作教学的过程中，又放手让学生展开想象，大胆去学习，这样就会事半功倍。

2. 创设训练技巧的情境，提升习作能力

进行必要的写作专项技能训练，是解决"怎么写"问题的最佳途径。小学生作文教学目标是培养学生作文能力，能力要通过训练来习得。小学生不是作家，多姿多彩的大千世界，在他们眼前常常转瞬即逝，没有在头脑中留下深刻印象，观察能力不是与生俱有的，要培养。观察能力具体有：观察有序、观察有重点、能细致观察抓住事物的特点、观察时有联想。要有步骤地训练学生，有顺序，有重点，仔细观察。苏霍姆林斯基还说："儿童是用形象、色彩、声音来思维的。"充分发挥学生这种形象思维的优势，可指导他们通过视觉、触觉、味觉等有效地捕捉事物的特征和细节。例如，观察一棵大树，如何由远及近，由下往上；重点看什么？细致看什么？联想到什么？都要进行专项训练。

有了一定的观察能力后，就要着手表达训练。具体地说就是动作、语言、外貌神态、心理活动、写景状物等描写训练。对此分步进行训练，真正让学生易于动笔，乐于表达，解决"茶壶里煮饺子，有货倒不出"的苦恼。

3. 创设说、写、读、评穿插的情境，享受成功的喜悦

创设说、写、读、评巧穿插，享受成功的喜悦。用动静相结合的方式，做到说、写、读、评有机结合，会让沉闷的习作课堂充满生机。教师能否进行成功的习作教学，让学生进行一次成功的习作练习，很大程度上取决于教师每次习作教学前的准备工作。在教学时，我们可有意识地说说和本课有关的话题。笔者在教授《地震中的父与子》后，进行习作辅导，让学生写写自己的父母亲对他们的爱。笔者先让学生找一找《地震中的父与子》中，哪些地方感动了他们。然后，让学生说说自己的父亲是什么样的，能否用文中对人物外貌、语言、动作、神态的方法说说自己的父亲。学生就会回忆起自己的父亲对自己的爱的场面。让学生把自己感觉印象最深的一刻写出来。接着让学生读自己所写的片段，大家一起评一评。在说说、读读、评评中，学生就能学会抓住人物的外貌、语言、动作、神态来描写人物了。每次习作课，我都让学生进行充分的交流，进行口语训练，经过一学期的努力，学生写作时水到渠成。这样的"口头作文"训练，拉近与习作的距离，加深了学生对习作的理解。

从学生层面来看，遵循的是先说再写后读的路子，教师则适时在学生进行"说、写、读"的过程中，用简洁的语言有针对性地穿插"引导"和"评点"。学生乐于跟别人分享父母对自己的爱，有倾吐情绪的时候，教师抓住时机，组织学生表达自己心里想说的话。一个阶段的活动结束后，就安排学生在比较安静的环境下写片段。随后，让学生把自己写的片段读出来。教师引导学生以"读"的方式来展开交流，这本身就是一种很好的习作评改方法。

"说写结合"不仅加强了口头表达能力的训练，也加强了书面语言的训练，还降低了习作的难度。学生动笔行文不再是负担，写出来的也不是糊涂账。当学生交流和展示串联成一体的文章之时，他们感受到了习作的成就感，他们用朴实的语言所累积而成的成品也足以带给我们原生态的感觉。这样的习作课，会让学生觉得习作是自我表达和与人交流的需要。他们会乐说、乐写、兴趣盎然，习作成了他们心灵的自然流淌。

（三）创设批改方式情境，为评价活法

教师批改习作的目的是指导学生把习作修改好，提高写作能力，而不是越俎代庖，替学生修改习作。叶圣陶先生曾一针见血地指出："学校领导相信精批细改，家长也迷信，实在有损于学生的是，学生的主动性减弱了，这是最大的损害。"教师把他的习作修改得再好，他的写作能力也没提高。近些年，笔者尝试采用下面一些方法，收到了较好的效果。

1. 小组合作修改

教师事先从学生习作中选出典型例文两到三篇，预先印发给学生或投影给学生看，师生共同点评文章。（师生共评时低年段注重语句上的修改；高年段既要注重语句上的修改，也要注重篇章结构上的修改。）接着小组"会诊"另外一篇例文。此时，教师在巡视时热情启发学生大胆评议，提倡不同见解互相争辩。小组议论后，再选出评议贴切的进行全班交流。例如，一位老师执教习作评讲课《我开的小店》时，引导学生通过四人小组互相点评。点评中，有的学生说小店的布置只写一句话，不够具体，建议写一写小店的环境、布置、特点；有的学生说可以用总分方式构段；还有的说故事中缺少人物的心理描写，不够生动。通过合作，文章存在的问题被学生一一发现了。这样做，既可集思

广益，又能增进学生的评改情趣。

2. 同桌互改细推敲

这种方法即由两位学生交换修改。由学生根据习作要求，修改习作，正确使用词语及标点符号，联系上下文和自己的语言积累，推想习作中有关词句的意思，想想文章思路明不明白等。学生有浓厚的兴趣因而评得认真、评得仔细，往往一篇习作评下来各种记号遍布，眉批尾批面面俱到，评语实在大胆。学生相互评定完后，推荐自己认为好的习作在班上展览，既有利于调动原先习作差的同学的积极性，又能促进原先习作水平较高的学生更上一层楼。

3. 自我修改

这种方法即要求学生抓住自己习作中最薄弱的环节，自觉作反复修改。一改错别字和标点，二改文理不通、用语不精的句子，三改篇章结构和思想内容。

通过评讲，不仅要让学生认识到自己本次习作的得失，更要培养学生写作的热情和积极性，这些对提高学生们的习作起着有力的推动作用。因此，我的习作讲评以激励为主。有激励才会促进成功，有激励才会唤起学生再次习作的热情。评分习作等级尽量向上靠，对特别优秀的习作敢于给满分，在每次习作讲评中充分肯定成绩。同时，笔者改变传统习作讲评中教师唱独角戏，教师评讲，学生当听众的课堂结构形式，在教师简要综述之后，让写作的主体——学生登上讲台，采取大家讲、大家评，让全体学生充分发表意见，把自己对习作的认识、收获和需要推敲的地方谈出来，班级同学共同探讨，一起领悟文章作者写作前的构思、如何确立文章的主题、写好后如何修改、怎样欣赏和点评文章。

这样的评讲，学生有话可说。最为重要的是让学生明确自己的主体地位，评讲时学生也都愿意说。同时产生一种跃跃欲试的心理，在这种心理的支配下，学生往往有感就发。

（四）创设创作机会情境，为创新求法

（1）利用晨会、班会、中自习，进行学生近期的作文评价，邀请学生朗读自己的作品。

（2）建班级的微博，在校园网开辟班级主页，鼓励学生把自己的作品上传到网络平台，展示自己。

（3）本着"让每一堵墙都会说话，让每一堵墙都为学生的全面发展服务"的宗旨，在班级的墙壁上开辟一个学习园地，展示学生的优秀或进步的作文。

（4）以"男生日记""女生日记""亲子日记"为阵地，让学生抒发自己的情感。

（5）当然我们还选择优秀习作，或让作者自己在课上朗读，或张贴在教室里，或办进班级黑板报里。这样，使学生体验精神上的极大满足，从而更能激起学生写的浓厚兴趣，使学生增强自信，也使每个学生都看到自己的进步，明确努力的方向，使班上的习作水平整体得到提高。

习作教学一直是语文教学的重要组成部分，它的重要性也必让我们每一位一线语文教师潜心研究，以探寻更好的道路，为学生插上有力的翅膀，尽情地、快乐地抒发内心的情感，撰写生动的文章。

第五节　智慧课堂口语交际"1+n"教学方法的建构

智慧课堂口语交际"1+n"教学方法的建构，以湛江市中英文学校为智慧课堂实践基地，工作室课题组成员陈丽建主任依据本课题研究的理念，探索出智慧课堂口语交际"1+n"教学方法——"四环情境体验式"口语交际智慧课堂板块教学方法。

【教学方法】

"四环情境体验式"口语交际智慧课堂板块教学方法。

【情境体验】

创设"说"的体验情境，打开说话匣子—创设"动"的体验情境，开启乐说之旅—创设生活体验情境，提升应对能力—创设经验体验情境，调动表达欲望。

口语交际的基本能力培养是在各种交际活动中学会倾听表达与交流，初步学会文明地进行人际沟通和社会交往，发展合作精神。《课程标准》在口语交际训练上提出这样的要求："要在课内外创设多种多样的交际情境，让每个学生无拘无束地进行口语交际。"针对小学口语交际教学，提倡"体验式"，强调动起来。动起来就是关注儿童天性"玩"，抓住文本口语交际的环节，深入生活，体验生活，把书本中以文字展示的事物改变为自己体验感悟、自由操作来引领儿童的发展。

《课程标准》提出："语文是工具性和人文性的统一。语文是最重要的交际工具，应当培养学生具有日常口语交际的基本能力，在各种交际活动中学会倾听表达与交流，初步学会文明地进行人际沟通和社会交往，发展合作精神。"可见口语交际能力是现代公民的必备能力。对小学生进行口语交际训练显得尤为重要。而我们常听到这样的抱怨："口语交际课上说的人少听的人多，学生不爱说。"其实不然，学生的语言充满纯真和稚气，在他们的语言世界里找不到半点虚假，也没有一丝的怯意。在语言交流中他们是人类最勇敢的群体，只要他们想说，就没有不敢说的话。由此看来，在学生进行口语交际过程中，教师不必考虑学生"不敢说"，而是寻找如何使学生有"想说"的欲望。只要学生产生了想说的欲望，他们的语言就像打开了闸门的溪流源源不断。那么智慧课堂教学最重要的要素是学生在乐学过程中提高学习效率，增进学习方法，形成可持续发展的能力和智慧。由此可见，让学生在乐学中掌握方法和技能，是提高智慧课堂教学水平的重要手段。那么，在进行口语交际课时，体验式板块教学就能很好地达到此目标。

体验式板块教学是根据学生的认知特点和规律，从教学需要出发，通过创造实际的或重复经历的情境和机会，引入创造或创设与教学内容相适应的具体场景和氛围，以引起学生的情感体验帮助学生迅速而正确地理解教学内容，促进他们心理机能全面和谐地发展。如何使学生在体验中形成可持续发展的能力和智慧？下面浅谈一下智慧口语交际课堂体验式板块教学策略。

【教学策略】

（一）创设"说"的体验情境，打开说话匣子

《课程标准》在口语交际训练上提出这样的要求："要在课内外创设多种多样的交际情境，让每个学生无拘无束地进行口语交际。"口语交际课就是要让学生敢说，乐于与人交际，所以尊重学生个性，创设和谐融洽的氛围，促使除去胆怯，让学生想说敢说才能激发他们的表达欲望，激发学生口语交际的动机和兴趣，培养学生口语交际能力。兴趣是最好的老师。一个人无论干什么，只要有兴趣，便有了动力和欲望，进行口语交际训练也是如此，激发他们的兴趣，就等于激发他们的说的欲望，争着要说他们的表达才会言之有物、言之有序。创设情境，是激发学生口语交际兴趣的重要途径。例如，在讲授《长大以后做什么》时，开课伊始，老师联系生活实际，创设"玩一玩"的情境：出示职业体验游戏。学生犹如身临其境，丰富的想象使学生争着诉说，变"要我说"为"我要说"。这正是智慧课堂的要素达成，使学生在乐学的基础上完成教学任务，逐步形成全面发展和终身发展的能力和智慧的教学行为。

（二）创设"动"的体验情境，开启乐说之旅

开展丰富多彩的活动，把表演、游戏、角色扮演等引进课堂，营造一个生动活泼的语言环境，提高口语交际的兴趣。例如，李婷老师口语交际《请教》让学生扮演老板角色和顾客角色，在买东西时，遇到不懂的问题时，如何请教老板？课件出示：红红到超市准备帮妈妈买一包加碘盐，可是她又不认识字，不知哪一包才是加碘盐，她该怎么办？老师：现在请同桌之间互相来演演。

学生在扮演老板与顾客的表演和亲身体验活动中，锻炼了口语表达能力，交流中强化了他们的情感体验。学生通过亲身参与角色扮演，积极性特别高，谁都抢着说，并且说得也特别好，激发了学生想说的乐趣，达到了口语交际训练目标。

（三）创设生活体验情境，提升应对能力

密切联系生活实践，进行口语交际训练。活动和交往是发展的源泉。正是现实生活的需要，口语交际训练最终要回归到现实生活的应用中去。所以说，现实生活是口语交际训练最好的课堂。教师要密切联系现实生活，进行言语交际训练。例如，家里来了客人，你是怎样接待客人的；你是怎样认识新朋友的；遇到困难时，你是怎样请求帮助的；你是怎样化解同学之间的矛盾的……诸如此类，都是生活中的小镜头，可以通过让学生表演再现情境，体验切身经历的情境，打开话匣子，进行口语交际训练，达到提高表达能力的目的，也使学生终身发展的能力得到发展。

（四）创设经验体验情境，调动表达欲望

创设适合学生已有经验的情境，调动表达欲望。苏霍姆林斯基说过："儿童是用形象、色彩、声音来思维的。"教师为口语交际课所创设的情境，就可以根据儿童这一思维特点选择他们的生活情境。生活中处处有口语交际，口语交际植根于现实，生活的空间有多大，语文学习的外延就有多大。课堂训练并不能真正代表生活中的口语交际，口语交际的训练还要在真正的生活情境这个"大课堂"中开展。有道是"得法于课内，得益于课外"。例如，小学生好动、好玩，按现有的生活经济条件，他们几乎每人都有一些玩具，那些玩具往往使他们的生活丰富多彩。只要教师问一问他们为什么喜欢洋娃娃、汽车、飞机、坦克等玩具，为什么喜欢游戏机，他们就会如数家珍般滔滔不绝。因此，在进行口语课时，我就请学生用礼貌的语言先介绍一下自己最心爱的玩具是什么，再向大家说说这个玩具是怎样玩的，最有趣的是什么。把玩具介绍完后，再向同学们说句感谢或请同学评价和提出建议。这样，学生们都能乐滋滋地富有童真地展开交流。

1. 体验好奇童心，提高说话表达

学生的好奇心是丰富多彩的，教师要认真琢磨学生的好奇特点，引用到口语交际训练课上，也能有效地激活儿童说话的欲望和表现的欲望。所谓"包装"情境，就是为了使口语交际训练有效进行，在创设某个情境时，特别是把那些虚拟的情境带进课堂时，教师有所选择地拿来（或制作）一些"道具"增添场面氛围，使学生的兴趣保持一定的持续性，牢记自己在交流或者交际中的角色地位，通过那些"道具"发生作用，把交际的场面包装成形象化，使课堂有真实感。

2. 体验直观食物，触发说话知觉

形象直观的实物展示，能吸引学生注意力，易于学生观察，容易把学生带到情境中去，使学生积极生动地加入口语交际训练中去。例如，教学《爱吃的水果》一课时，笔者将苹果、橘子、柿子、葡萄、柚子等各种各样的水果放在水果盘中，唤醒学生的视觉、知觉。学生很快地进入交际的情境中，并在观察之后调动原有的知识积累，能说出爱吃的水果的特点，使交际有序、活跃地进行。

3. 体验媒体播放，诱发说话话题

"兴趣是最好的老师"，"兴趣是成功的一半"。学生好奇心强，采用多媒体创设情境直观形象，极易吸引学生的注意力。例如，教学《保护有益的小动物》一文时，将动物说话、动物乐园、动物庆功会、动物捉害虫等画面制成多媒体课件，上课时恰到好处地利用这些课件，为学生创设了一个个美丽的动物动画，激起了学生的表达欲望，使学生有话想说，有话可说，再让学生自己

设计不同的场面进行表演。这样让学生在忘我的情境下放松地进行交流，真正起到了培养学生乐于参与，认真听别人说话，发挥自己想象的良好习惯。这种方法为学生插上了想象的翅膀，诱发了学生无限的创造力。

4. 体验要素渗透，形成人文积淀

语文要素提高有赖于课堂方法及技巧习得，从而积淀人文精神，才能更好凸显智慧课堂可持续发展的能力。例如，陈小旋老师在进行《长大以后干什么》课堂教学小结时，巧妙利用儿歌重现学习内容和达成目标，让学生更加通俗易懂，铭记于心，学以致用，渗透了语文要素和价值观，可谓匠心独运，水到渠成。

> 礼貌说话站姿挺、专心倾听眼注视、微笑说话表达清
> 理由简单趣问多、态度亲切应自如、动物植物凑热闹
> 蒲公英变大狮子、金色鬣毛浓又弯、小鱼长大成鲨鱼
> 飞快畅游四大洋、世间万物有理想、努力奋斗梦成真

5. 体验现场资源，创新表达魅力

利用现场资源，为学生搭建了一个实效的口语交际平台，做到学以致用，落实口语要素的实处。例如，李婷老师在进行《请教》课堂教学过程中，利用现场听课老师现场情境资源，让学生实地学习请教的本领。经过前面口语交流训练，学生们做好了请教别人的交流准备，积极踊跃地与现场听课老师互动。学生抓住说话与交际的要素和技巧，大胆与教师交流，从容应对教师的提问，场面气氛活跃，教学又进入一个高潮，课堂教学效果显著。例如，活动二：倾诉问题，真"请教"。

（1）学生互相请教，向在座教师请教，进行多向互动。

（2）互动评价，评出请教小达人、小小智多星。

老师："孩子们，现在请你们勇敢地站出来，把你们心中的疑惑、不解，向我们同学或身后的老师请教。请教时，请记得用上我们这四大法宝。"这一设计巧妙地让整节课所学的口语交际得以实践，很好地巩固了口语表达技巧，切实提高口语交际的能力。

总而言之，口语交际"得法于课内，得益于课外"。口语交际训练不能局限于课堂上，更应在课外有着更广阔的天地，教师宜利用各种有效机会对学生的口语交际进行指导、训练。通过一系列活动创设和让学生通过切身体验，

使学生口语交际能力得到培养和发展。教无定法，贵在得法。在口语交际教学中，要培养学生的口语交际能力，可谓"条条道路通罗马"。关键是选择合适的方法，要逐步培养学生树立"动口即是练说时"的观念，创设多种多样的交际情境，努力消除学生口语交际的心理障碍，进行切实有效的口语交际训练。以上策略在口语交际课上都可以以板块形式呈现，做到条理清晰，由浅入深。

总之，口语交际训练要善于激发学生的兴趣，密切联系生活实践，创设情境，多途径地训练，让每个学生想说、乐说，让学生真正走进角色，体验角色带来的乐趣，自然而然就能大胆地、无拘无束地进行口语交际训练，培养学生良好的口语交际能力，学会文明地进行人际沟通和社会交往。学生在乐学过程中，从而形成可持续发展的能力和智慧。

第六节　智慧课堂综合性学习"1+n"教学方法的建构

智慧课堂综合性学习"1+n"教学方法的建构，以湛江市坡头区中心小学为智慧课堂实践基地，工作室课题组成员钟小真主任依据本课题研究的理念，探索出智慧课堂综合性学习"1+n"教学方法——"三环情境体验式"综合性学习智慧课堂板块教学方法。

【教学方法】

"三环情境体验式"综合性学习智慧课堂板块教学方法。

【情景体验】

创设"平台性"教学情境，体验综合性学习的宗旨—创设"严谨性"教学情境，体验综合性学习的策略—创设"粗放性"教学情境，体验综合性学习的过程。

"综合性学习"是语文课程标准提出的新的要求，它较之以往教学改革的语文活动课和语文实践活动更具综合性、实践性和自主性，综合性学习是形成"自主、合作、探究"学习方式的重要途径，是以小学语文课程的整合为基点。

可是，小学语文综合性学习教学是许多教师在新课程实施过程中的软肋，对综合性学习概念的把握、特点的把握、重视程度、实施情况、评价情况等，许多教师不熟悉，因此不重视综合性学习这一阶段的教学。俗话说：凡事行前必先明其要义，方可得其要领，行其规范，终其目标。所以，作为语文教师的我们首先要知道什么是"小学语文综合性学习"。语文综合性学习就是以语文课程的整合为基点，加强语文课程与其他课程的联系，强调语文学习与生活的结合，以促进学生语文素养的整体推进与协调发展。它是一种既能体现小学生身心特点，又能体现语文知识综合运用，学生听、说、读、写能力整体发展，语文课程和其他课程沟通，书本学习与实践活动紧密结合的活动性的学习方式。它既注重学习方式的自主、实践、综合，也注重过程的开放和互动，它的内容选择范围宽泛、灵活，以直接经验为主。同时，《课程标准》中对"综合性学习"的具体目标为：

第一学段（1、2年级）：

（1）对周围事物有好奇心，能就感兴趣的内容提出问题，结合课内外阅读，共同讨论。

（2）结合语文学习，观察大自然，用口头或图文等方式表达自己的观察所得。

（3）热心参加校园、社区活动。结合活动，用口头或图文等方式表达自己的见闻和想法。

第二学段（3、4年级）：

（1）能提出学习和生活中的问题，有目的地收集资料，共同讨论。

（2）结合语文学习，观察大自然，观察社会，书面与口头结合表达自己的观察所得。

（3）能在教师的指导下组织有趣味的语文活动，在活动中学习语文，学会合作。

（4）在家庭生活、学校生活中，尝试运用语文知识和能力解决简单问题。

第三学段（5、6年级）：

（1）为解决与学习和生活相关的问题，利用图书馆、网络等信息渠道获取资料，尝试写简单的研究报告。

（2）策划简单的校园活动和社会活动，对所策划的主题进行讨论和分析，学写活动计划和活动总结。

（3）对自己身边的、大家共同关注的问题，或电视、电影中的故事和形象，组织讨论、专题演讲，学习辨别是非善恶。

（4）初步了解查找资料、运用资料的基本方法。

根据以上教材制定的综合性学习各学段的学习目标，鉴于不同年级的不同内容的安排，充分考虑学生学习目标上的差异，我们可以选择不同的教学策略。

【教学策略】

（一）创设"粗放性"教学情境，体验综合性学习的过程

主要用于中年级段的三、四年级。因为这一阶段我们是以"形成语文综合性学习的初步能力和初步积累语文综合性学习方法"作为综合性学习的主要目标，不注重学习的结果，重要的是进行语文综合性学习的过程，注重激发学生进行语文综合性学习的兴趣，懂得观察自然和社会，感受生活中处处有语文，初步掌握多样的学习方法。在语文实践能力上我们只要求学生学会收集资料，进行简单的处理。而这一阶段对学生学习活动的计划拟订，小组分工协作，以及活动过程性资料的分析，活动结果的小结和评价都没有明确的要求。

让我们来看三年级上册第五单元《了解生活中的传统文化》，这篇课文的综合性学习的要求非常明确：大家自由组成小组，先商量一下，打算了解哪些方面的内容，准备怎样开展活动，然后分头行动，用多种方式了解传统文化。（提示）把收集到的资料整理一下，再商量商量，还可以收集哪些资料，并讨论打算怎样展示活动的成果。

又如，四年级第二次综合性学习，即《成长的故事》。要求是：读了周恩来小时候的故事，你一定深有感触。让我们来回忆自己成长的经历，并通过阅读、访问、写信等多种渠道，了解别人"成长的故事"。可以了解伟人、名人的成长的故事，也可以了解熟悉的亲人和小伙伴的成长的故事。然后用讲故事、写文章、编短剧、办手抄小报等方式，展示学习的收获。

以上看来，教材更加注重培养学生在综合性学习中的综合能力，教师应该作为一位引导者，引导学生在课堂上明确本次综合性学习要求，明确分工，以培养学生协调能力；再让学生在课外收集材料，分工合作，以培养学生的合作

能力和语文综合能力；利用课堂让学生自主合作并商讨如何展示学习成果，以培养学生听、说、读、写的语文综合能力。

（二）创设"严谨性"教学情境，体验综合性学习的策略

主要用于小学高年级段，即五、六年级。这一阶段在中段学习活动的基础上，以"综合性学习的系统研究"为主要活动特征，表现为对活动要求更加严谨、规范，从而达到高效。为了更好地实现这一阶段学习活动的目标，教师要为学生做好下面一些必要准备：首先，提供给学生可以选择的学习途径范例（如可以在书本、报纸、杂志等文本资料中学，可以在网络、电视等媒体中学，还可以从与别人交谈中学等）；其次，提供给学生可以选择的学习方式范例（如怎么做调查、怎么整理资料、怎么去图书馆或上网查找需要的内容、怎么和同学们一起研究）；再次，让学生根据需要和兴趣自主选择学习活动；最后，学生展示学习成果，总结学习方法，品尝学习乐趣，激起新的学习欲望。这一阶段的学习活动，不仅要求学生在学习活动前分好学习小组，还要拟订完整、科学的活动计划，在计划中对活动人员进行合理的分工，活动结束后，要求进行总结评价，撰写调查报告等。

例如，五年级上册第五单元《遨游汉字王国》。这是一个以综合性学习为全部内容的学习单元，其要求与过去的综合性学习差别很大。我们可以采用这样的思路：

（1）阅读单元导语，激发学习兴趣。

（2）仔细阅读两个板块的"活动建议"，浏览"阅读材料"，了解可以开展哪些活动，参考哪些材料。

（3）制订活动计划。教材上列出的活动建议比较多，可以根据学校的实际，在每个板块中选择一两项活动。

（4）小组开展活动。就一个班级来说，小组活动可以有"并进式"和"阶段式"两种方式。"并进式"是各小组自选内容，同时开展不同的活动。例如，第1组猜字谜，第2组收集歇后语，第3组收集谐音的笑话，第4组了解汉字的来源。由于小组学习任务不同，教师可以编制"活动建议卡"，提示不同内容活动的要点，发给相关的小组，供学生制订计划和活动时参考。"阶段式"是根据班上多数同学的需求和本地条件，集中开展两三项活动，逐项进行。不论采用哪种方式，教师都要及时了解各小组的进度，进行具体指导和帮助，引导学生在活动中充分使用"阅读材料",进行口语交际和习作。

(5)选择编小报、办展览、开成果汇报会等形式展示学习成果。共同阅读《我爱你,中国的汉字》,提升对汉字的感情,作为本次活动的总结。认读本组阅读材料中的生字。

一个完整、规范的"综合性学习"可以归纳为:

学习准备—学习过程—展示成果。

具体的教学活动安排可以如下:

(1)明确活动目标与要求,认真阅读活动建议。

(2)自由组合,以4~6人一组为宜;在组长的带领下制订活动计划,组内有分工,明确个人职责,提出收集有关资料的任务。

(3)分目标开展语文学习活动:充实补充,进行资料的整理归类。

(4)对资料进行分析研究,撰写研究报告和调查报告,准备成果展示。

(5)多种形式展示学习、活动成果。一般有调查报告,情景剧表演,图片、幻灯片展示,制作小报、实物演示,交流互动式等。通过这一系列活动的开展,让学生在过程中感受、体验。

值得注意的是,在整个"综合性学习"的全过程中,教师要特别关注学生对学习活动的参与面及参与程度、态度。学生有强烈的参与意识和合作意识,每个学生都主动、积极地投入其中,就为提高综合性学习效率提供了有力的保证。

(三)创设"平台性"教学情境,体验综合性学习的宗旨

"语文综合性学习"把整个世界作为语文学习的环境,注重让学生在真实的、具体的现实中去学语文,是一种"活化"的学习实践。说"语文综合性学习"是一种"活化"的学习,除其学习的对象、内容和环境是"活"的外,还在于:一是学习的过程是"活"的,学生不仅仅是静静地看书,还要调查、走访、表演等,在实践中去亲身体验语文,学习语文;二是学习的方法是"活"的,学生可根据自身实际和学习内容,环境的特点选择灵活多样的方法,其学习方式可自由选择;三是学习的手段是"活"的,可以走进现实世界考察、采访等,走进人们的心灵世界和情感世界。因此在开展"语文综合性学习"时要在"活"字上下功夫,优化实施策略。这就要求在综合性学习中搭建合适的平台,让学生真正成为学习的主人。

1. 开心剧场：展示梦想与才华

教师可在实践中组织学生成立自己的开心剧场，进行合理分工，如导演、演员、工作人员等，结合教材内容进行排演，可以是课文内容，也可以是课文内容的延伸。通过角色活动，引导学生把丰富的学习资源内化为自身的财富，从而形成能力、发展个性。

2. 超级创作秀：彰显心灵世界

在语文综合性学习过程中引导进行创作，如儿童诗、小故事、微型小说写作等，并且举行创作展示活动。尽可能地调动多种感官协同作用，尽可能地将语文学习综合化。在识字、阅读、体验等过程中爱护学生的好奇心、求知欲，尊重学生的独特体验，让学生感受到成功的喜悦，从而对语文学习产生更浓厚的兴趣。

3. 生活体验：感受多彩世界

《课程标准》要求，要充分利用包括"其他图书、报纸、电影、电视、广播、网络、报告会、辩论会、研讨会、图书馆等"课外学习资源。"自然风光、文物古迹、风俗民情，国内外的重要事件，学生的家庭生活，以及日常生活话题等"也都可以成为语文课程的资源。这样看来整个世界都是学生的教科书。用自己的眼睛、耳朵和大脑感受大千世界，是语文学习的一项必不可少的任务，它培养的不仅仅是语文能力，更重要的是学会思考和真实地看待这个世界。

这样的综合性实践活动，突出了学生的自主性，重视学生积极参与的精神，在活动中用语文，在活动中学语文，大大提高了学生学语文的兴趣。在语文综合性学习中，培养了学生策划、组织、协调和实施的能力。

综合性学习是本次语文课程改革的一个亮点，它的出现不仅是对学生更是对教师的一次重大挑战，语文综合性学习的策略需要我们深入研究，我们在探索中感悟，在感悟中实践，在实践中反思，让学生汲取"综合性学习"的智慧，享受"综合性学习"的快乐！

第四篇

智慧评价

4

第八章

智慧课堂"1+n"板块教学案例评析

第一节　智慧课堂汉语拼音"情境体验式1+n"板块教学案例评析

拼音教学案例评析一：

巧设情境，引燃拼音教学王国的智慧
——评林小红老师执教的拼音教学《d t n l》

林小红老师的这一节拼音课《d t n l》，是一节典型的情境体验式板块教学课例。本课生动有趣，扎实高效，调动学生的学习热情，保持高涨的学习动力。

一、准确把握统编教材的编排特点

人教版统编教材第一册汉语拼音部分共13课。编排了情境图、生字词、短语、句子和儿歌。从中可见，教材采用拼音与识字同步推进，多种方式体现出语文学科的综合性、整体性。林小红老师这节课是这一课的第1课时，她设计了"拼音王国"这一教学情境，除重视拼音的学习以外，还重视学生综合能力的实践。

二、准确把握年段学习特点

整堂课形式多样、生动活泼，激发学生的学习兴趣。

（1）形式多样，表现在：摘苹果游戏、编顺口溜、打地鼠游戏、拼图游戏等等。

（2）课件生动形象，色彩明丽，富有趣味性。

（3）重视学生学习习惯的养成，如学习习惯口令训练、课中的写字姿势的要求。在课中教师不断地提醒、操练，学生的学习劲头保持饱满的状态。

（4）评价方式适合学生。例如，优秀小印章、掌声鼓励等方式，让学生很有优胜感，不断体验成功的乐趣。

（5）教师的教态适合学生。林老师声音甜美、教态自然、评价到位，非常适合低年段的教学。学生非常喜欢这样的教师上课。

三、准确有效的教学方法

本堂课突破难点有办法，易操作。

（1）教给学生拼音的发音方法，如手口结合的形式，学生很容易找到发音的部位，感受发音的气息和掌握技巧。

（2）使用顺口溜、手指操和游戏等方法，让学生进行大量的训练，有趣味性又易成功，学生在玩中学，学得有趣，学得扎实。

（3）使用"复现"的手段，对新学的知识不断巩固，有利于形成永久性的记忆。

（4）使用对比的学习方法，让学生很轻松地分辨易混字母的区别。

四、准确设计有梯度的教学过程

本课板块清晰，由铺垫扎实的课前复习，到设计激发兴趣的教学设计，再到突破难点的教学方法，再到大量训练的游戏环节，到最后的训练写拼音。整个过程层次分明、层层递进、环环相扣。充分利用情境图，训练学生观察能力和口头表达能力。这也体现了本课综合性的特点。

建议：

（1）关于拼音的发音，可以增加联系学生的发音经验来学习的方法。例如，发"n"时，可以利用"呢"来发音。这样就避免过于强调发音技巧，而对发音产生厌恶或者是发音不准的问题。

（2）要关注学生写字的执笔姿势及学习习惯的养成。（周立聪、林爱珠）

〔周立聪，小学高级教师，新民小学语文教师，广东省林爱珠名师工作室助理，湛江市中小学教育科学"十三五"规划重点课题立项（课题批准号2019ZJZD009）课题组成员（课题主持人林爱珠）。〕

附：

林小红老师执教拼音教学《d t n l》第一课时教学设计

【教材分析】

本课时有3部分内容。

第一部分是4个声母，配有一幅艺术节的情境图，舞台右侧，一个男孩打着鼓，鼓声提示d的音，鼓和鼓槌的组合提示d的形。男孩手中敲打乐器的两根鼓槌提示l的形。舞台中间，一个女孩正在表演节目，她手中握着的伞柄提示t的形。舞台背景中的拱门上有"艺术字"3个字，拱门提示n的形。

第二部分是d、t、n、l和带调单韵母a、e、i、u、ü组成的音节。

第三部分是要求书写的字母d、t、n、l的笔顺以及在四线格中的位置。

【学情分析】

字母d、t、n与前一课所学的字母b、f、m有相似之处，学生容易混淆。先引导学生发现字母在形体上的联系，弄清它们之间的区别。在学生掌握读音后，点击自制课件出示d、t、n与b、f、m六个字母，让学生细细观察，反复比较，小组讨论得出它们的不同点：左下半圆是d，右下半圆是b，一个门洞n，两个门洞m，伞把朝上t，伞把朝下f。还可以编顺口溜帮助学生记忆本课新学的字母。

【教学目标】

（1）正确认读声母d、t、n、l，读准音，认清形。

（2）正确拼读d、t、n、l和单韵母a、e、i、u、ü组成的音节。

（3）会在拼音四线格上正确书写d、t。

【教学重难点】

（1）重点：学会d、t、n、l四个声母，读准音，认清形，正确书写。

（2）难点：正确拼读d、t、n、l与单韵母组成的音节。

【教学过程】

板块一：创设情境，复习导入

1. 创设情境

师：同学们，这是美丽壮观、趣味无穷的拼音王国。大家想去玩玩吗？（想）拼音国王派林老师来接大家，让我们坐上小火车出发吧！

2. 游戏复习

（1）师："轰隆轰隆"，我们到达目的地了。拼音国王可真热情，一见面就请大家吃红通通的大苹果。他说第一个盘子装单韵母苹果，第二个盘子装声母苹果。（谁来摘？我来摘。）同学们太棒了，红通通的苹果采摘完毕。（表扬一下自己。）

（2）师：两拼音节也来凑热闹，看看谁最会拼读？（火车火车哪里开？）读得真好，国王都为我们点赞了！

板块二：借情境图，练习说话

（1）师：咦，你听到了什么？（放音乐。）原来今天拼音王国隆重举行一年一度的艺术节。说说你在图中看到了谁，在干什么？（指名答。）

（2）师：是的，在拼音王国举办的艺术节中，小明神气地敲着鼓，小红随着音乐翩翩起舞。现场的观众都热烈地鼓掌，为他们喝彩。

（3）师：我们今天要学习的四个声母宝宝就藏在热闹的艺术节里。你能把它们找出来吗？（指名学生上前点出。）齐读一遍课题。

板块三：编顺口溜，学习发音

1. "d"的教学

（1）师：我们首先来认识第一个声母宝宝"d"。这个音怎么发呢？请看，这是我们的上牙齿，舌尖来敲门，d d d。跟老师读三次"d、d、d"。

（2）师：为了记住它，老师编了一个顺口溜：左下半圆d d d。

2. "t"的教学

师："d"会读了，下一个声母肯定难不倒大家。声母"t"也是舌尖来敲门，不过还要有气流出来。为了把它记得更牢固，你能编个顺口溜吗？（伞柄朝上t t t。）

3. 区别"d"和"t"

师："d、t"的发音很相像，都是舌尖来敲门。为了把它们区分开，老师请来了一张小纸巾帮忙。大家认真听，仔细观察纸巾的变化。（指名答。）

4. 教学"n"

师：拼音王国有一位爱生气的声母宝宝"n"。举起小手指，轻轻捏在鼻梁上，跟老师一起感受这个爱生气的"n"。我们也可编顺口溜记住它。（一个门洞n n n。）

5. 教学"l"

师：拼音王国里还有一位最快乐的声母宝宝"l"。每次发音时，"l"都微笑着，让气流从舌头两边发出来。谁来编顺口溜？（一支铅笔l l l、一枝小棒l l l、一根棍子l l l。）

板块四：利用儿歌，巧妙区分

（1）师：在拼音王国里有很多字母都长得很像，你有什么办法记住它呢？（编儿歌。）

（2）师："b–d"谁会编儿歌区分？我们还可以加上手势边读儿歌边做动作读。"t–f"和"n–m"你又编了什么儿歌？

（3）师：老师把同学们编的小儿歌整理好了，请同学们合作读一读。

（4）手指操游戏

师：同学们认真学习，拼音国王邀请大家玩手指操的游戏。跟老师一起来：小手小手拍起来，我有灵巧的小小手，我的手指会变魔术，变个字母d d d，变个字母t t t，变个字母n n n，变个字母l l l。好玩吗？再来一遍。

板块五：利用游戏，学习拼读

（1）师：看，那边有四位带声调的韵母老朋友过来啦，和它们打声招呼吧！它们都想和我们今天学的声母宝宝交朋友，看——（谁会拼。）

（2）师：拼音国王新建了一个花园，哪位小朋友读对了音节，就会开出美丽的花朵。（老师请两组同桌来读。）

（3）师：哎，不得了啦！拼音王国里有些地鼠想来偷吃庄稼，我们得去帮忙。同学们，把音节读准了就能把地鼠打跑。（指名读。）

板块六：身端姿正，认真书写

（1）师：玩了这么久，我们要把声母宝宝送回家了。它们住在哪里？（它们住在四线格的家里。）指导书写d、t。

（2）展示作品，学生点评。

板块七：回顾内容，课堂总结

略。

板块八：推荐阅读，布置作业

回家后把今天认识的声母d、t、n、l和相应的音节介绍给爸爸妈妈，并读一读给他们听。

【板书设计】

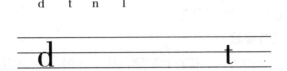

（执教老师：林小红，小学语文高级教师，廉江市第十九小学教导处主任，广东省林爱珠名师工作室学员，湛江市小学语文骨干教师。指导老师：林爱珠。）

拼音教学案例评析二：

智慧课堂妙趣横生
——评林妙丽老师执教的汉语拼音课《ai ei ui》

拼音符号具有抽象与枯燥的特点，在拼音教学中，怎样使枯燥和单调的拼音符号变得具体生动，让学生易于接受呢？林妙丽老师这节智慧课堂给了我们很好的引领，妙趣横生。教师为学生创设欢快、愉悦的活动形式，引发学生的学习动机，使学生兴趣盎然，在乐中学，学中乐。

一、情境建构、问题激发显智慧

良好的开端是成功的一半。上课开始，林老师从拼音王国准备举办一场拔河比赛，参赛的两支队伍分别是声母队和韵母队导入，这种情境建构有目的地创设具有一定情绪色彩的、以形象为主体的生动具体的场景，结合这个场景展开这节课的教学，趣味横生。接着老师提问：声母那么多，韵母队肯定会输的，我们赶紧去给韵母找几个新队友吧。抓住了学生的心理特点，激发了学生的挑战意识，彰显智慧。

二、开放的动态课堂比智慧

课堂教学是动态的，一节成功的好课不仅取决于教师精心的设计，还取决于课堂的生成。林老师精心进行弹性的预设，学习复韵母通过找字母、读字母、编顺口溜记字母、当小老师、玩游戏等环节来进行教学，形式多样，以生为本。既精心预设，又预留空间，为开启学生智慧之门提供金钥匙，学生在学习的过程中充分发挥了想象力，在学生编顺口溜的过程中，林老师能及时捕捉学生的闪光点，把课堂的生成资源当成教学资源，提高了教学效果。学生在一次次的活动中你追我赶比出了智慧。

三、拼音游戏有智慧

哈特利和戴维斯的著名的信息存留测试研究证明：一堂课结束后，学生所能回忆起的70%的内容是在整堂课的前10分钟里获得的，20%的内容是在最后10分钟里获得的。教师应该发挥自己的奇思妙想，构思出如何在一整堂课的时间里充分调动学生学习的主动性和积极性，最大限度地挖掘学生的潜力。林老师把游戏读音节这个难点放在整节课的最后一个环节符合学生的认知规律。采用"去做客""摘蘑菇"两个游戏来学习音节，解决了在学习过程中很容易疲劳，导致注意力分散，从而影响教学效果的问题。并联系学生生活，激发他们学习汉语拼音的兴趣。

〔熊梅，广东省林爱珠名师工作室网络学员、湛江市林爱珠名师工作室成员，湛江一中锦绣华景学校教导主任。湛江市中小学教育科学"十三五"规划重点课题立项（课题批准号2019ZJZD009）课题组成员（课题主持人林爱珠）。〕

附：

林妙丽老师执教的汉语拼音课《ai ei ui》教学设计

【教材分析】

在"复韵母ai、ei、ui"一课中，包含了复韵母及其四声、情境图、音节、词语、儿歌这几部分内容，情境图将拼音的学习与实际生活建立联系，以相应的事物示音，培养学生的观察能力，增加了趣味性。音节部分强调带调拼读，注重拼读结果。从整体来看，教材更注重提高学生的语言文字的理解和运用能力，由熟悉的语言带出拼音的学习，拼音和识字相辅相成。本课时的教学设计选取了复韵母、复韵母的四声和音节部分来展开。

【学情分析】

一年级学生年龄小，活泼好动，注意力难以长时间集中，宜接受直观生动的事物。虽然很多学生在幼儿园已经接触或学习过汉语拼音和一些简单的字词，但学得快、忘得也快是这个年龄段的特点。

【教学目标】

（1）学会ai、ei、ui三个复韵母，读准音，认清形，规范写。

（2）掌握ai、ei、ui的四声，学会标声调，掌握标调规则。

（3）正确拼读声母与ai、ei、ui组成的音节。

（4）培养仔细观察、自主思考、乐于合作的学习习惯。

【教学重难点】

（1）重点：复韵母ai、ei、ui的正确认读和书写，掌握四声，会标声调。

（2）难点：学会标声调，能拼读声母与ai、ei、ui组成的音节。

【教学过程】

板块一：创设情境，定目标

师：小朋友们，拼音王国准备举办一场拔河比赛，参赛的两支队伍分别是声母队和韵母队，来，我们大声请出声母队的成员。

生大声背出声母（学生背出声母后PPT出示声母队）。

师：韵母队也来了，我们赶紧请出单韵母吧。

生背出6个单韵母（学生背出韵母后PPT出示韵母队）。

板块二：以图助学，读准音

1. 复韵母ai

（1）读准ai

师：韵母队的新队友到底是谁呢？它的信息就藏在这幅图中，谁来说说你都看到了什么？

生1：我看到了几个小朋友和一位老奶奶。

生2：我还看到桌子上有一个水杯。

……

师：恭喜你们找到了，"白"和"戴"里的ai就是韵母队的新队友ai，（课件出示"白"和"戴"的拼音，板书ai。）ai是由哪两个单韵母组成的？

师：对，像这样有两个单韵母组成的韵母我们叫它复韵母，跟老师说：复

133

韵母！

生：读复韵母。

师：声音真响亮，现在请你们的小眼睛仔细看，小耳朵认真听，看看能发现什么？（师示范发ai音。）

师：你们的耳朵和眼睛真神，发现了读复韵母的好方法。（演示ai的口型变化。）我们一起编一条顺口溜a在（　），i在（　），紧紧挨着就是（　）。（引导学生共同完成顺口溜。）

（2）读准ai的四声

师：我们知道单韵母有四声，复韵母也有哦，老师给ai做了四顶声调帽子，谁来把他们请出来？

生1：āi、ái、ǎi、ài。

师：读得很标准，你能当小老师带大家读吗？（卡片出示āi ái ǎi ài并贴于黑板上。）

2. 复韵母ei

（1）读准ei

师：你们认真听，认真想，认真看，一下子就学会ai了，我们现在去找下一个韵母队友，刚刚有个同学说图中桌子上有什么？（PPT展示文中插图，其中杯子里有"杯"的拼音。）

生：有一个杯子。

师：对，这个队友藏在杯子里睡着了（点击ei变小了），它就是bēi的ei，我们快喊它出来！

师：ei ei ei快出来！

生：由e滑向i。

师：对，和我们读ai的方法一样！由e滑向i，再读得快些，就是ei了。现在四人一组，互相读读听听，再想个办法把ei记住，也可以帮ei编个顺口溜。

（2）读准ei的四声

PPT展示拼音顺口溜，师读：鸟儿飞，鱼儿肥，东南和西北，来把儿歌背。

指到的同学读。

师：看来难不倒你们，现在同桌两人来玩游戏，我先示范一遍。（请一学生说。）你先说ei。

生：ēi

师：ēi，ēi，鸟儿飞（作"飞"状）。

……

同桌之间玩游戏。

3. 复韵母ui

（1）读准ui。

（2）读准ui的四声。

师：你们猜的都对，复韵母还可以和很多声母一起组成不同的拼音。例如，有uǐ的水，uì的会不会。所以我们把复韵母的四声记熟就能认识更多的拼音宝宝。

板块三：互动交流，学标调

（1）师：现在你们看看黑板上的复韵母，帽子分别都戴在哪个单韵母头上。

生：分别戴给了a、e、i。

师：复韵母有两个单韵母组成，为什么帽子不戴在另一个单韵母的头上呢？

学生四人一组交流讨论后汇报。

师总结：你们观察得真细致，但是i和u很谦让，他们两个一起时都把帽子让给排在后面的，比如ui，i在后，帽子戴给i，iu，u在后，帽子带给u。我们可以通过这个口诀来记住标调的方法：有a在，把帽戴，a不在，o、e戴，要是i、u在一起，谁在后，就谁戴。

（2）游戏巩固

师：哎呀，风把复韵母的帽子吹掉了，你们快帮它们戴好。（PPT出示。）
请学生帮复韵母"戴好帽子"。

板块四：掌握技能，规范写

师：你们愿意邀请我们的新队友复韵母ai ei ui去自己家做客吗？

生：愿意！

师：那请你们打开本子认真地把它们请到四线三格里吧！注意复韵母里的两个单韵母是好朋友，要紧紧挨在一起哦。

学生书写，师巡视指导。

板块五：巩固突破，拼音节

游戏1：去做客

师：那你们想去ai、ei、ui家做客吗？它们家里有好多有趣的东西，想去的同学请举手。（PPT出现三扇门，门上分别写着ai、ei、ui。）想去小ai家就敲门说：小ai乖乖，把门开开。

引导学生玩游戏，读出"门上"的复韵母和音节。

游戏2：摘蘑菇

师：读得很准确，森林里有很多蘑菇，小朋友们，你们快来摘点去看望小ai小ei和小ui吧。只要你读对了，就能摘到蘑菇了。

课件出示音节蘑菇，学生抢读。

板块六：总结激励，促发展

师：你们真厉害，这节课帮韵母队找到了三位新队友，它们就是复韵母……

生：ai、ei、ui

师：我们还知道了它们的标调规则，我们一起背一背，有a在……

师生齐背。

师：你们认真听、认真看，同学之间互相帮忙，所以你们找到了复韵母朋友，老师相信这样的你们，一定能帮韵母队找出更多队友。

【板书设计】（图8-1-2）

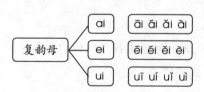

图8-1-2　汉语拼音课《ai ei ui》板书设计图

（执教老师：林妙丽，湛江市林爱珠名教师工作室成员，湛江市中小学教育科学"十三五"规划重点课题立项（课题批准号2019ZJZD009）课题组成员（课题主持人林爱珠）。指导老师：林爱珠。）

拼音教学案例评析三：

创设情境学拼音　事半功倍效率高
——评钟小霞老师执教的《ａｏｅ》

汉语拼音是小学生打开知识大门的金钥匙，是迈向科学高峰的阶梯，是学好祖国语言文字的基础和支柱。当我们面对着一群刚从幼儿园踏进小学校门且注意力持续不了20分钟的"小毛孩"时，怎样上好汉语拼音的第一课《ａｏｅ》呢？我觉得钟小霞老师做出了一个很好的范例。

一、创设情境，激发兴趣

美妙动听的轻音乐，智慧老人慈祥的笑容，温柔亲切的话语引出了汉语拼音的大作用。同学们都沉浸在情境中，恨不得马上就进入汉语拼音的学习。这样的开课，激发了学生的兴趣，为后面的学习做好铺垫。

二、自主探究，激发思维

"语音为口耳之学。"今天学习的《ａｏｅ》这一课，是整个汉语拼音教学的"敲门砖"。学生刚从幼儿园踏入小学，对这三个字母都有了一定的熟悉，所以钟小霞老师根据学情灵活处理教材，巧妙运用"自主探究"的方式来学习，把主动权交还给学生，重在指导拼读。这样不仅培养了学生观察、听说、读写的能力，而且激发了学生的思维。教师教得活，学生学得实。

三、借助儿歌，识记字形

顺口溜、儿歌朗朗上口，通俗易懂，深受学生们的喜爱。钟小霞老师深谙此道，在教学中让学生创编儿歌，识记字形，使儿歌成为提高汉语拼音教学最有效的途径。

四、边学边玩，深入巩固

汉语拼音的教学要以趣为先，以读为主。钟小霞老师在教学中以游戏和活动的形式巩固所学的拼音"ａ、ｏ、ｅ"，让学生在学中玩，在玩中学。并且游戏的开展也有梯度，体现了循序渐进的原则。活动首先进行的是直观认读，以此巩固读音；接着是摘苹果的小游戏，深入巩固字形；更有趣的是猜一猜，一学生做手势、其他同学猜字母，一学生在同学手心写字母、让其猜，大家玩得不亦乐乎；最后还有角色的扮演。这样一来，枯燥的汉语拼音就化为各种生动有趣的小游戏了，学生学得趣味盎然，眉欢眼笑。

附：

钟小霞老师执教的汉语拼音《a o e》教学设计

【教材分析】

《a o e》是汉语拼音中的第一课，也是学生学习汉语拼音的启蒙课，可见其重要性。这一课包括三部分内容。第一部分是三个单韵母a、o、e，配有一幅图画。画面中一个女孩儿正在小河边练唱"啊啊啊"，"啊"提示a的音，女孩儿的头部和小辫子构成的图形提示a的形。一只大公鸡正在打鸣，公鸡打鸣的声音"喔"提示o的音。一只大白鹅正在欣赏自己美丽的倒影，"鹅"提示e的音，水中的倒影提示e的形。第二部分是声调符号和a、o、e三个单韵母的四声。第三部分是a、o、e在四线格中的书写格式及笔顺。

【学情分析】

汉语拼音对一年级的大多数学生来说并不陌生，大部分学生有一定的基础。但一年级学生自制力差，思维形象具体化，无意注意占优势，以直接兴趣为主。因此，应该注意激发学生的主动意识和创新精神，采取灵活多样的教学方法，让学生自主探究，在创新中求发展。

【教学目标】

（1）学会a、o、e三个单韵母，读准音，认清形。

（2）认识四线格。

【教学重难点】

（1）重点：a、o、e的音、形教学。

（2）难点：掌握o的发音。

【教学过程】

第一课时

板块一：创设情境，导入新课

（播放录音）请听录音：小朋友们，你们刚刚结束幼儿园的生活，来到学校读书学习，成为一名光荣的小学生了，面对一个个不认识的字，你们别急，给它们戴上小帽子，你就认识了，这些小帽子就是汉语拼音，汉语拼音的作用可大了，它可以帮助我们识字、学习普通话、查字典，还能帮助我们用电脑打字呢！

今天，我们先来学习三个单韵母 a、o、e，齐说"单韵母"。汉语拼音 a、o、e的作用这么大，所以我们一定要学好它。

板块二：自主探究，学习新课

出示多媒体课件，学生观察思考：图上画了谁？他们正在干什么？

1. 学习 a

（1）看图：小女孩在干什么？（在进行发声练习。）我们也来试试。

（2）老师出示拼音卡片：a，讲解并示范发音，学生模仿。

2. 出示课件，认识四线格，并指导学生书写a

（1）介绍四线格，引导观察：老师画的这幅图，数数有几条线。（四条。）这就是四线三格，指出上格、中格、下格。我们的拼音字母都写在这个四线三格里。小朋友们观察一下 a 在四线格的位置。

（2）老师讲解笔顺并范写：a 先写半圆再写一竖，留个小尾巴。学生"书空"。谁来学着老师说说并告诉大家怎么写？现在在书上描红，看谁写得好。

3. 学习o

过渡：小女孩发出的声音引来了许多小动物，你们看谁来了？

（1）出示公鸡打鸣图：公鸡在干什么？谁来学一学？

师：公鸡发出的喔喔声，就是我们要学习的字母o的发音。

（2）出示卡片，学习o的发音。（教师讲解、示范发音，学生练习发音。）

（3）学生自编顺口溜：嘴巴圆圆ooo。

（4）学生用o练习说一句话。

4. 学习e

过渡：听到公鸡的叫声，大白鹅也来了。

（1）学习e的发音。（教师讲解、示范，学生模仿练习。）

（2）学习自编顺口溜帮助记忆：嘴巴扁扁eee。

（3）由图中大白鹅的倒影引出字形e，识记，书写。小朋友们再仔细观察一下这个e，像什么呢？（白鹅的倒影。）聪明的小朋友再找找它与我们学的o有什么不同。（e不是一个圆，它中间有一横，而且一横转弯的地方不封口。）

（4）指导书写：中间有一横，右边不封口，e只有一笔。教师范写，学生"书空"、描红。

板块三：趣味游戏，巩固新知

（1）我会读。看板书练读。（巩固音。）

（2）摘果子。（巩固形。）课件出示一棵大树，树上有大苹果，苹果上写有a、o、e、b、m、d、n等字母，找到今天所学的字母，如果对了，水果就落地。

（3）猜一猜。四人一组，一名同学做这几个字母的手势，另外的同学猜。还可以在同学的手心上写一写让同学闭上眼睛感受后再猜。

（4）角色扮演（小女孩、大公鸡和大白鹅）：一天清晨，大公鸡喔喔地叫了，发音o；小女孩听到了公鸡的叫声，马上起床，来到草坪上，开始发音练习，发音a；你看她多勤奋啊，她动听的歌声引来了大白鹅，发音e。他们多开心啊！

板块四：归纳总结，课后延伸

（1）今天我们认识了三个新朋友a、o、e，不仅知道了它们的名字，还记住了它们的样子。它们还特别爱美呢，喜欢戴上各种不同的帽子，下节课我们一起去认识戴帽子的它们吧。

（2）请小朋友们把我们今天认识的三个新朋友回家读给爸爸妈妈听，并写给爸爸妈妈看。明天老师再问大家，看哪位小朋友记得又快又好，不仅会读还会写。

【板书设计】（图8-1-3）

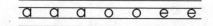

图8-1-3　汉语拼音课《a o e》板书设计图

（执教老师：钟小霞，任教于湛江经济技术开发区第二小学，广东省林爱珠名师工作室网络学员、湛江市林爱珠名师工作室学员。指导老师：林爱珠。）

拼音教学案例评析四：

悦游拼音王国
——评李霞老师执教的《g k h》

李霞老师在这一节汉语拼音教学的示范课中，采用了师生互动、生生互动的形式，让教与学在游戏中展开，使学生在活动中感受学习的快乐与轻松，激发了学生学习拼音的兴趣。

一、回忆旧知，导入新课

课伊始，李老师和学生共同回忆前面学过的声母、韵母，复习学过的音节，帮助学生回忆旧知，为新授课打基础。

二、借情境图，学习发音

如果每个字母都去跟学生详细地介绍发音的部位、发音的方法。想必学生不爱听也听不懂。李老师根据一年级学生的特点，借助课本的情境图创设情境，帮助学生架起生活口语和拼音学习之间的桥梁。让学生凭借口语经验，自然地发音。例如，教师要引入学习的这三个声母是这样设计的：鸽子的"鸽"是我们要学习的声母"g"，声音轻而短；小蝌蚪的"蝌"是我们要学习的声母"k"；喝水的"喝"就是我们要学习的第三个声母"h"的发音。

三、创编儿歌，领悟发音

在教学中，李老师根据拼音字母的特点，引导学生自编儿歌，领悟发音要领。在李老师的引导下，学生们编了朗朗上口的儿歌：鸽子送信g g g，蝌蚪戏水k k k，小孩喝水h h h。在反复的吟诵中，学生们兴趣大增，也熟悉了各个拼音，儿歌成为提高汉语拼音教学效果的一条有效途径。

四、因势利导，巧学拼读

李老师采用了以旧带新的方法来教学三拼音节的拼读，先让学生复习两拼音节的拼读方法及诀窍，然后李老师再教学生三拼音节的拼读口诀，最后李老师带着学生一起拼读、一起练、一起玩，让他们在实践中领悟和掌握拼读三拼音节的技巧。

五、资源拓展，学用结合

李老师的拼音教学不仅仅限于拼音的学习，而且将识字、阅读、说话融合在一起，很好地体现了课程标准的理念，不是孤立地进行拼音教学的。整节课，学生都处于一种快乐、主动的学习状态中，收获甚丰。

附：

李霞老师执教的拼音教学《g k h》教学设计

【教材分析】

本课包括五部分内容。第一部分是三个声母g、k、h及一幅图。图上一只和平鸽衔着弯曲的橄榄枝飞来，鸽子的"鸽"提示g的音，橄榄枝的形状提示g的形。湖边有水草和蜻蜓，蜻蜓的"蜻"提示k的音，辨蝉和水草构成的形状提示k的形。有个小朋友坐在靠背椅上喝饮料，"喝"提示h的音，椅子侧面的形状提示h的形。第二部分是三拼音节，包括两项内容：一是以音节gua为例，借助图画教学三拼音节的拼读方法；二是三拼音节的练习。第三部分是g、k、h与单韵母的拼音练习。第四部分是认字，画面上有画画的，有打鼓的，同时下面配有一首儿歌。第五部分是g、k、h的书写格式和笔顺。

【学情分析】

g、k、h的发音、三拼音节的拼读方法及认字是本课的教学重点，学生初次接触三拼音节，教师要抓住学生的认知习惯，反复指导朗读。

【教学目标】

（1）学会g、k、h三个声母，读准音，认清形，正确书写。

（2）学会g、k、h与单韵母相拼的音节，初步掌握三拼连读的拼音方法。

（3）认识五个生字，会读儿歌。

【教学重难点】

（1）重点：读准声母g、k、h的音，初步掌握三拼连读的拼音方法，认识五个生字。

（2）难点：初步掌握三拼连读的拼音方法。

【教学过程】

（一）新课导入

1.同学们，前几节课我们学习了一些拼音，大家还记得吗？开火车读一读。

2.这里还有一些音节，你能准确地拼读出来吗？

（二）教授新课

1. 创设情境，认识字母

谈话：同学们读得真好，老师给你们带来了一幅美丽的图画，看看，这里风景美吗？都有什么美丽的景物呀？

（1）请大家打开语文书，书上有一幅图，看一看图上画的什么？他们都在干什么？

（2）图上画着几只鸽子，其中一只鸽子衔着一支花环。鸽子的"鸽"声母就是g，声音轻又短；花环的形状像g，请同学们跟着老师一起读。教师带读，指名读、开火车读。

（3）水里有一群小蝌蚪，它们向水草丛游去。蝌蚪的"蝌"的声母就是k，声音轻又短；两只小蝌蚪在水草中嬉戏的样子像k。请同学们跟着老师一起读，指名读、开火车读。

（4）两个小朋友坐在椅子上喝水，声母h和椅子侧面的样子很像。你知道h这个声母的读音吗？对，喝水的"喝"声母就是h。教师范读后，学生跟读。

（5）你们能编顺口溜记住"g、k、h"音吗？

鸽子送信g、g、g，蝌蚪戏水k、k、k，小孩喝水h、h、h。

一群白鸽g、g、g，一群蝌蚪k、k、k，咕咚咕咚h、h、h。

（6）g、k、h三个字母大家都认识了吗？学生开火车读。

2. 识记声母的形，指导书写

（1）你怎么记住声母g、k、h的形？

（2）g：左半圆、竖左弯；k：竖、左斜右斜；h：竖、右弯竖。

用数笔画的方法记住字母的写法是一个好办法，请大家边数笔画边在手心中写一写。

（3）你还有什么好办法记住g、k、h三个声母的形呢？请你大胆想象，可以结合书上的插图或生活中的事物编个小儿歌，帮助我们记住声母的字形。

g：鸽子花环g、g、g，9字拐弯g、g、g。

K：蝌蚪吃草k、k、k，一挺机枪k、k、k。

h：一把椅子h、h、h，椅子靠背h、h、h。

（4）游戏：我来说你来写。（一个同学说儿歌，一个同学书空字母笔画。）

（5）大家都能准确认读这四个字母了，真棒！写在拼音格中要注意些什么呢？教师提出观察要求：一看占格、二看笔顺、三要提醒易错点。

（6）g：第一笔左半圆和写d的左半圆一样，起笔和收笔在二线下一点和三线上一点，笔画要流畅；第二笔竖左弯起笔在左半圆的起笔处高一点儿，不要顶线，到下格中间的时候慢慢竖左弯，不碰四线，收笔。

请大家按照老师的范写，先在本上描一个，再写一个。提醒大家注意写字姿势要端正，握笔姿势要正确。集体反馈后学生再次书写字母。

（7）k：第一笔竖起笔在拼音格中间偏左的位置，一线的下面一点（不要顶线），要写直，收笔在三线上；第二笔左斜右斜在第二线的下面一点（不要顶线）起笔，先向左写到k中格竖所在的中心点向右斜，在三线上收笔。

请学生自己试着在拼音格中先描一个，再写一写。集体反馈后再次书写。

（8）h：第一笔竖起笔在拼音格中间偏左的位置，一线的下面一点（不要顶线），要写直，收笔在三线上；第二笔右弯竖起笔要在二线下、一笔竖的中间，弯要圆竖要直，占满中格。

3. 练习拼音，拼读两拼音节

（1）你们还记得拼音方法吗？（前音轻短后音重，两音相连猛一碰。）

（2）学生试着拼读：g-a、g-e、g-u。

哪位同学愿意拼给大家听？（随机指导。）

（3）自己练习拼读，学生自由拼读、指名拼读、开火车拼读，检验学生拼读掌握情况。（二、三声易错，多关注。）

4. 练习以g、k、h开头的三拼音节

（1）出示三拼音节：g-u-ā→guā，你们发现这个音节与刚刚拼读的音节有什么不同吗？由三个字母组成。老师告诉大家，g是声母，在前边；u是介母，在中间；ā是韵母，在后边。由声母、介母、韵母组成的音节叫三拼音节，是我们今天要学习的新的拼音方法——三拼法。

（2）教口诀：声轻介快韵母响，三音连读很顺当。

5. 读儿歌，认读字词

（1）语文书上有一个谜语，谜语中有五个本课新学的音节——带调拼读红色的音节，请你把音节拼读准确，特别是三拼连读的音节。

（2）认识五个汉字："花、哥、弟、个、画"，你能在谜语和图画中的词语中圈出来吗？同桌同学互相拼一拼，读正确。齐读、开火车读。

（三）课后小结

这节课，我们学了三个声母，认识了五个汉字，还学会三拼音节。同学们学习非常认真！掌握了正确的拼读方法，以后我们就可以自己独立阅读一些有趣的课外书了。

【板书设计】

g k h

g：鸽子花环ggg，9字拐弯ggg

K：蝌蚪吃草kkk，一挺机枪kkk

h：一把椅子hhh，椅子靠背hhh

（执教老师：李霞，任教于湛江市第一中学锦绣华景学校，湛江市小学语文学科骨干教师，湛江市林爱珠名师工作室成员，广东省林爱珠名师工作室网络学员。指导老师：林爱珠。）

第二节　智慧课堂识字写字"情境体验式1+n"板块教学案例评析

识字写字教学案例评析一：

板块鲜明、思路清晰，情境体验方法妙
——评钟红霞老师执教的识字写字课《拍手歌》

《拍手歌》是识字单元的一篇课文，这篇课文生动有趣，符合低年级学生的认知水平，能让孩子在学中玩，玩中学。钟老师这节课能结合教材实际，从学生的实际出发，采用了智慧课堂体验式板块教学，让学生轻松快乐地识字写字。回顾钟老师这节课，她大体安排了五个教学环节：一、激发兴趣，导入新课；二、看图识字，揭示课题；三、快乐闯关，学习生字；四、送字回文，巩固识字；五、课堂总结，回归目标。教学中每个环节知识点环环相扣、层层递

进，由易到难的设置使整个识字教学做到了有梯度，整个教学课堂中，师生互动，调动了孩子的积极性，积极参与到各个环节的学习中。这节课的设计主要有以下几个亮点。

一、教学目标定位精准

识字教学是语文教学的重要基石，也是语文教学的一大难点。低年段的识字教学要努力培养学生识字的兴趣，正确引导，交给他们识字的方法，使学生爱识字、会识字。钟老师能准确解读教材，紧抓单元的语文要素和人文主题，设计本节课教学目标：

（1）正确认读并书写有关生字。

（2）正确有感情地朗读儿歌。

（3）学会用部件归类识字法识字。

（4）感受动物生活的自由、快乐，产生保护动物的意识。采用体验式板块教学，思路清晰明了。

二、重视学生的体验

重视学生的体验，板块识字扎实有效。钟老师善于创设丰富多彩的教学情境，让学生轻松快乐地识字。例如，在生字教学环节，钟老师运用闯关的形式进行板块教学，一共有"认读生字、识记生字、认读生词、会写生字"四个板块，这些板块环环相扣，层层递进。在这四个板块中，钟老师又根据学生的年龄特征，引导学生用观察图片、观看视频、玩游戏等方式自主识字，增强了识字的趣味性，激发了学生学习识字的兴趣，学习效果非常好。在后面的写字训练环节，钟老师能引导先观察"歌、深"字的字形，然后说清书写要领，再进行范写、练写、指正。这样的识字写字教学扎实有效，很好地达成教学目标。

三、朗读形式多样

朗读形式多样，朗读指导到位。正确流利地朗读这首儿歌，读出韵律，熟读成诵，是这节课朗读指导的重点。为了达成这个目标，钟老师运用多种形式进行朗读指导，有范读、小老师带读、开火车读、合作读、表演读等，并在朗读过程中教给学生朗读的方法与技巧，有效地提高了学生的朗读能力。

总之，这是一节轻松、快乐、有效地识字的课。（林晓云、林爱珠）

附：

钟红霞老师执教识字写字教学《拍手歌》教学设计

【教材分析】

《识字3》以"拍手歌"的形式，为小朋友描绘了大自然中动物们自由生活的情景，同时揭示了"人和动物是朋友，保护动物是大事"的道理。课文内容生动、活泼，富于情趣，节奏感强，适于朗读。拍手歌的形式也为课堂活动的组织提供了很好的载体。

【学情分析】

《拍手歌》是学生们熟悉、喜欢的游戏形式，学生的朗读兴趣很浓。充分认识到文本对学生的吸引力，让学生在快乐的朗读、背诵中感受地球是人类和动物共同的家园以及动物和人类的互相依存，应该是水到渠成的。本课要认识14个生字，会写10个字，这是教学的重点，充分地利用学生生活、学习中识字的经验，在原有识字水平上展开教学，突破难点，提高识字能力，注重有效教学。

【设计思路】

识字写字是阅读和写作的基础，是语文教学中的一项重要任务，教师必须培养学生具有较强的独立识字能力，掌握一定的识字方法、技能，使学生真正爱识字、乐识字、轻松识字。在本教学设计中我结合教材实际，从学生的实际出发，采用灵活新颖的板块式教学，激发学生的学习兴趣，为学生创设快乐的教学情境，让学生掌握识字的方法，并帮助学生养成良好的写字习惯。

【教学目标】

1.知识与技能目标

（1）正确认读"世""界"等14个生字和"孔雀""锦鸡"等词语；正确书写"歌""深"等生字。

（2）学会用部件归类识字法识字。

（3）正确、流利朗读拍手歌，读出儿歌的节奏。

2.过程与方法目标

引导学生自主识字，乐于与他人合作，促进学生的语言积累。

3.情感与价值观目标

激发学生们喜欢动物的情感，产生保护动物，与动物和谐相处的愿望。

【教学重难点】

（1）重点：①正确认读"世、界"等14个生字和"孔雀、锦鸡"等词语；正确书写"歌、深"等生字；②学会运用多种方法识字；③正确、流利地朗读课文。

（2）难点：①了解"隹"等偏旁表意的特点，用部件归类识字法识字；②写好"歌、深"两个字，注意左右结构的汉字特点。

【教学过程】

第一课时

一、创设情境，导入新课

（1）播放儿童歌曲《拍手歌》，激发学生兴趣。

（2）出示课件，展示各种动物在不同环境活动的场面，学生欣赏，体会人与自然的和谐相处。

二、看图识字，揭示课题

（1）课件出示8种动物图片和词语。

（2）认读词语并与动物打招呼。

（3）板书课题，齐读课题。

三、情境创设，学习生字

情境创设（一）：快乐闯关，认读生字

（1）老师范读课文，要求学生仔细听清楚每个字音，注意课文的节奏和停顿。

（2）学生自由读课文，圈出生字宝宝，注意读准字音，读通句子。

（3）出示带拼音的生字，指名读，小老师带读。

（4）辨读前鼻音和后鼻音生字。

（5）去掉拼音帽子，开火车读。

情境创设（二）：智慧闯关，识记生字

（1）小组交流学习：说一说我用（　）的方法记住（　）字。

（2）学生展示识字方法，教师评价，点拨。

（3）猜字谜游戏。（识字方法：猜谜语。）

（4）学习部件归类识字法。（播放"隹"这一偏旁的演变视频。）

（5）摘苹果游戏。

情境创设（三）趣味闯关，认读生词

（1）出示词语，指名读，分组读。

（2）魔法词语变变变游戏。

情境创设（四）：成功闯关，会写生字

（1）出示课件，引导观察"歌、深"这两个字。（出示写字小诀窍：一看高低，二看宽窄，三看笔画。）

（2）教师示范书写，边写边强调书写要领。

（3）学生自己练习描红、仿写，教师巡视并相机指导。

（4）学生作品展示，小组评价。

四、送字回文，巩固识字

恭喜同学们闯关成功，开启了动物世界的大门，让我们一起去看看，可爱的动物们都在干什么。

（1）师生合作读课文。

（2）男女同学分小节接力读课文。

（3）全体同学拍手加动作表演读。（配音乐。）

五、课堂总结，回归目标

同学们，通过这节课的学习，我们认识了14个生字，学会书写"歌、深"两个字，还学会了许多识字的方法，同学们，动物是我们人类的好朋友，我们要保护动物，要与动物和谐共处。

六、布置作业

背诵《拍手歌》。

板书设计：

识字3 　拍手歌

识　　比一比

字　　换一换

方　　猜一猜

法　　部件归类

（执教老师：钟红霞，廉江市第四小学政教主任，广东省林爱珠名师工作室学员。指导老师：林爱珠。）

识字写字教学案例评析二：

不拘一格智慧识字
——《日月明》同课异构评析

黄鸿老师和熊沙老师为我们展示了两节精彩的课例——小学一年级上册的识字写字课《日月明》，两节课风格各异，课堂环节连贯、紧扣，教学设计体现课堂标准，体现了学生的主体性。

黄鸿老师依据教学目标，针对一年级的学生特点和学情，采用了板块教学，通过生动有趣的各种游戏，以字引文，文中识字，让学生认识了11个生字，培养了学生识字的兴趣。在教学过程中，黄老师善于采用先扶后放，通过具体形象的课件，让学生直观感知会意字的构字方法，引导学生用自主、合作、探索的学习方式进行识字，习得识字方法，培养学生独立识字的能力。同时还注重识写结合，一步一步落实了教学目标。

熊沙老师这节课是省名师林爱珠工作室团队智慧课堂的教学模型建构专题研究的智慧结晶，是一节充分体现小学语文智慧课堂体验式板块教学的识字写字的典范范例，它主要体现在六个方面：

（1）创设图画情境体验，让学生感受中国汉字的魅力。

（2）创设儿歌情境体验，让学生享受音美如歌的韵律。

（3）创设微课情境体验，使学生领略形美如画的汉字。

（4）创设语言运用情境，引导学生交流多种识字方法。

（5）创设实践活动情境，让学生学会书写汉字。

（6）创设生活运用情境，让学生感知学习汉字的作用。

整节课，学生学习兴趣浓厚，主动性强，课堂高效。这是两节精彩成功的课例，既让人感受到教师与学生智慧火花的迸发，又充分落实了学生的语文素养，体现了智慧课堂的无穷魅力。（钟红霞、林爱珠）

附：

熊沙老师执教的《日月明》识字写字教学设计

【教学目标】

（1）认识"明、力、尘、从、众、双、木、林、森、条、心"11个生字，会写"心"字。认识部首"日"，学习笔画卧钩。

（2）正确、流利地朗读课文。

（3）了解会意字的构字特点，激发学生对祖国语言文字的喜爱之情。

【教学重难点】

正确朗读课文。了解汉字的构字规律，识记生字。培养学生学习汉字的浓厚兴趣。

【教学过程】

课前：创设情境，感受中国汉字的魅力。

（1）视频配音：五千多年前，一幅幅图画出现在黎明的曙光中。大自然间处处流动的线条美打开人们感知世界的能力。图画赋予汉字神奇的力量。这些古老的符号记载着中国的历史，传承着华夏的文明，汉字记录在兽骨、金属、石头、竹简、纸帛上。

（2）（舒缓的古筝音乐）汉字是源远流长的中国文化。你看，从甲骨文、到经文，再到小篆，最后到我们现在熟悉的楷体。今天熊老师就带大家去到神奇的汉字宇宙探秘，你们准备好了吗？让我们一起倒数三个数，三、二、一（音乐起，汉字宇宙的三个星球缓缓靠近，来到了儿歌星球），上课，起立，老师好，同学们好，请坐。

（一）儿歌星球，读一读（享受汉字音美如歌的韵律）

1.出示课题，点出会意字

这是我们在第一单元课文中学过的象形字：日，月。当日慢慢靠近月变成了（明）字，这就是我们今天的课题：9.日月明（板书课题）。请同学们大声齐读课题：9.日月明。请问明表示什么意思呢？

（光明，明亮。）

对！在这里明表示明亮的意思。这样把两个独体字合在一起变成一个新字，表达新的意思，就叫作会意字。

明是左右结构，你们知道它的偏旁是什么吗？对，就是日字旁。日字旁的字你还知道哪些吗？（晚、晴、时、昨、早。）这些字都和什么有关呢？（和太阳、时间有关。）

快，让我们一起来感受这音美如歌的韵文《日月明》吧！

儿歌星球里藏了一把神奇钥匙，完成任务才能得到它，进入到下一个星球去探秘！你们有没有信心？

（二）汉字星球，说一说，记一记（领略形美如画的汉字）

识字教学：

（1）"男"字示范教学

这么多的生字宝宝，大家有什么好方法来记住他们呢？看，熊老师有个好办法，请看。（放视频。）小朋友们，你们有什么方法可以记住"男"字呢？

（2）小组合作学习

指导学生回答：我用（　）的方法记住了（　）字。

从、众——请学生上来演一演，板书方法：演一演。

尖、尘——请学生选词填空，辨析两个字。

（3）轻松课间操：同学们都表现得太好了，想出了许多好方法记住了生字宝宝，现在把它们送回到课文中去，你们还认识它吗？

（4）指导书写"心"字。

头正肩宽脚放平，一点压在横中线，卧勾弯弯像月牙，三点压竖中线，四点写在勾上面。

请看老师的握笔姿势：一捏二抵三衬托，现在开始书写，展台展示，学生评价，打分鼓励。

（三）快乐星球，生活中识字（感知学习汉字的作用）

生活中识字。

让我们到星球大街上去逛一逛吧！商店里鞋子品牌木林森、双鱼牌乒乓球拍、薯条包装袋、森林公园图片、回力鞋、心相印的抽纸。

认识了这么多生字我们就可以阅读我们喜爱的书籍了，如：《安徒生童话》《格林童话》。

（四）总结

亲爱的小朋友们，今天我们一起在神秘的汉字宇宙探秘冒险，大家觉得开心吗？是呀！中华文化博大精深，源远流长，汉字世界有我们之前学过的象形字，也有今天学的会意字，还有很多很多的造字方法，汉字在书本里、课文中，更在我们的生活中、交流中，只要处处留心，你就会发现汉字宇宙中更多的秘密。

（五）板书设计

9. 日月明

识字方法 想一想 加一加 猜谜语 编儿歌……

写好11个生字的星星贴

田字格范写"心" 卧钩笔顺 组词 开心 心里

（执教老师：熊沙，任教于湛江一中锦绣华景学校，广东省林爱珠名师工作室网络学员。指导老师：林爱珠、熊梅。）

黄鸿老师执教的《日月明》识字写字教学设计

【教材分析】

统编版一年级上册语文识字9《日月明》是根据会意字构字特点编排的识字韵文。前四句三字一顿，后两句是五字句式，音韵和谐，节奏明快，易于诵读，让学生感受到汉字构字的奇妙，激起他们的识字热情。

【学情分析】

一年级第一学期的学生识字量少，经过前面课文的学习，虽然初步掌握了一些识字方法，但对汉字的构成并不了解，因此本设计根据他们的现有知识与年龄特征，运用直观形象、创设情境与游戏的教学方法，激发兴趣，通过学习课文，了解会意字的构字特点。

【教学目标】

（1）认识11个生字，会写"木""林""土""力""心"5个字。

（2）正确朗读课文，初步了解会意字的构字规律。

（3）培养学生主动学习汉字的浓厚兴趣，激发学生热爱祖国汉字文化的热情。

（4）培养学生良好的书写习惯。

【教学重难点】

帮助学生了解一些会意字的构字规律，培养学生初步的认字能力。

【课时安排】

2课时。

【教学过程】（表8-2-1）

表8-2-1　教学过程概览表

教学环节	教师活动	学生活动	技术运用	设计意图
第一课时				
猜字导入，激发兴趣	（1）课件出示之前学过的象形字图片（其中含有日与月两字），让学生猜字。 （2）古人不仅根据事物的形象造出了象形字，还通过将两个或两个以上的独体字根据意义之间的关系合成一个字，造出一种非常有趣的字——会意字	学生猜字	演示PPT	统编教材识字写字教学实施策略之一：遵循学生的认知特点，培养学生的识字兴趣。猜字游戏，激起学生对汉字的探究欲望
创设情境，兴趣读文	1.认识会意字"明" （1）课件演示：日和月合到了一起。 （2）教师通过形象化的语言创设情境导学：看，光芒四射的太阳和皎洁的月亮走到了一起，组成了一个新字，你们认识它吗？（明） （3）学生看课件猜想生字"明"的意思并互相交流。 （4）给"明"组词。 （5）用语言创设情境导入韵文：日月合，生光明。田加力，男有力。中华字，真奇妙！ 2.读文感知 （1）教师范读韵文，学生指字跟读。 （2）引导学生自己借助拼音读一读，教师巡视指导。 （3）各种形式读课文，直到读正确，读流利	（1）学生交流。 （2）组词。 （3）各种形式读课文	演示PPT	教师通过形象化的语言创设情境，引导学生认识"明"，激发学生对会意字的兴趣，从而自然地引入课文。引导学生通过不同方式反复地读文，从读准字音、正确读文再到流利读文，让学生在读中感悟、读中积累，逐步让学生感知会意字的特点，加深本课生字的记忆，为接下来学习会意字做好铺垫
先扶后放，了解规则	1.学习会意字"森"和"众" （1）课件依次演示：三棵树成上下排列的图案，三个人成上下排列的图案。 （2）教师引导学生猜字、弄清结构、字义、组词	（1）猜字、组词、观察、交流	演示PPT	课内夯实识字方法的指导，培养学生自主识字的能力

续 表

教学环节	教师活动	学生活动	技术运用	设计意图
先扶后放，了解规则	（3）说说识记方法。 2.初步感受会意字的构字规律 （1）教师导学：下面请大家仔细观察一下这几个字，看看它们的构字方式与意义上有什么联系。 （2）教师介绍会意字：像"明""森"和"众"这样，通过将两个或两个以上的独体字根据意义之间的关系合成的字就是会意字。 3.引导学生进行小组合作学习课文中的其他会意字（男、尖、尘、从、林、双）。 （1）自行在文中画出其他会意字，组词，想想它的结构、意思与识记方法，探究两个字组成会意字后笔画发生了什么变化。 （2）找朋友游戏（独体字合成会意字），成功配对后全班齐说组字歌，如：日月明	（2）合作探讨、交流。 （3）找朋友游戏	演示PPT	本环节通过出示具体形象的课件，让学生直观感知会意字的构字方法，理解每个字的含义，从而激发学生对会意字的探究兴趣。游戏复现会意字更进一步强化会意字的特点。 通过教师引导，再通过学生自主、合作、探究的学习方式来进行识字，也达到让学生习得识字方法的目的，进而培养学生独立识字的能力
识写结合，培养习惯	（1）出示"木"和"林"两个字，学生读一读，组词，并选词说一句话。 （2）视频播放"木"和"林"的笔画数及书写顺序。 （3）师生交流：怎样把这两个字写得更漂亮？（一看高低，二看宽窄，三看穿插，四看主要笔画，五是注意"林"的两个"木"要靠近些，第一个木的撇变成点。） （4）握笔：一指二指捏着，三指四指托着，小小指头藏着，笔尖斜杆后靠。 写字：头正肩平身直，本放正离一尺，手笔尖离一寸，身与桌离一拳	（1）观察与总结。 （2）齐背与练字。 （3）评价	播放"木"和"林"的书写视频	本环节识字与写字相结合，重视培养良好的写字习惯。体现了统编教材写字教学的常用策略：导练展评
	第二课时（略）			
趣忆生字，练习说话；先看后写，方法指导；总结方法，拓展延伸。				

板书设计：

日月明

明 男 尖 尘 从 众 林 森

（执教老师：黄鸿，任教于开发区第二中学小学部，广东省林爱珠名师工作室网络学员。指导老师：林爱珠。）

第三节 智慧课堂阅读"情境体验式1+n"板块教学案例评析

阅读教学案例评析一：

创设情境，重个性素养，形成方法妙
——评谢安全老师执教的《乡下人家》

《乡下人家》这篇课文紧扣"独特、迷人"，描写了六幅田园风光的画卷，展现了乡下人家的朴实、自然、和谐。基于本文的特点，结合学生实际，谢安全老师创造性地组织了这节课的教学，值得借鉴。

一、重视组织，形式蜕变

教师不再受传统的授课模式所局限，倡导了以"小组合作学习"为主的新模式：课前导学—课中合作互学—教师点拨释疑—成果展示交流—课堂训练检测。大胆地让学生的自学前置，课堂上重抓学习成果的探究以及展示。

二、创设情境，彰显个性

整节课，教师始终把学生摆在主体地位，不失时机地创设机会让学生充分地展示自我。课堂上时不时地听到"我从××中体会到……""我学会了……""我还有××不明白……""我认为××同学所说的……我要补充……"这些积极的信号告诉我们，学生的学习是积极的，是主动的。

三、讲究方法，形成素养

谢老师的课讲究方法，语文素养得到有效的关注。这种课堂的组织最忌讳的是肤浅、流于形式。而这节课不然，教师放而不纵，引导到位，点到即止。让学生的语文素养在这看似天马行空的课堂活动中得到了提升。例如，对于重点词语与句子的理解，读与写的训练等在这节课中都占有很大的分量，而且取得了一定的训练效果。

具体环境点评详见实录。

〔沈建东，湛江经开区新民小学教导主任，湛江经开区名师工作室主持人。广东省林爱珠名师工作室助理，湛江市中小学教育科学"十三五"规划重点课题立项（课题批准号2019ZJZD009）课题组成员（课题主持人林爱珠）。〕

附：

谢安全老师执教的《乡下人家》教学设计

【教材分析】

《乡下人家》是一篇精读课文，它用质朴而生动的文字向读者呈现出一幅田园风光的写意画卷。课文通过描绘一个个自然、和谐的场景，展现了乡下人家朴实自然、和谐、充满诗意的乡村生活，也赞扬了乡下人家热爱生活、善于用自己勤劳的双手装点自己的家园、装点自己生活的美好品质。本单元以"走进田园，热爱淳朴乡村"为主题。意在让学生通过朗读，感受充满诗情画意的田园美景，体验自然质朴的田园生活，体会作者的表达方法，丰富自己的语言积累。

【学情分析】

四年级的学生已经具备了自主识字，自主学习的能力，课前让学生通过查字典自主认识本课的生字，理解词语的意思，读通、读懂课文。我校地处农村，学生比较熟悉农村生活，但是很少有学生真正地认真观察过自己生活的环境。因此，课前让学生认真观察自己村庄的事物、人们的生活，然后运用积累的阅读方法，通过观察和朗读引起共鸣，感受乡村生活的美好。

【学习目标】

（1）正确、流利、有感情地朗读课文。

（2）了解课文内容，走近乡下人家，感受田园诗情，激发学生对农村生活的兴趣和热爱。

（3）让学生自由品味优美语言，积累精彩句段。

【教学重难点】

引导学生自主地随文章的叙述在头脑中浮现出一幅幅生动的画面，体会从平凡的事物、普通的场面从而感受到乡村生活的美好。

【教学过程】

（一）情境导入

播放《走在乡间的小路上》（欣赏乡村风光图片）。

师：听！老师为你们带来了什么？看这画面，听这音乐，你们知道这是什么地方吗？

生：这是乡下。

（设计意图：创设情境，直观感受乡下美景，从而让学生进入优美的情境，激发其学习的兴趣，巧妙地导入新课。）

（二）课文内容回顾

师：快速浏览课文，找一找文中的哪句话能写出作者的感受？谁来读读？

生："乡下人家，不论什么时候，不论什么季节，都有一道独特、迷人的风景。"（展示句子。）

师：谁知道什么是"独特"啊？

生："独特"是说它的风景跟城里的不同。

师：作者都写了哪些独特、迷人的乡村风景？（指导学生概括。）

生：屋前搭瓜架、门前种鲜花、屋后春笋冒、院里鸡觅食、河中鸭嬉戏、门前吃晚饭、夜静催眠曲、乡下人家美。

（三）小组合作学习课文

师：乡下人家有这么多美景，找出你最喜欢的一处或几处，在小组内读一读，并谈一谈自己的体会。

（1）学生自由读书，教师巡视。

（2）小组合作讨论、探究自己喜欢的内容。（讨论气氛异常热烈，大约用了10分钟。）

（四）学习成果展示

小组一：我们喜欢的——屋前搭瓜架

生：请大家跟我们小组看第一自然段。齐读。

生：我们画的重点词是"装饰"。因为在城里，特别漂亮的东西才能叫作装饰，而在乡下，普通青藤结的瓜被称作装饰，所以我认为乡下人家独特。

生：我觉得这样的装饰是很可爱的。在城里也许看不到那么自然的，也没有那么可爱，而且也没有那么有生机。

师：是的，你们看，高楼门前蹲着的石狮子和竖着的大旗杆你们见过吗？（出示课件）是这样子的吗？什么样的感觉？

生：我觉得石狮子和旗杆每天都是一样的。看久了就觉得腻。乡下人家种的瓜每天都会长，都看不腻。

师：哎，这样一对比使我们强烈地感受到这瓜和藤的可爱。那你能读出这份可爱来吗？来，自己先试试。

小组二：我们喜欢的——门前种鲜花

生：我对"朴素中带着几分华丽"这句话不明白。

师：很好，遇到问题就要大胆提出来。请看"朴素和华丽"这两个词，不说它是反义词，可它是相互矛盾的，是吧？哎，这是为什么呢？不急，咱们再读读句子，看看，能不能读出答案。（生读。）

师：为什么朴素中还带着几分华丽呢？这份美独特在哪里？

生1：因为门前场地上种几株花，芍药、凤仙、鸡冠花、大理菊，就是种的花种类非常多，颜色也非常鲜艳，所以说"朴素中带着几分华丽"。

生2："朴素中带着几分华丽"是说明花本来就是很漂亮的，那些花都是很普通的花，在哪儿都能见到，嗯……不用装饰就能显示出自己的漂亮，所以就说"朴素中带着几分华丽"。

小组三：我们喜欢的——屋后春笋冒

生1：读了这段话，我们体会到：乡下人家的屋后是充满生机的。我从"探"字体会出来的。春笋是在下完春雨之后再从土里探出头来，像一个可爱的娃娃，所以我认为它是充满生机的。

生2：笋，只是指一种植物而已，可是作者用拟人来写笋，所以我认为它充满生机。

师：你们真会读书。你看，作者用一个"探"字，一个拟人的动作让我们感受到了笋芽儿在润物细无声的春雨中破土而出的那可爱的景象，你们喜欢吗？

小组四：我们喜欢的——院里鸡觅食

生：请大家跟我们看第三自然段。我们想把鸡的自由觅食读出来。（学生体会读。）

师：乡下人家的这些鸡为什么能这么自由自在呢？

生1：在城市里，大家都很喜欢小动物。小动物需要一定的生活条件，可人不能给它生活条件所以就没法养。而乡下的鸡都可以到处跑，所以它们很自由！

师：乡下人家给了它们很好的条件，说明乡下人家对这些鸡怎么样啊？（生齐答：喜爱。）

小组五：我们喜欢的——河中鸭嬉戏

生：我们从作者笔下知道了乡下人家的鸭也是自由自在的，快乐的。

师：你把这段话读给大家听吗？哪一句话能读出它们的自由自在？

生：即使附近的石头上有妇女在捣衣，它们也从不吃惊。

小组六：我们喜欢的——门前吃晚饭

生：我们从乡下人家吃晚饭的情景中体会到他们很快乐，很和谐。大家看——

师：你是怎么体会到呢？

生1：享受着大自然的和谐风景，外面凉快，非常舒服。

生2：大家都搬到外面吃饭，热闹、舒服。……

师：那你就把这种感觉读出来吧！（生朗读。）

小组七：我们喜欢的——夜静催眠曲

生汇报：我们听着纺织娘的叫声，眼前仿佛出现了一幅美好的画面，所有人随着纺织娘的歌声甜蜜地进入梦乡。

（五）拓展（小练笔）

师：你想象中乡下的冬天会是怎样的？

生动笔写一段简短的话。写完后进行佳作欣赏。

（六）师小结

有了同学们这一幅冬景图啊，现在我们真可以大胆地说——乡下人家，不论什么时候，不论什么季节，都有一道独特、迷人的风景。（结合板书小结。）

（七）布置作业

（1）小作：把《乡下的冬天》写一个完整的片段。

（2）抄写课文中喜欢的优美的句子或段落。

【板书设计】

乡下人家

植物　　瓜、花、竹子
动物　　鸡、鸭　　　　　　　独特　迷人
人　　　自然、和谐

（执教老师：谢安全，湛江经开区觉民小学教导处主任，湛江市优秀教师，广东省林爱珠名师工作室网络学员，湛江市林爱珠名师工作室成员。指导老师：林爱珠。）

阅读教学案例评析二：

双线并进板块清　情境创设理念新
——评陈碧云老师执教的《牛和鹅》

《牛和鹅》是第六单元"童年生活"人文主题下的首篇文章，与其他课文呈现形式不同的是本课呈现了学习伙伴的批注，而本单元的语文要素正是"学习用批注的方法阅读，落实通过品人物的动作、语言、神态体会人物的心情"。

一、目标明确，理念新

在上课之前，教师通过复习动作词和描写声音的词语来导入，接着就让学生关注课文的奇特之处，引出批注这一概念，来引导学生循序渐进的学习批注，使学生明确批注的角度，可以从不同的方面进行归纳总结。

二、学法指导，方法妙

本堂课安排两次小组合作学习，无论是交流学习批注的角度，还是迁移运用批注方法完成课堂练习，教师都能走到小组中，了解学生合作效果，讨论焦点，认知的进程。

三、读中自悟，情感深

在教学课文第五段时，为了让学生体会"我"见到鹅时的恐惧心情，陈老师除了让学生关注可以从人物的语言动作神态体会人物的心情外，还可以通过多种形式来指导朗读，让学生掌握朗读的语气、语调，进而真正体会人物的心情。学习完课文后，陈老师还通过训练来检测，巩固和落实本节课的学习任务，做到一课一得。

总之，陈老师这节课板块清晰，充分体现了林爱珠老师的智慧课堂理念，是一节精彩扎实的课例。（李祥、林爱珠）

附：

陈碧云老师执教的《牛和鹅》第二课时教学设计

【教学目标】

（1）学习批注的方法，试着从不同的角度给课文作批注。

（2）借助相关词句，体会"我"见到鹅和被鹅袭击时的心情以及鹅的嚣张。

【教学重点】

（1）重点：用批注的方法阅读课文，理解课文。

（2）难点：抓住关键词句，体会"我"见到鹅和被鹅袭击时的心情以及鹅的嚣张。

【教学过程】

板块一：直接导入，复习字词

今天我们继续学《牛和鹅》，下面先来复习复习。齐读，读后你发现了什么？

板块二：走进文本，认识批注

同学们，你们发现今天的课文与以前的课文有什么不一样吗？它有个名字叫批注。

批注？什么叫批注？

以前我们在阅读文章时，会觉得某个词很生动，用横线或波浪线画出来，这叫符号批注。今天，我们学习用文字批注来学习这个有趣的故事。

请看文章第一自然段，请两生读。这两处有联系吗？有什么联系？这种方法就是"提出疑问"。这事情指什么？

（出示第二批注）这是哪个自然段的批注？批注中有个"写"字，表明它是从"评点写法"方面来写批注的。

（出示另外三个批注）大家看看，这三个批注是从什么角度来写的呢？记录感受。

板块三：深入文本，研读品悟

1. 学习3、4自然段

现在，我们试着自己写批注。

（1）出示学习要求：读课文第3、4自然段，"我"对牛和鹅的态度有什么不同？找出相关语句体会体会，试着在旁边空白处用简洁的文字写批注。

（2）学生自主学习。

（3）交流分享。"我"对牛和鹅分别什么态度？（板书。）

① 我们先来关注对牛的态度。我们是怎样欺负牛的？哪段写到这个内容？你的批注是什么？（批注很简洁，有不一样的吗？）全部合起来写，批注会更完善。哪些句子写"我们"欺负牛的？哪些词语写出"我们"不害怕牛的？

读红色的字。

② 看，老师把它变成这样的三字词，结构一样了。出示三字词，让一生读。全班一起读，并做动作。

③ 对鹅的态度呢？哪些句子看出来的？这句抓住人物的哪些方面来描写？

④ 能通过你的朗读，让我们感受到小作者的害怕吗？

2. 学习5~7自然段

同学们，因为对鹅害怕，所以就有了以下的人鹅混战。

学习要求：默读5~7自然段，一边读一边画出相关词句，你关注的可以是描写"我"的表现，也可以是描写鹅的表现，选择你感受最深的地方，在空白处写批注。

（1）学生运用批注的方法阅读5~7自然段。

（2）交流分享，在交流批注的过程中去理解课文。

解读鹅：你的批注是什么？从哪句话看出来的？请两个学生读。请看"当胸的衣襟"，你的在哪里？请揪住不放，不要认为是你的手揪住，就是那只老雄鹅。你什么感觉？请你读出这种感觉。

赶紧在旁边写上批注。那是她的感觉，你的呢？

继续汇报批注。老师也有批注。啪嗒啪嗒、吭吭可以去掉吗？

面对这样的嚣张、目中无人、凶悍的鹅，课文是怎样写"我"的呢？你的批注是什么？

出示一段话。你的批注是什么？从哪句话看出来的？

① 我们马上都不说话了，贴着墙壁，悄悄地走过去。我的心里很害怕，怕它们看见了会追上来。请找出动词，这些动词体现出我的——，我呀，怕到——，怕到——，怕到——，让我们一起读出。

② 当时的"我"吓到什么程度？"我"吓得脚也软了，更跑不快。

抓住"脚也软了"体会惊慌失措的样子。

③ 忙乱到什么程度？在忙乱中，"我"的书包掉了，鞋子也弄脱了。

"我"又哭又叫，"我"会想些什么？"我"叫些什么？

④ 请读一读。"鹅要吃我了，鹅要咬死我了！"让我们感受到"我"的害怕。

这些是动作语言心理的描写，我们看出作者的确是怕鹅，怕得胆战心惊、魂飞魄散。

（3）读描写"我"的句子，在鹅面前，你仿佛看到了一个怎样的"我"？

一个狼狈不堪以及那种极度恐惧、胆小如鼠、惊慌失措的"我"。

板块四：运用方法，训练检测

这节课，我们学会了用提出问题、评点写法、记录感受的方法来写批注，下面，我们来练习。希望大家以后在阅读文章时，用上我们今天写批注的方法，能更好掌握书中的内容。

【板书设计】

牛和鹅	批注
	提出问题
欺负牛	记录感受
害怕鹅	评点写法

（执教老师：陈碧云，任教于遂溪县第四小学，小学语文高级教师，湛江市小学语文骨干教师，广东省林爱珠名师工作室学员。指导老师：林爱珠）

阅读教学案例评析三:

在情境创设中寻找"语文味"
—— 评唐希暖老师执教的《临死前的严监生》

著名特级教师王崧舟曾说过:"一堂好的语文课,首先得有'语文味'。语文味越浓,课就越好。"正是基于这样一种认识,唐希暖老师在教学《临死前的严监生》一课时践行了这一教学理念,教出了浓浓的语文味。其语文味主要体现在三个方面:

一、创设情境"读味"

阅读教学以读为本,这是语文教学的本质特点。例如,朗读,它既是一种能力,也是理解内容、体会思想感情最常用的方法。读的次数多、内容多、形式多,有利于感悟和积累,有利于废止烦琐的分析,有利于打破沉闷、呆板的课堂气氛。唐老师的这节课,读的形式多样,读的目的明确,读的层次分明。例如,初读感知环节,由于这是一篇古典白话文,它和现代白话文在表达上有很多不同之处。因此,唐老师创设多种读的情境,先让学生通读全文,画出不懂的字词。然后指导学生借助课文注释、根据上下文理解古典白话文和现代白话文不一样的词语。例如,"一声不倒一声""郎中""监生""登时"等。理解一些通假字,如"已后""记念"等。理解了词语之后,又继续引导学生通过个人读、集体读、朗读、默读等多种形式把课文读准读顺。这个环节的教学,既训练了学生的朗读,又使学生掌握理解词语的方法,初步感知了文章的大体意思。总之,整堂课书声琅琅,读味十足。

二、创设情境"品味"

文章的作者吴敬梓在刻画严监生这个人物形象的过程中,最具创造力、讽刺意味和文本张力的就是严监生临死前的那一幕,那经典的"两根指头"和"三次摇头",使严监生成为中国文学史上甚至是世界文学史上著名的"吝啬鬼"。这都归功于作者在人物刻画上那惜墨如金、寥寥数笔,却活灵活现、入木三分的功力。而要真正感受严监生的吝啬,必须细读文本,透过严监生的动作、神态,走进他的内心。"品味"就是品词品句,咬文嚼字。唐老师引导学生抓住文中描写严监生临死前三次摇头动作、神态的三处重点句子进行了表演朗读和对比朗读。"品读、品读","品"离不开读。例如,师生表演朗读环节,教师读,学生演,学生扮演严监生做三次摇头的动作;又如,对比朗读,教师假设三次"摇头"的描写都去掉修饰成分,效果会有什么不同。这样品读,让学生体会作者描写的微妙变化和不同的表达效果,感受运用语言文字的精妙之处,感受严监生丰富的心理历程,揣摩作者的写作特点。这一环节的教学充分体现了教师十分重视引导学生进行语言的学习。"语文的本体是什么?显然不是语言文字所承载的内容,即'写的什么',而是用什么样的语言形式来承载这些内容,即'怎样写的'。语文要学的就是'这个',语文味所指的就是'这个味'。"(王崧舟语)

三、创设情境"悟味"

"悟味",就是感悟、领悟,即不用分析而自己从语言文字中领会其内容、情感、表达方式等,这是发展学生思维、提高学生语文阅读水平和能力的有效方法和途径。怎样"悟"?例如,在教学"众人看严监生时,点一点头,把手垂下,登时就没了气"时,唐老师启发学生思考:刚才是"总不得断气",现在是"登时就没了气",由此你发现了什么?我认为这个问题问得恰到好处,很有价值:一是这个问题是在品读之后才提出来的,水到渠成;二是解决了这个问题也就解决了文章的主旨,具有深度。问题提出后,教师没有急于让学生马上回答,而是让学生通过读书、讨论、思考之后回答。学生终于明白:作者前面的直接描写、间接描写、细节描写、讽刺手法等都是为了刻画严监生爱财如命的吝啬鬼形象。让学生再一次感受了中国语言文字的博大精深。

总之,唐老师执教的《临死前的严监生》,整堂课都充满了语文味,是语文课堂教学的一个范例,他的教学理念和教学方法很值得我们学习和借鉴。

附:

唐希暖老师执教的《临死前的严监生》教学设计

【教材分析】

《临死前的严监生》这个片段记叙了严监生临终前因灯盏点了两茎灯草,伸着两根指头不断气,直到赵氏挑掉了一茎,才一命呜呼的故事,刻画了爱财胜过生命的守财奴的形象。

通过对这个片段的阅读，一是让学生感受严监生这个鲜活的人物形象。二是从中体会作者动作描写、肖像描写、心理描写及细节描写等写人的方法。另外，还要通过本篇课文的学习，进一步激发学生阅读中外名著的兴趣。

【教学目标】

（1）正确、流利地朗读课文，在读中感受严监生吝啬的形象。

（2）学习作者抓住人物的动作、神态描写表现人物性格的方法，利用课文留下的空白，补充人物的心理活动。

（3）激发阅读中外名著的兴趣。

【教学重难点】

体会人物心理活动变化，学习通过动作、神态的描写表现人物性格特点的写作方法。

【教学过程】

板块一：创设情境，竞猜入课，重温典型人物

（1）教师描绘人物形象，学生猜答。（诸葛亮、武松、孙悟空等）

神机妙算，足智多谋，手持鹅毛扇。（诸葛亮）

武艺超群，酒量过人，赤手空拳打死老虎。（武松）

手持金箍棒，捉妖降魔，七十二变。（孙悟空）

（2）教师比画手指动作，学生猜答。

（点评：这样的课前情境植入看似"俗"，却又让人屡试不爽，欲罢不能。短、平、快的师生交流，既能迅速激发学生参与文本学习的兴趣，又能水到渠成地找到切入文本学习的契合点，自然而然地让学生披境入文。）

板块二：创设情境，初读揭题，感受严监生的富有

（1）读题导入。师：知道今天我们要学习哪篇课文吗？谁再来读读这个课题（读错的要纠正，强调"监"的另一个读音jiān）。举起你们的小手，跟着老师一起书写课题。

（2）理解"监生"。师：眼睛特别亮的同学肯定发现课题的右上角有个小序号"①"，说明下面有它的解释，谁来说说"监生"的意思。对，监生是古代对读书人的一种称号。就像秀才、进士之类的是吧！打个比方吧！（指着一生。）你就是秀才，你贵姓？那么我们就可以叫他（她）——

所以，这个姓严的监生自然也可以叫他——

167

（3）让我们来读读课题底下蓝色方框里的阅读提示，读完后告诉大家你知道了什么。

（4）感受严监生的富有。（严监生怎样有钱呢？让我们来看看这段话。）

（点评：幽默、轻松、平等、和谐的课堂教学气氛所呈现出来的教学效果无疑是高效的。学生在愉悦的心境中轻而易举地感悟了严监生的富有。）

板块三：创设情境，细读文本，走进人物内心

（1）我们来看看临死前的严监生到底是怎样的（出示"严监生喉咙里……伸着两个指头"。）师：这个句子比较长，可不好读，大家先试着读读这个句子（个人读）。读着读着，面对严监生的病情，你想到了哪些词语来形容？能不能把这些体会送到句子里读出来，让我们一听就感觉奄奄一息了！（全班读。）已经奄奄一息了却总不得断气，为什么？（心事未了。）对了，所以我们很自然地把目光投向了严监生从被单里伸出来的两个指头。（板书：两个指头。）我们都知道，严监生很有钱，一般情况之下，这样的人在临死前会想到什么？（金银珠宝、遗产分配、亲人朋友……）是啊，严监生身边的人也是这么想的。请大家细读课文，找出大侄子、二侄子、奶妈的猜测。（师根据学生回答相机板书：两个亲人　两笔银子　两位舅爷。）

（2）师：这三个人有没有猜中？我们能从哪些句子一读就知道！（根据学生回答，屏幕出示严监生反应的句子。）

同桌合作读：一人读猜测，一人读严监生的反应。看看你的朗读是否能让大家仿佛看到严监生。

师生合作读：听大家读得这么起劲，老师也想跟大家一起读。我来当大侄子、二侄子和奶妈，你们当严监生，看看谁的朗读能让大家如见其人。

抽生1分角色朗读。（师评价：临死的人能把头摇得这么利索吗？）

抽生2分角色朗读。（师评价：读得很好，两眼也睁得滴流圆，可是还没有读到他的心里去。大侄子猜不着，二侄子又猜不着，你说他心里会怎么样？——着急、生气。）

抽生3分角色朗读。（师：这时候，奶妈来了……生读，师评价：我想问一下，严监生这时候把眼闭着摇头，眼睛都不想睁开了，你说他现在心里又会是怎样的？——绝望。）

（3）学生想象人物内心，练习写话，同桌交流，汇报。

① 严监生喉咙里痰响得一进一出，一声不倒一声的，总不得断气，还把手从被单里拿出来，伸着两个手指头。大侄子走上前来问道："二叔，你莫不是还有两个亲人不曾见面？"他就把头摇了两三摇。他着急地想。

② 二侄子走上前来问道："二叔，莫不是还有两笔银子在那里，不曾吩咐明白。"他把头又狠狠地摇了几摇，越发指得紧了。他生气地想。

③ 奶妈抱着哥子插口道："老爷想是因两位舅爷不在跟前，故此纪念。"他听了这话，把眼闭着摇头，那手指着不动。他绝望地想。

（4）同学们有没有发现，听着诸亲六眷的猜测，严监生从头到尾一直在干什么？（一直摇头。）讲到这里，老师有个疑问，作者为什么不直接写严监生的语言呢？（学生释疑。）既然都是写摇头，那我这样写好吗？（课件出示对比。）仔细读一读，比较一下，把你感受到的作者写这三次"摇头"的好处跟大家交流一下。

生交流汇报。（估计学生会回答：写得很详细，很生动，既有动作、神态描写，甚至从他三次的摇头中感受到他心情的变化。）是呀！这样的描写使我们仿佛看到了——

像这样把人物的动作、神态甚至心情进行这么细致的描写，这就叫作细节描写。（板书：细节。）

（5）同学们哪，面对大侄子、二侄子、奶妈轮番的猜测，严监生的头还是不停地摇，手还是不停地指着，他就是放心不下啊！还是他老婆赵氏了解他的心哪，这就叫：知我者，赵氏（老婆）也。（师引读：赵氏慌忙揩揩眼泪，走近上前道……抽两生分别读赵氏说的话和严监生的反应。）刚才是"总不得断气"，现在是"登时就没了气"，你从这里读懂了什么？（心事了了，就安心地死了。）让他念念不忘的是什么？（板书：两茎灯草）你说两茎灯草能值多少钱？可是在严监生心里呢？（比生命、亲情还重要。）是的，我们来看看这幅插图。看到了吗？这两茎灯草滋滋地烧着，也是在烧着严监生的心哪！这真是"一茎灯草不挑，两个指头不倒"。严监生啊严监生，你真是——（吝啬鬼 守财奴 铁公鸡）。（板书：吝啬。）

同学们，以后你们遇到吝啬的人，你的脑子里就会马上跳出一个人，谁？（严监生。）想到哪个情景？（两个指头。）真是人物描写中的经典啊！它就是这样地让人印象深刻！

（点评：对于严监生这个人物形象，教师如抽丝剥茧，层层递进，从对语言的理解、感受、对比、运用到人物描写方法的探讨再到写作风格的感知，如此纵深的命题却在师生轻松愉悦的交流中瓜熟蒂落、水到渠成，可见教师课堂驾驭功力之深。）

板块四：创设情境，拓展延伸，将学生阅读触角延伸到课外

（1）让我们再来见识一下世界四大吝啬鬼。（屏幕出示。）

（2）打开《儒林外史》，里面有两百个读书人：有小时候放牛却刻苦求学而成名的画家王冕，也有中了举人而发疯的范进，有在考场上代人考试、吹牛的匡超人，还有讽刺了自己的女儿使其自杀，他却说死得好死得好的穷秀才……走进《儒林外史》，你将感受到人物描写精彩无限！

（点评：见识世界四大吝啬鬼，推荐阅读《儒林外史》，看似是离开了文本，但其实却又在反哺文本，我认为这才是真正的文本超越。超越文本不是游离文本之外，更不是弃文本于不顾，而是在深入解读文本的价值、意义和写法之后，提炼出文本的属性。我认为这也是教者的本意吧。）

【板书设计】

临死前的严监生（吝啬）

两个指头（细节）

两个亲人　两笔银子　两位舅爷

两茎灯草

（执教老师：唐希暖，湛江经济技术开发区调文小学副校长，广东省林爱珠名师工作室网络学员，湛江市林爱珠名师工作室成员。指导老师：林爱珠。）

阅读教学案例评析四（策略教学单元）：

闪耀着智慧课堂教学理念之光的策略单元教学
——评钟小真老师执教的《竹节人》

各位小语智慧课堂追梦人：

大家好！国家督学成尚荣教授指出："课堂教学改革就是要超越知识教育，从知识走向智慧，从培养'知识人'转为培养'智慧者'。"那么，什么才是培养'智慧者'的智慧课堂？今天来自林爱珠名师工作室的钟小真老师就

给予了我们很好的回答。在我看来，钟老师的《竹节人》足够能称得上是一堂闪耀着智慧之光的智慧课堂。我个人粗浅地认为，钟老师的这一节《竹节人》，至少闪耀着三道智慧之光。

一、智慧来自——目标定位精准而富有时代性

《竹节人》是一篇新课文，更是被编排在了"阅读策略单元"，它跟普通的"阅读单元"不一样，它是统编版教材的一个创新单元，它的目标就是教给学生有效的阅读策略、阅读方法，因此，这一篇课文乃至这整单元的主要教学任务就是教会学生"有目的地阅读"。抓住了这一目标，其他目标如果忽略不顾，也不为过。钟老师就是充分把握住了这一核心目标，并让它自始至终贯穿全课，步步深入，层层落实。钟老师如果没有用当前新教材、新课改的教学智慧武装自己的头脑，是不敢这么决然地把这么精准的目标定位一步走到底的！然而，钟老师更明白，教学的目的不仅仅是知识，更是培养人的智慧。这智慧除了知识之外，更包括能力、品质、精神。因此，《竹节人》一课更是关注了在自主、合作、探究与品悟、想象、讲述等学习活动当中对学生自主探究的能力与品质、合作学习的能力与品质、想象创新思维与品格发展等目标给予渗透落实。钟老师培养的是具有自我阅读能力、合作探究能力与具有良好学习品格以及创新精神的，能够适应当今乃至未来社会的，充满智慧的大写的人。这样的目标定位，精准而更富有时代性，是智慧教学的充分体现。

二、智慧来自——课堂结构精密而富有灵动性

《竹节人》这一课以展开"有目的地阅读"为主线，设计了"板块式"课堂教学结构。每一板块着眼于解决某一任务，内容集中、目的明确、结构清晰、层次分明。然而，每一个板块又不是孤立的。钟老师所设置的各个板块，都是紧扣"有目的地阅读"这一策略教学主线，从明确策略到学习策略，再到总结策略，层层推进，一线串珠。而在"学习策略"这一重要板块，又依次以三个情境任务展开教学，从扶到放，从学到用，板块间，既相对独立，又环环相扣、螺旋推进，在宏观中，板块式教学结构构成了一个精密有序的立体教学网络，有效地促进了教学目标的落实、学习知识的内化以及综合能力素养的形成。然而，在微观中，钟老师又在"学习策略"这一重要板块的教学当中，着眼于学生的知识能力的主动获得。通过创设学习活动情境，发放学习单等方式，放手学生自读自悟、合作探究，同时借助品读、想象、还原等教学策略，让课堂教学灵动活泼、妙趣横生！精密而又灵动的板块式课堂教学结构的设计，为课堂教学增添了智慧。

三、智慧来自——教学方法精当而富有实效性

我个人创造性地认为，《竹节人》是一节"任务驱动型体验式板块教学"的智慧课堂的课。钟老师的更高智慧来源于对于本课的教学采用了"任务驱动型体验式"的教学方法策略。显而易见，钟老师在"学习策略"的这一个主要板块当中借助任务情境的创设，给学生提供了体验实践的学习情境和感悟问题的情境，引发学生探求真知的欲望，以生为本，使学生真正成为学习的主体，引导学生围绕不同的阅读任务，主动地参与学习实践，并在自读自悟、合作共探中经历学习的活动过程，促使学生在参与式的学习体验中，主动地建构探究、实践、思考、运用以及解决问题的高智慧学习体系，培养出自主学习、主动探索、勇于开拓创新的高能力、高品质、高智慧的一代新人。钟老师的高明之处在于，钟老师深知，学生高能力、高品质、高智慧的获取，还必须来自课堂教学当中的"语言、审美与思维"等核心素养的体验提高。在教学中，钟老师在引导学生在体会玩具的"乐趣"，以及想象场景和生动讲述故事时，引导学生浸润在字里行间细读、细品，并通过画面呈现、场景还原和猜测想象等方法策略，引领学生在品读中体悟、在想象中体悟、在情境中体悟，体验文字的意象，体验文字的意境、体验文字的意情与意蕴，在入情入境的体验中，读懂文字、习得语言、获得思维的创新与情感的熏陶，在落实阅读策略目标的同时，又有效地落实了语文要素和人文主题。丰满了课堂教学的实效性。当然，教学是一门缺憾的艺术！短短的40分钟，是再怎么着，也满足不了我们众多语文追梦人的一一渴求的！因此，我也在混沌中思索，这一堂充满智慧之光的课品，还有什么美中不足的呢？

（1）教学还应该引导学生在比较深入地领悟"阅读目的不同，所运用的方法也不同"上下功夫。例如，在引导学生体会"玩具的乐趣"和"生动讲述故事"时，可以选择具体的着力点，引导学生作较为深入的品读、体悟或猜测、想象，从而在深化"阅读方法不同"这一策略目标的同时，也能有效地凸显语文课堂教学的"语文味"与"人文味"。

（2）故事贴合学生生活，能够充分地激发学生自身的情感体悟。教学中，如果能够创设更为逼真甚至是真实的情境，让学生们在做一做竹节人、玩一玩竹节人、演一演竹节人的趣味性活动当中，真情实景地容身体验，就更能够有效地激发学生更浓烈的学习兴趣，从而获得更佳的教学效果。（沈建东、林爱珠）

附：

钟小真老师执教的《竹节人》教学设计

【文本解读】

本文是阅读策略单元里的第一篇课文，课文的安排主要是对制竹节人、斗竹节人以及老师没收竹节人却也自己偷偷玩竹节人的叙述与描写，让学生感知同一篇文章，阅读目的不同，关注的内容、采用的阅读方法也会有所不同。

【教学分析】

六年级的学生是第一次接触部编版教材，本次是部编版教材中出现的阅读策略的最后一个单元。因此，六年级的学生对此前部编版教材的内容有着断层的现象，所以在教学的过程中，教师要适当地与各年级所学的阅读策略关联起来。例如，预测、提问、有速度阅读。

【教学重难点】

（1）重点：能根据不同的阅读任务，快速读课文，找到相关内容，再仔细阅读，达到阅读目的。

（2）难点：引导学生通过小组学习，依据不同的任务，懂得运用有效的阅读方法进行阅读。

【课前准备】

学习单、制作课件。

【教学过程】

（一）课前交流

同学们，我们一起来聊一聊有关读书的话题吧！你们喜欢读书吗？喜欢读哪些书？

是啊，老师也喜欢读书，读书使人聪慧，读书使人明智，读书使人高尚！

（二）新授部分

板块一：前后勾连明确任务

（1）找出本文与以前文章的不同，引出课文前面的阅读提示。

生齐读阅读提示，谈感受。

明确三个学习任务，引出阅读策略。

总结小学阶段的阅读策略。指明本节课的学习任务：运用阅读策略来学习《竹节人》。

（2）复习谈话导入

同学们，通过上节课的学习，我们已经初步了解了本课的内容，谁来谈谈，印象最深刻的是什么？（学生谈，教师相机指导。）

预设：竹节人很有趣，竹节人真好玩，这样的老师你们喜欢吗？

这么有趣的竹节人是怎么做的呢？引入板块二。

板块二：设情境用方法读文章

1. 情境任务1

假如我们开了一家玩具专卖店，要出售竹节人这种玩具，请你参阅课文，写一份"竹节人"的制作指南及使用说明书。

（1）小组讨论：为了完成这个任务，你们打算怎样读这篇文章？

（2）梳理方法：

快速读全文——找到相关内容——再仔细读——提取关键信息。

（3）读课文，找到有关内容。

（4）请小组长领取学习单，在小组内进行讨论学习，选取优秀的学习单进行小组汇报。

学习单内容（表8-3-1）：

表8-3-1 竹节人制作指南表

竹节人制作指南	
材料	
工具	
制作方法	

2. 情境任务2

有人说，在当今时代，像竹节人这样的玩具，早就没人玩了，请你从课文中找出足够的依据，说说传统玩具竹节人的乐趣。

品读句子：

竹节人手上系上一根冰棍棒，就成了手握金箍棒的孙悟空，号称"齐天小圣"，四个字歪歪斜斜刻在竹节人背上，神气！

……

咚锵咚锵咚咚锵！咚咚锵！

竹节人就是一条线，串起了一件件事，也带出了一个个人，引出了一份份儿时的情趣！

3.情境任务3

假如课文中的那个老师是你的班主任王老师，请你讲一讲王老师的故事。要求描述事情的起因、经过和结果，尽量复述得生动有趣！（课件十一）

学生汇报，老师适时指导，引出复述时要加上想象，要加上细节描写，才能使复述的故事更加生动！

板块三：归纳梳理，总结方法

略。

板块四：课后练读

运用这节课学习的方法阅读《莫泊桑拜师》。

【板书设计】

阅读策略：有目的地阅读

阅读方法：提取关键信息

品读关键词句

复述

（执教老师：钟小真，任教于坡头区第一小学，小学语文高级教师，湛江市小学语文骨干教师，广东省林爱珠名师工作室学员。指导老师：林爱珠。）

阅读教学案例评析五：

功夫在"读"之外　精神在"悟"之内
——评王秋丹老师执教的《伯牙绝弦》

《伯牙绝弦》一文，以文字的质地论之，属妙品；以文学的气韵论之，属神品；以文化的神采论之，属极品。伯牙遇子期，乃三生有幸；《绝弦》遇秋丹，也算是对得起各自的造化了。王秋丹老师执教的《伯牙绝弦》，大气磅礴而又荡气回肠，我们依然能够透过文字的描述和演绎，进入那堂课如泣如诉、如醉如痴、如坐春风、如沐春雨的感人现场。

一、功夫全在一"读"字上

《伯牙绝弦》一课，其文字的质地如何，功夫全在一个"读"字上。把古文读通，对多数学生来说实非易事。朱熹有言："凡读书，须字字响亮。不可误一字，不可少一字，不可多一字，不可倒一字，不可牵强暗记，只是要多诵遍数，自然上口，久远不忘。"把功夫扎扎实实地下在读原文上，实乃学好语文之金玉良言。王老师精心设计的导学案，无论是读准、读熟，还是读懂，都做得老老实实、踏踏实实、扎扎实实。

就读的具体方式而言，可谓五光十色、琳琅满目。正音读、强调读、展示读，以此做到字字响亮、声声精准；角色读、语气读、节奏读，以此做到有板有眼、抑扬顿挫；通过演绎角色读出形象、通过设身处地读出情感、通过融入意境读出心声，进而达致"使其言皆若出于吾之口，使其意皆若出于吾之心"的化工之境。

一个"读"字，若蛟龙，上天入地；若江河，青山遮不住，毕竟东流去。本分的"读"、本色的"读"、本真的"读"，在《伯牙绝弦》一课中声振林木、响遏飞云、余音绕梁、三日不绝。

二、精神贵在一"悟"字上

悟不离读，读不离悟。总是读读悟悟、悟悟读读，方能收读悟不二、悟读一体之功效。

王老师执教的《伯牙绝弦》一课，读不是一个环节，而是像光一样辐射到课的全部时空。而"悟"呢，则如影随形，出入相伴。读在哪儿，悟就在哪儿；读到何时，悟到何时。读的，自然就是原汁原味的文字，悟呢，则显出诸多精神和见地来，且往往别出心裁、独出机杼。

先说"言语形式"之悟，这是小古文教学中语文意识的一种烛照。对于《伯牙绝弦》的言语形式，王老师将着力点牢牢聚焦在"伯牙鼓琴，志在高山，钟子期曰：'善哉，峨峨兮/若/泰山！'"这一句。此句为全文的文眼，是知音情谊的点睛之处，也是全课的课眼。对此，王老师谙熟于心。全课，对于语言形式之品读，聚焦于此句；对于知音情谊之品悟，也锁定于该句。语文要素与人文主题有如鸟之双翼、车之两轮，在课堂教学进程中相辅相成、一气呵成。

再说"意象情味"之悟，则可圈可点之处比比皆是。譬如四个"善"字之异的点拨，譬如"志""念"之同的钩沉；譬如"伯牙""子期"心境的绵密咀嚼等。

悟"言语形式"，悟"意象情味"，所悟者无非"琴声"。琴声者，实乃心声也。藉于教师的层层点化，学生终于悟向"知音"。《伯牙绝弦》所言，是两位知音之间的那种生命与生命在交流碰撞以后所产生的心心相印，心有灵犀，这是两个生命的叠加，两个人其实是一个人。这是一个人的两半，一半渴望表达，另一半渴望倾听，无论渴望表达还是渴望倾听，他们都渴望理解，一种生命深处、灵魂深处的精神契合。

全课教学着一"悟"字，让知音的精髓，穿越历史、穿越时空，激荡着经久不衰的文化魅力。

三、境界妙在一"化"字上

《伯牙绝弦》一文，以文化神采论之，实乃极品。知音文化流布千年，早已成为中国文化人的一种独有的精神基因。"绝弦"一事，公认为知音文化中最具识别力的文化符号。

刘勰说："知音其难哉！音实难知，知实难逢，逢其知音，千载其一乎！"（《文心雕龙·知音》）人各有志，情思何异？真正的相知尚且艰难，认同则更是出于万一，因此刘勰要感叹"逢其知音，千载其一乎"。知音之意义，正在于知音者能从万人之同中认识到我一人之异，并倾心认同。

有人谓伯牙"破琴绝弦"谢知音的方式不可取，有人谓"终身不复鼓"实在不值、为知音代价太大。凡此种种，不一而足。这种古典情怀、经典人文岂容我辈这些不知音者以现代精神、时代意识的名义解构之、颠覆之？

可喜的是，王老师对知音文化有着一种自觉和担当。课始，王老师以知音故事情境引入，再以"绝"字的造字而释义悟情，已为其文化课堂打上了烙印；课中，王老师将知音放在一个心灵互通的生命语境中，从知念到知志，又从知志到知心，进而悟得知音的真正内涵——心有灵犀、心心相印，其教学的归旨即为知音文化；课终，王老师又运用对比手法，通过创设情境，音乐渲染，反复诵读，让学生的心灵从遇知音的喜悦中跌落到失知音的悲痛里，进而设计了小练笔，让学生在为伯牙痛苦绝望的悲凉之情发出深深的感慨中，充分领悟了"千古知音最难觅"的知音文化主题。

而所有的一切，王老师要做的，只是一个"化"字。以文化之，以象化之，以情化之，以心化之。《高山流水》之琴音，在融入课堂语境的同时，也深深地进入了学生解读知音的心灵，将知音的千年文化清清爽爽、明明朗朗地呈现在每个人的眼前。（沈建东、林爱珠）

附：

王秋丹老师执教的《伯牙绝弦》课堂教学设计

【教材分析】

中华文化在"知音"这方面最形象最深刻的阐释，莫过于"伯牙绝弦"的故事，这个故事是交朋结友的千古楷模。《伯牙绝弦》全文虽然只有77字，却引起我们的对知音的神往以及那种透彻心扉的审美体验，更让我们感受到了音乐艺术的无穷魅力。根据课文的选编意图，教学本文，我继续渗透文言文的基本阅读方法，在借助注释、联系上下文的基础上还能用现代语汇去补充，帮助学生读懂文章大意，然后依托语言，加强朗读，让学生读中理解，读中悟情，层层深入地感知"知音"的真正内涵。并引导学生展开联想和想象进行表达的方法，使学生实现文化意象的传承，受到传统文化的熏陶。

【学情解读】

学生在五年级学过《杨氏之子》，对文言文独特的语言表达有所感受，初步了解了一些理解文言文词句的方法，在此基础上理解此文词句更容易些了。为了消除学生对文言文难以读懂的恐惧感，增添学习的乐趣，深入感知"知音"的含义，我在教学过程中设计了故事情节，配合音乐的渲染，引导学生展开联想与想象，并引导学生进行多方式多层次的朗读，让知音文化渗透到学生的朗读中，让学生在读中理解，读中悟情。对于小学阶段的学生而言，读是最简单最有效的学习方法。

【教学目标】

（1）朗读课文，背诵课文。

（2）能通过自读自悟，运用借助注释、联系上下文和借助课外资料等学习文言文的基本方法，理解词句意思，读懂故事内容，并能用自己的话讲讲这个故事。

（3）积累中华经典诗文，感受朋友间真挚的友情。

【教学重难点】

学生能凭借注释和工具书读通、读懂课文内容，在此基础上记诵积累。感受朋友间相互理解、相互欣赏的纯真友情。

【教学过程】

板块一：创设情境，初解绝弦

（1）故事情境引入（课件出示课文插图与人物名）。

（2）板书课题，学生"书空"。

（3）欣赏"绝"字的造字，理解字义。

出示课件。老师边演边解——"绝"字的右下是古代跪坐的人形，右上的是"刀"，左偏旁（纟）是一束丝（不是一根丝），"人"用"刀"把一束"丝"全部割断，一丝不剩。

（4）解题、读题、设疑。

"伯牙绝弦"是什么意思？

板块二：纵情吟诵，感受古韵

1. 尝试读——初读课文，整体感知

（1）出示导学提示：请同学们自由读课文，借助拼音把字音读准，再读一读注释，把句子读通。（学生自由读课文。）

（2）集体交流："哉"和"兮"的读音和字义，指导朗读，读出感叹语气。

（3）把"哉""兮"放到词语和句子中去读。

（4）学生初试读全文。

（5）（出示课件）集体交流：第一组：四个"善"字；第二组："念"和"得"；第三组："谓"和"乃"。解释字义后让学生讲解句子的意思。

2. 多角度、多层次指导朗读、背诵

（1）展示读——按句子读，师生合作读课文，然后师生互换角色，再次合作。

（2）模仿读——指名分角色读。

（3）诵读——出示半填空式，学生尝试背诵。

板块三：理解故事，感悟知音

1. 根据课文说出文意

指导学生说说课文的大意。

2. 创设情境，感悟知音

（1）创设情境：让我们穿越时空，回到那个八月十五的晚上，汉阳江边，皓月当空，琴声阵阵，伯牙和子期一个鼓，一个听，当伯牙心里想到高山，钟子期不由得赞叹道——（出示句子：善哉，峨峨兮若泰山！），指导学生读出泰山的巍峨雄伟。

当伯牙心里想到流水，钟子期听得如痴如醉，再一次发出由衷的赞叹——（出示：善哉，洋洋兮若江河！）（生齐读。）

（2）角色扮演，老师当伯牙弹琴，学生当子期赞叹。（出示课件。）（《高山流水》音乐起，师作弹琴状。）

例如，师：我志在徐徐清风，你钟子期曰——生：善哉，徐徐兮若清风！

（3）引出句子——伯牙所念，钟子期必得之。（出示课件。）生齐读。（板书：所念、必得之。）

（4）（引导学生积累词语：心有灵犀、心心相印。）只有这样心有灵犀，心心相印，只有这样知志、知念又知心的人，才可以叫作——知音。（板书：知音。）

板块四：破琴绝弦、祭奠知音

（1）师：有道是"相识满天下，知音能几人"，传说这次相遇让伯牙和子期都相见恨晚，他们约定第二年中秋再相会，可是，万万没想到的是，当伯牙兴冲冲地赶到汉阳江边，他见到的不是子期，而是一座冰冷的墓碑！

（2）课外知识拓展。明代小说家冯梦龙在《警世通言》这本书中记载，伯牙在子期的墓前写下这样一首短歌。

（出示短歌，师生深情吟诵。）

（3）写作训练：面对着伯牙的痛苦与绝望，把你想对他说的话写下来。

板块五：高山流水，传唱知音

（1）配乐《高山流水》，诵读全文。

（2）出示课件：

作业：①课外积累古今表现真挚友谊的故事。②收集古今交友名句。

【板书设计】

伯牙绝弦

所念　　必得之

知　音

（执教老师：王秋丹，小学语文高级教师，湛江经开区龙水小学教师，学校大队辅导员，广东省林爱珠名师工作室网络学员、湛江市林爱珠名师工作室学员。指导老师：林爱珠、陈文伟。）

阅读教学案例评析六：

关注文体　领悟表达
——评李祥老师执教的《桥》

李祥老师执教的《桥》，是智慧课堂阅读体验式板块教学的范例之一，板块清晰，情境恰当。

一、四个板块

板块一：关注环境描写，在品读语言中感受洪水的凶猛，为推动情节服务。

板块二：关注人物描写，在对比词语中感受老汉的形象，为衬托品格服务。

板块三：关注情节发展，在悬念跌宕中感受情感的真挚，为升华主题服务。

板块四：关注文本延伸，在现实生活中感受故事的真实，为深化表达服务。

二、四个意识

（1）精心创设文体导入情境，落实语文要素意识。

（2）巧妙创设语言品读情境，落实积累习惯意识。

（3）灵动创设训练活动情境，落实运用表达意识。

关注文体特点，领悟表达特色。

（4）深入创设社会生活情境，落实人文主题意识。

李老师课前与学生的这段谈话，让学生对"微型小说"的文体特点有了大致的了解。这种与即将要进行的学习关联性很强的导入，是促成有效教学的前奏。在简短的交流中，李老师与学生们一起分享了对"小说"的了解，如内容、体裁等。

①巧学词：为学习语言做铺垫。

清瘦　沙哑地喊　冷冷地说　揪出

咆哮、狞笑、放肆、势不可当

生2：第一行是表现老汉，第二行是表现突如其来的洪水的。

这样的精简学习，目的是为下文学习这篇微型小说语言做埋伏。既避免了面面俱到，又恰到好处。

②妙积累：感受语言文字的魅力。

点评：语言是需要积累的。《课程标准》第三学段阅读教学目标指出：在阅读中了解文章的表达顺序，初步领悟文章的基本表达方法。本环节教学设计通过对环境描写入情入境的学习，引导学生从朗读中感受语言文字的魅力，感悟环境衬托写法及修辞手法、短句的运用对环境氛围渲染的妙处。在这篇微型小说的教学中，李老师抓住它的语言特色——短句短段渲染紧张的气氛。比喻拟人增强语言的表现力。

出示导学提示：文中有多处关于大雨和洪水的描写，它们在表达上很有特色，你发现了吗？找出来，读一读，和同学交流这样写的好处。李老师让学生积累描写暴雨洪水的句子的过程非常细腻：先是通过对短句的品读理解，感受暴雨的大、猛。"黎明的时候，雨突然大了。像泼。像倒。"两种方法（急促、缓慢）声情并茂的朗读，体会不同的朗读方法表现短句带来的相同的表达效果。接着，老师用一个音乐上的渐强符号品出了"山洪咆哮着，像一群受惊的野马，从山谷里狂奔而来，势不可当。"山洪的凶猛疯狂气势；再用抓关键词语的方法体会"近一米高的洪水已经在路面上跳舞了。死亡在洪水的狞笑声中逼近。水渐渐蹿上来，放肆地舔着人们的腰。水，爬上了老汉的胸膛。"这一系列拟人句的表达效果，通过品味"跳舞、狞笑、舔着、爬"这一组描写人的动词，通过巧妙地引导学生理解和品读，体会感受这比喻句把洪水的疯狂肆虐的魔鬼形象表现得淋漓尽致，渲染了危急、严峻的氛围；这里还隐含着学法迁移，教学方法的运用显得详略得当。这些无不体现着李老师在引领学生细品语言的高超技巧。

③深感悟，体会人物的思想感情。

李老师采用了"两组词语相互对比"的阅读策略，对比村民们的惊慌与老汉的镇定这对矛盾，既将故事情节推向了纵深，也烘托和反衬了老汉的形象。

……

（板书：如山。）

这个环节的设计充分透彻地体现了《课程标准》"阅读性作品，了解事件梗概，能简单描述自己印象最深的场景、人物、细节，说出自己的喜爱、憎恶、崇敬、同情等感受"。同时也"能联系上下文，理解词句的意思，体会课文中关键词句表情达意的作用"这一目标要求。

④重文体，领会表情达意的作用。

《桥》这篇课文讲述了一位普通的老共产党员在洪水面前，以自己的威信和沉稳、高风亮节、果决的指挥，将村民们送上跨越死亡的生命桥。他把生的希望让给别人，把死的危险留给自己，用自己的血肉之躯筑起了一座不朽的桥梁。以往教师们在执教这篇课文时，会不约而同地把教学重点放在：抓住老汉的语言、动作、神态等描写，感受老共产党员无私无畏、不徇私情、英勇献身的崇高精神。李老师执教此课时，重视文体特点，带领学生去发现微型小说的表达特色，让人耳目一新。这是《全日制义务教育语文课程标准（2011版）》颁布后，一节十分典型的从"教课文"转向"教语文"的示范课，值得借鉴、研究和推广。

李老师教学《桥》这篇课文时，紧紧抓住微型小说语言简洁、环境渲染、结尾巧设悬念这样三个特点来组织教学。通过学习描写老汉的句子，让学生体会到语言简洁的特点；学习描写洪水的句子，让学生感受到环境衬托的作用；讨论为什么到结尾才告诉我们老汉与小伙子的关系，让学生揣摩到巧设悬念的好处。这样一来，就完全跳出了"内容分析式"的阅读教学的窠臼。

纵观整堂课，指向的是"教语文"，但又不失情趣，言意兼得，水乳交融。通过品味、朗读、摘抄、积累等多种方式，既让学生感受到老汉的光辉形象，又领悟到语言表达上的特色。课堂上时而声情并茂地朗读，时而又静悄悄地圈画、用心书写。阅读教学很容易走极端，强调人文性，容易走向得意不得言的矫情造作；强调工具性，又容易走向理性有余感性不足的窠臼。而这节课，让我们看到了内容学习和表达领悟的高度统一，这个度拿捏得恰到好处。

王荣生教授主张：阅读不同文体的文本，应该采取不同的阅读姿态和方式。同样，教学不同文体的文本，应该采取不同的阅读教学策略。思想决定高度，思路决定出路。理念转变后，教学的关注点立刻就发生变化。"文无体不立"，小学语文教学要关注文体特点，这一理念将成为新一轮课改的研讨重点，值得我们大家一起关注、思考。

附：

李祥老师执教的阅读课例《桥》的教学设计

【教材分析】

微型小说《桥》是一篇精读课文，文章塑造了一位普通的老共产党员的光辉形象，面对狂奔而来的洪水，他以自己的威信和沉稳、高风亮节、果断的指挥，将村民们送上跨越死亡的生命桥。他把生的希望让给别人，把死的危险留给自己，用自己的血肉之躯筑起了一座不朽的桥梁。这座桥梁是党以老支书为代表的优秀共产党员密切联系群众的"桥"，这是课文以"桥"作为题目的深刻内涵。

【学情分析】

六年级学生已具备一定的朗读能力，语言感悟能力。对于本课扣人心弦的故事，学生的阅读主动性、积极性应该很高，但对共产党员面对危险时不徇私情、舍己为人的精神理解恐怕不够深入，也理解不了桥的深刻含义。

【教学目标】

（1）知识能力目标：认识词语，有感情地朗读课文。

（2）过程方法目标：以读为本，通过多层次、多形式的读来感悟课文，并创设情境，在场景的对比中理解人物精神品质。

（3）情感态度目标：让学生逐步深刻感受到老汉不徇私情、舍己为人的高尚品格。

（4）通过老支书的神态、语言、动作感受人物形象，领悟课文表达上的特点。

【教学重难点】

重点：引导学生抓住课文中令人感动的地方，感受老共产党员无私无畏、不徇私情、英勇献身的崇高精神，体会课文在表达上的特点。

难点：理解题目所蕴含的深意。

【教学准备】

准备相关视频、背景音乐及重点句子的课件。

【教学过程】

（一）激趣导入

（1）课前交流：同学们，我听你们学校的老师说你们非常喜欢读书，是不是？

（2）谈话引出微型小说：地球上最后一个人独自坐在房间里，这时，忽然响起了敲门声……

（3）板书课题，齐读课题。

（二）复习词语导入，检查学生课前预习生字词情况

（1）课件出示生字、词，抽读、齐读，正音。

（2）强调易错字的字形。

（设计意图：高年级虽然生字词的教学已不是重点，学生也有自学的能力，但对于易读错和写错的字还是需要提醒。）

（三）创设情境，品读课文

（1）让学生快速浏览课文，画出描写大雨、洪水的句子。

（2）小组合作学习，体会句子特色，感受洪水的凶猛。

（3）学生汇报，教师相机指导朗读。

（4）课件出示描写大雨、洪水的句子，引导理解，相机指导读。

（设计意图：引导学习文章的形象生动的比喻和拟人的表达方法，有效地指导朗读。为学习描写老汉的部分感受老汉的崇高精神做铺垫。）

（四）抓关键词语，在对比写法中感受形象

（1）小组自主学习，面对狂魔似的洪，水人们和老汉的表现又分别是怎样的呢？

（2）学生汇报读，体会人们的"惊慌"和老汉的"镇定"，感受老汉的光辉形象。

（3）指导朗读，师生合作互读，引导学生探究：清瘦的老汉，为什么像一座山？

（设计意图：两组词语的对比，在这里既是一种写法，也理应成了一种读法，于是，它也顺理成章地成了一种教法。正所谓"写法决定读法，读法决定教法"。）

（五）从"揪"和"推"中体现老汉的党员光辉形象

（1）在老汉的组织下，人们有序地奔上木桥，就在这个时候，一个意外的情况发生了，到底发生了一件什么事？

（2）在危在旦夕的时刻，老汉把他儿子从队伍里揪出来，那是他的亲骨肉啊！他是不是不爱他的儿子？你从哪看出？

（3）老汉为什么要揪出小伙子，他又是在什么情况下把小伙子推上木桥，对比"揪"和"推"，体会父亲的伟大形象。

（设计意图：放手让学生抓住文章的重点内容去读、品、议、质疑，通过老汉对乡亲、对自己、对儿子的言行的感悟，让学生从内心深处感受无私无畏、不徇私情、英勇献身的老共产党员的光辉形象，体会作者用词的准确。）

（六）揭示悬念，感受老汉的父爱。

（1）文章的结尾给我们揭示了一个怎样的真相？

（2）对于这样的结尾，你有什么疑问？

（3）练习巩固：体会老汉和小伙子的内心独白，感受老汉深深的父爱。

① 老汉从队伍里揪出儿子：儿子啊，＿＿＿＿＿＿＿＿＿＿＿＿

② 小伙子瞪了父亲一眼：父亲啊，＿＿＿＿＿＿＿＿＿＿＿＿

（设计意图：抓住一切有利的时机对学生进行说话训练，把学生的语文基本功训练落到实处，且了解表达特点，领悟写作方法，更加感受到老汉深深的父爱。）

（七）总结拓展

（1）这是一座怎样的桥？

（2）在现实生活中，像老汉一样的优秀共产党员有很多，比如——（焦裕禄，任长霞等）。

（设计意图：结合生活中的事例，使学生进一步理解桥的内涵，受到情感的熏陶和感染。）

（八）布置作业

老师向同学们推荐几篇微型小说，你们可以用今天的学习方法去读这些作品，如果你感兴趣，还可以写一写微型小说呢。

（设计意图：课后的拓展阅读能让学生总结这类课文的特点，更好地感悟人物精神品质，培养良好的道德情操。而更重要的是能让学生以课文为中心，进行辐射阅读，把书读好。）

【板书设计】

12 桥

（生命之桥）

老汉如山　关注环境

洪水如魔　关注细节

儿　　子　关注情节

（执教老师：李祥。指导老师：林爱珠。）

第四节　智慧课堂习作"情境体验式1+n"板块教学案例评析

习作教学案例评析一：

情境创设环环相扣　板块设计层层递进
——评林晓云老师设计的习作《多彩的活动》

林晓云老师的这篇习作《多彩的活动》教学设计既具有"四环情境式"板块习作教学设计典型的特征，又具有创新性的特点。

这个设计具有"四环情境式"板块习作教学的典型特征，体现在以下几点。

一、板块清晰，层次分明

1. 导入课题，拓展思路

这个设计先从课题导入，由学生熟悉的生活环境入手，初步创设了真实的写作情境。

2. 短文赏析，复习场面描写

这个板块以熟悉的课文文本为例，复习学生的旧知，为后面的习作做了铺垫。

3. 创设情境，体验游戏

这个板块创设了一个游戏情境，引导学生一边玩一边体验一边说过程和感受，这个情境的创设非常适合小学生的年龄特点，让学生在玩中学，玩中做，玩中写。

4. 当堂习作，随机指导

这个板块在写法的指导和情境的创设后，趁热打铁，在情感的迸发状态和写法思路的指导下，笔下之花油然而生，正所谓"情动辞发"。

5. 片段展示，习作讲评

这个板块是讲评板块，这是对学生初次习作后的修整，是让学生明条理、抓重点、写生动、见思想的重要环节。

6. 布置习作任务

由于课堂的时间有限和内容的限制，习作的课堂不仅仅限于教室，也要延伸到课外，培养学生语文即生活的语文观。这样的设计是基于学生的认知基础，是符合学生的学习规律的。

二、设计合理，情境恰当

在这个设计中，分别运用了创设生活情境、模仿文本创设情境和创设活动情境三种情境创设的方法。

（1）创设生活情境体现在第一个板块，"知之者不如好之者，好之者不如乐之者"。这个情境激发了学生的生活经验，触动了他们的写作欲望，拓宽了他们的写作思路。

（2）模仿文本创设情境体现在第二个板块。经典文本是最好的范本，是最好的老师。学生通过复习旧知，巩固场面写法技巧。在后面的习作中会自觉地模仿经典文本的写法，或与经典文本做比较。

（3）创设活动情境体现在第三个板块，这是这次习作的重点。通过真实的活动，让所有的学生都动起来，参与进来，有所体验，关注自己，观察别人。这样的情境激发学生情感，提供了写作的材料和内容，让每个学生都有话可说，有事可写。这节课的情境创设符合这次习作的内容和要求，也适合学生的需求特点。

三、环环相扣，层层递进

"四环情境式"板块习作课堂教学模式的四个基本环节为：情境创设、情动辞发、范文引路、检验反馈。情境式板块习作教学呈现了"形象思维"——

"语言符号"—"逻辑思维"的梯度提升。

这个教学设计虽然有六个板块，但基本上落实了"四环"的层次设计。在第一、二、三板块中分别运用了情境创设法，在第二个板块中"范文引路"，在三次的情境创设和方法的指导中，学生得法得言，情动辞发，水到渠成。最后通过"检验反馈"，提升了习作的整体水平，学生既得言又得意。

这篇习作《多彩的活动》教学设计并没有完全按照"四环情境式"板块习作教学范式来设计，它有创新点。

（1）林老师对"四环"的顺序做了调整，把"范文引路"放到第二个板块，这也是符合学生的学习规律的。学生刚刚学习了这篇课文，所学的"点面结合"的场面描写方法也是这次习作的重点，放在前面来复习，能更好地指导在活动游戏中运用这个方法来写场面。

（2）这个教学设计主线分明，训练点集中。这个设计从题目的引入，到范文引路，到游戏活动，到当堂习作，到习作讲评无不不断地强化场面描写的方法，从生活经验到知识储备到知识运用到知识强化，从感性到理性，从知识点到生活的运用，整个训练环节层层递进，学生的习作能力螺旋上升。

总而言之，林晓云老师的这篇习作《多彩的活动》教学设计是一篇具有板块创新的"四环情境式"板块习作教学范例。（周立聪、林爱珠）

附：

林晓云老师执教的《多彩的活动》教学设计

【教材分析】

这是一次以记事作文为主的作文训练，写作的内容是"多彩的活动"。但文题对进行什么活动，参加活动的时间、地点、哪些人等都没做任何限制，因此，写作时还要具体拟个题目，要写清楚活动中各个发展变化的环节，尤其是有趣的环节要具体、细致地写；同时还要把参与活动的不同人物的不同反应写清楚，不可面面俱到，要抓住人物典型的反应。通过记叙一次有趣的活动，突出活动给人的启迪和教育。

【学情分析】

学生写作的困难往往是缺少素材或不会积累素材，因此写作时有些同学要么搜肠刮肚、东拼西凑，要么仿写范文、编织故事，使文章显得干巴巴，缺乏真情实感。本次写作指导将以此为突破口，引导学生把事情的经过说清楚。

【教学目标】

（1）围绕中心，有条理、有重点地记叙一次活动，要做到详略得当，中心突出。

（2）通过有针对性地指导和训练，学习场面描写的基本方法：抓住细节，既要写好场面中的"点"，又要写好场面中的"面"，使人物形象丰满，性格鲜明。

（3）引导学生用心观察生活，多思考，使作文有深度。

【教学重难点】

通过经典场面描写，让学生掌握场面描写的基本方法。在描写活动场面时，注意点面结合，既关注整个场景，也要注意学生的表现。

【教学过程】

板块一：导入课题，拓展思路

师：同学们，你们曾经参加过哪些活动？（学生交流。）

小结：这节课我们就来学习第二单元的习作部分——《多彩的活动》。（板书课题。）

（设计意图："知之者不如好之者，好之者不如乐之者。"要想让学生有创作的激情，一定要写他们生活中经历的活动，使他们想写，愿意写，只有这样才能充分调动学生的积极性和主动性。）

板块二：短文赏析，复习场面描写

师：通过第二单元的学习，我们了解到场面描写就是特定的时间与地点内对许多人物活动的总体情况的描写（课件出示）。我们还学习了点面结合写场面的方法（板书：点面结合）。今天我们再来探讨一下怎样进行场面描写。

（1）师：请默读《狼牙山五壮士》中的这段话，看看这个场面写了些什么？是怎样写的？（课件出示《狼牙山五壮士》第二自然段内容。）

（2）师小结：是啊，这段话运用点面结合写场面的写法，既让我们深切体会到战斗的激烈，又让我们感受到五壮士的英勇无敌和同仇敌忾。

板块三：创设情境，体验游戏

1. 提出任务

师：现在，我们来玩一个有趣的游戏！这个游戏的名字叫"拼句游戏"。

（板书。）

2. 说明活动规则（课件出示）

（教师先给每个同学发一张小纸条。）游戏的规则是：全班同学分为四小组，第一至四小组同学分别在纸条上写上"谁"（名字）、"在什么地方"（地点），"怎么样"（心情或神态）、"干什么"（事情），然后从四种纸条中各挑出一张，拼成一句话，看谁拼的句子最有趣。

板块四：当堂习作，随机指导

1. 教师进行片段作文的指导

师：同学们，如果我们要把刚才拼句游戏中的一个场面写下来，需要注意什么呢？

现在，请同学们运用点面结合的写法描写拼句游戏中的一个场面吧。

课件出示以下内容：

请运用点面结合的写法描写拼句游戏中的一个场面。

注意：

（1）既关注整个场景，也注意个别同学表现（动作、语言、神态）。

（2）选择的"点"和"面"能围绕一个中心来写。

2. 教师巡视指导

学生作文，教师巡视指导，了解学生作文情况，做到心中有底。

板块五：片段展示，习作讲评

1. 课件出示评价标准

略。

2. 评价学生的作文片段

指名作文写得较好的学生上台朗读。

（设计意图：学生不是天生就会修改作文的，教师引导学生学习修改的步骤和方法，使学生在修改作文的训练过程中，逐步养成修改作文的习惯，提高能力，增强兴趣，乐于表达。）

板块六：布置习作任务

如果我们要把刚才的游戏过程写下来，那应该注意什么问题呢？（引导学生说出所写游戏的名称和规则，还要把游戏写得有趣。写出游戏中的体会。）

（设计意图："活动作文"就是要充分调动学生的积极性，观察游戏，体验游戏。口头表达时，教师要对动作、表情的描写做引导，帮助学生完成由形象到文字的转化。）

【板书设计】

多彩的活动

神态　　　　　　拼句游戏

（执教老师：林晓云，任教于雷州市新城中心小学，广东省南粤优秀教师，广东省林爱珠名师工作室学员。指导老师：林爱珠。）

习作教学案例评析二：

情境体验书真情
——评符丽霞老师执教习作《我想对您说》

符老师的这节课充分体现了部编版教材的思路，体现工作室主持人林爱珠老师提出来的"情境体验式板块教学"的理念，具有以下特色。

一、板块鲜明，条理清晰

本节课围绕着林爱珠名师工作室的智慧课堂的"体验式板块教学"的理念进行设计，从"情境导入、审题指导、选材点津、写作提纲、增加亮点、范文赏析"这六大板块环环相扣，创设了合适的情境，让学生在体验中找到我手写我心的真实感，从而实现教学目标。

二、板块整合，前后勾连

在教学中注重单元与其他课型板块的整合和关联，符合部编版教材的编写理念。五年级的习作与单元内容、口语交际等板块设计有着紧密的联系，教师在教学的过程中回顾了课文的内容，让学生找出其中存在的关联。教材重视习作过程的分解指导，通过各种方式，给学生提供自我体验。

三、巧设情境，训练到位

教师通过引导学生将凝练的关键词，简单的句子尽可能场景化，充分挖掘了学生生发语言和铺展语言的能力。通过这些实践的训练让学生学会写完整的篇章，并能把重要的内容写具体。

附：

符丽霞老师执教习作《我想对您说》的教学设计

【教材分析】

习作《我想对您说》要求学生给父母写一封信，表达自己对父母的爱。部编版教材采取了读写分编，兼顾读写结合的方式。这次的习作是建立在学习了《慈母情深》《父爱之舟》《"精彩极了"和"糟糕透了"》《口语交际"父母之爱"》的基础上进行的。教材的编排环环相扣，层层深入，从主题内容落实到语文要素中去。

【学情分析】

这次习作，旨在引导五年级学生把课内所学的表情达意的方法，运用于自己的习作中，并能结合具体事例写出人物的特点，学会让"笔下的故事本身说话"，在具体的故事讲述中来表达真情。

【设计理念】

此次写作是基于本组教材、口语交际学习的基础之上，学生对父母之爱有所感悟，而自然表达心声的练笔。此次单元的三篇课文，从选择素材、写作方法、题目确定等为孩子们的习作提供了很好的范例。

上海大学李白坚教授指出，习作教学应从"前作文"开始，要教会学生"摄取生活素材"的本领。习作指导课前，应该让学生有比较充裕的时间与空间，通过观察、体验、收集资料等来进行"源头活水"的摄取。

【教学目标】

（1）让学生选择最想跟父母说的话，畅所欲言，表达真情实感。

（2）联系生活实际让学生充分地体验父母之爱的伟大与无私，从而培养学生习作能力和爱父母的思想感情。

（3）作文语句通顺，条理清晰，详略得当。

【教学重难点】

（1）重点：运用本单元表情达意的方法。

（2）难点：学会让"笔下的故事本身说话"，正确引导学生理解与感恩父母，与他们进行真诚的沟通和交流。

【教学关键】

关键：语言描写、动作描写等方法的准确使用。

【教学过程】

板块一：情境导入

（1）出示《游子吟》的诗歌。

（2）出示图片，联系自己的实际情况，谈谈父母从我们出生到现在给予了我们什么？

（3）你可能和爸爸妈妈无话不谈，也可能平时与他们交流得不多。但是，你一直有一些话要对他们说。说说你的心里话吧。让他们了解你在想什么。

板书：我想对您说。

板块二：审题指导

（1）朗读课题。

（2）出示习作要求：

① 写自己的心声，可以表达对父母的感激之情，或不一致的看法，或与他们之间的误会。

② 习作重点：学习以第一人称来写作，真切地表达自己的情感与想法。

③ 以书信的格式写出你最想说的话。

④ 用恰当的语言表达你的看法和感受，让他们体会到你的爱，理解你的看法，接纳你的建议。

（3）小组交流讨论。

板块三：选材点津

（1）写什么内容和范围。

① 因跟父母看法不一致而不愉快。

② 因被父母冤枉而不愉快。

③ 因自己做了错事或成绩不好，受到父母批评而不愉快。

④ 对父母的养育之恩的述说。

（2）出示例句，请男女生分别有感情地朗读。提要求：选择你想说的一句话把句子补充完整。

可以回忆和他们之间难忘的事，表达对他们的爱。

可以讲你对一些事的看法，表明你已经长大了。

可以向他们提出一些建议。

（3）学生评析、教师小结。

板块四：写作提纲

作文提纲是写作文时构思阶段的产物。一般包括以下三部分的内容：

（1）题目。

（2）主要内容和中心。

（3）结构的安排。

安排好材料的组织顺序。先写什么，后写什么，全文一共准备分为几段，每段写什么，要以小标题的形式、按照一定的顺序把材料组织起来。

板块五：增加亮点

（1）讨论：在写作时，我们怎样才能让这次的习作更具体、生动呢？

从四篇课文节选出人物的"语言""动作""外貌表情""心理活动"的描写片段，体会作者如何进行描写，从而让故事本身说话。

（2）顺学而导，方法选择：①细节描写：写出与父母交流时的对话、心理活动；②抓住人物的动作描写；③真情实感：说真话，写真事情，真情才能打动人心，习作中要融入自己的真实感情。

（3）指名交流，教师从两个方面加以引导：①说具体；②写感人。

（4）出示作文纸，学生动笔美美地痛快地习作。

板块六：范文赏析

（1）请两位学生朗读自己完成的习作。

（2）其他学生从多个角度说出欣赏点。

板块七：总结

今天你们用自己的方式把爱表达出来了，老师觉得你们很了不起，真的很棒！给自己鼓鼓掌！

板块八：作业

把你们的习作读给父母亲听。

【板书设计】

我想对您说

说真话，表达真情

借助语言、动作、心理描写

抓细节，展现人物

（执教老师：符丽霞，任教于雷州市雷高镇叶梅小学，多次被评为"优秀教师"，广东省林爱珠名师工作室的学员。指导老师：林爱珠。）

第五节　智慧课堂口语交际"情境体验式1+n"板块教学案例评析

口语交际教学案例评析一：

创设情境乐交际　畅谈理想理念新
——评陈小旋老师执教的《长大以后做什么》

陈小旋老师的这节课创设情境激发表达兴趣，体验式板块设计条理清晰，激发学生乐说、想说的愿望，从而提高口语交际能力。在课堂中，陈老师巧妙地识职业、谈理想、说理由、拓思维等环节，呈现了口语要素：眼睛看，礼貌说，微笑讲，认真听，态度亲。这样清晰明了让学生习得讲话的方法，营造了交流气氛，搭建了表达的平台。口语交际课突出的是口语交际的"交际功能"，强调的是交际过程中的"互动"。陈小旋老师的课尽管每次口语交际训练的重点不一样，但是其核心始终是关注学生的"倾听、表达与应对"三种能力；始终是要放手让学生大胆、自信、快乐地"说"。通过个体的、群体的"说"，来培养学生运用语言的习惯、发展学生语言思维、锻炼学生的思辨能力。陈老师的口语交际课，在"说"上做足了功课，学生在聊天中说，在小组合作中说，在讲台上面对大家说。"说"的花样繁多，师生之间、生生之间，个人与群体之间，敢说、会说、乐说，深度、广度、精彩度俱显。

教师在教学过程中安排了以下几项内容：

（1）玩一玩，职业体验（照片：体验职业游戏）。

（2）访一访，家人邻居（录像：访问家人及家附近商场的销售员）。

（3）认一认，识字加油（复习：语文园地二有关职业名称的词语）。

（4）让学生充分认识生活中的"职业"。

（5）猜一猜，职业着装（通过着装猜职业、说职能）。

（6）想一想，未来理想（小组合作，畅谈理想。用上这样的句式：我长大以后想做，因为……）。

（7）听一听，伙伴愿望（学会倾听他人的心声，采访同伴：要求大家注意看看她是怎样提问，而同伴又是如何应答的）。

（8）评一评，交际素养（养成交际的素养：注意看、细心听、微笑说、礼貌问、大胆答、态度亲、认真读、用心悟）。

（9）演一演，记者采访（红领巾广播站记者采访，从中落实价值观以及口语交际要素。可以用上这样的句式：我是红领巾电视台的记者×××，请问你长大以后想干什么？你为什么选择这个职业）。

（10）问一问，立志理由（同伴互访，注意口语交际要素，说清楚，态度亲）。

（11）赞一赞，行业状元（职业不分贵贱，三百六十行，行行出状元。例如，李万军等）。

（12）试一试，现场本领（活学活用，现场互动态度亲，学会尊重欣赏人，理想就能乐开花）。

（13）写一写，种下理想（写一写愿望卡，贴在愿望树上，从小努力奋斗，等待理想开花）。

（14）读一读，拓展思维（读绘本《长大以后干什么》，悟真理：世间万物有理想，努力奋斗梦成真）。

我们可以看出，每一项教学内容都与本课教学目标紧密联系。教师显然注意到教学内容与教学目标的关系，生成的教学内容也有明确的目标性。

不仅如此，这节课遵循了低年级的教学规律，学生的认知水平和课程标准去设计教学过程，认真听别人讲，努力了解讲话的主要内容，与人交谈，态度自然大方，再到以各种形式去表达，由易到难，循序渐进，让学生积极参加讨论，敢于发表自己的意见。教学环节是课堂实施的依据，"口语交际课"和其他课型一样，也要遵循循序渐进、由易到难的原则。小学生有一颗童心，他们在课堂上敢"说"，但是，由于受知识、能力的限制，他们在"说"时容易陷入言语贫乏、文不对题的境地。这就需要教师的适时、适度地引导。陈老师在进行教学设计时，充分关注了学生的年龄、学情实际，结合教学目标，采取分层推进，步步深入的教学策略，不仅让学生敢于交际、乐于交际，更让学生学会了交际。

整堂课激发了学生的参与意识，教师设计独特的情境让他们敢说、爱说、会说，并要求他们说得有理、有序、有趣，学生感情容易投入，有利于真正提高学生的口语交际水平，符合语文课程标准的理念。（陈丽建、林爱珠）

附：

陈小旋老师执教的《长大以后做什么》教学设计

【教材分析】

《长大以后做什么》这一口语交际课中的插图直观呈现了四种常见的职业：消防员、医生、教师和厨师。教材从两个方面提出了交际要求：一是把话说清楚——"清楚地表达想法""简单说明理由"。说话清楚，注意有理有据，是对口头表达方面的具体要求，也利于初步的逻辑思维能力的培养。二是认真听——"对感兴趣的内容多问一问"，引导学生学习边听边思考，积极参与交流。"说清楚"首先要解决说什么的问题，二年级学生对职业了解有限，对于长大以后做什么，可能更多的是出于感性认识，不必拔高要求，能结合实际说出自己的理由即可，必要时可引导课前对某些或某一职业进行适当了解。其次，要解决"怎么说"的问题：通过师生对话，引导学生明确有序表达的方式，先说想做什么，再简单说明理由。最后，还要关注学生听清楚说话的内容，边听边思考，并对感兴趣的内容提出疑问。

【学情分析】

二年级的学生已经具备了一定的口语交际能力，但是他们还不是很积极地跟别人分享自己的想法，不敢大胆去表达。所以，教师在教学过程中需要创设一些情境，鼓励引导他们大胆地表现自己。

【教学目标】

（1）能把自己长大后想干什么说清楚，简单说明理由。

（2）能听明白同学说的内容，对感兴趣的内容提出疑问。

【教学重难点】

能清楚地表达自己长大以后做什么，简单说明理由。

【教学过程】

（一）课前游戏

师：孩子们，喜欢玩游戏吗？下面我们来玩一个"你做我猜"的游戏。我们来猜大屏幕上这些叔叔阿姨是做什么的（ppt出示游戏规则，生看着大屏幕的图片，玩游戏）。

师：你们配合得真棒！不仅动作做得到位，语言表达也是顶呱呱的。看来啊，语言对我们的理解有着很大的帮助。在平时的生活交际中，我们要注意把话说完整，说准确。

（二）认识多种职业

师：孩子们，现在我们来聊一聊爸爸妈妈的职业，爸爸妈妈是做什么的？

生：我的爸爸是警察，他专门抓坏人。

师：是的，孩子们，职业没有高低之分，每一个职业都有自己的意义，他们都在为祖国的建设做贡献，他们都是值得我们尊敬的人，请为他们鼓掌！

（三）想一想，说一说，长大以后做什么

师：你有没有想过，当你们二十几岁的时候，你最想做什么工作呢？

生：我长大后想当宇航员，我想飞上太空，看看太空上有些什么。

师：孩子们，刚刚你们说了自己长大以后想当什么，这就是你们的理想（板书）。有两位小朋友也迫不及待想跟你们交朋友，然后分享她们的理想（播放两位小朋友的视频）。

师：现在，我们就学着她们的样子，在小组内跟小伙伴们交流一下自己长大以后做什么，为什么做。（PPT展示：做什么 为什么做。）我们带着这两个小问题，开始吧!

（四）设置情境，体验职业

师：孩子们，坐好了。现在我们来当一回小记者，采访小伙伴吧。（生采访小伙伴。）

师：了不起! 小小年纪就可以表现得这么棒，相信你长大以后将会是一位非常优秀的记者，也祝愿你能实现自己的理想，成为一名优秀的播音员，谢谢你们!

（五）小组交流，倾听同伴的愿望

师：刚才我们聊了自己长大以后当什么，那你知道小组成员的理想是什么吗? 赶紧跟小组成员交流，看看他们的愿望是什么，对感兴趣的问题提出疑问。小组交流，开始吧。

生：（交流自己长大以后想当什么。）

（六）写一写，种下理想的种子

师：孩子们，我们这节课都聊了自己的理想。现在，我们把这个美好的愿望写到爱心卡上，拿起你们的笔，开始吧!（生动手写理想。）

师：很多孩子已经写好了，请把写好的爱心卡跟现场听课的老师们分享一下吧，然后再把爱心卡片贴到这棵"理想树"上，开始吧。（生跟现场教师们互动，分享理想，贴爱心卡。）

师：孩子们，有了自己的理想，光说还不行，现在就要学好本领，为将来做准备。只要我们努力、坚持，多年以后你们美好的愿望一定可以实现的。

（七）推荐绘本《长大以后做什么》

师：我们刚才聊的都是我们人类的愿望，你可知道，在这个世界上啊，小动物们也有自己的愿望哦! 他们也在想着自己长大以后做什么。你看!（出示绘本:《长大以后做什么》。）

师：老师放两本在班里面轮流翻阅，阅读后可以跟小伙伴们交流你的感想。孩子们，这节课就上到这里，下课!

【板书设计】

说清楚	眼睛看
	礼貌说
做什么？为什么？	微笑讲
	认真听
问明白	态度亲

〔执教老师：陈小旋，广东省林爱珠名师网络学员、湛江市林爱珠名师工作室学员。指导老师：林爱珠、陈丽建（湛江市中英文学校教导处主任，小学高级教师，广东省林爱珠名师工作室网络学员，湛江市林爱珠名师工作室成员）。〕

📖 口语交际教学案例评析二：

快乐交际　学会劝说

—— 评李婷老师执教的《劝说》

这节课李婷老师匠心独运的教学设计、高超的驾驭能力、精彩的课堂生成，在教学中游刃有余且赢得了阵阵掌声，足见其实力之强。有别于低年级的口语交际课，我以为高年级的口语交际课侧重在"技法""技能""技艺"等方面培养学生的交际素养。李老师教学中的"一叹三咏"反复灌输并强化运用的交际能力：劝说时是否能做到语言委婉，友善的言行、得体的举止、优雅的风度，这些都是走进他人心灵的通行证；能否陈述充分的理由，列举事例作补充，使劝说更具说服力；情感是否真诚，口语交际的过程是情感交流的过程，是心灵与心灵感应的过程。一旦这三种劝说的能力形成后劝说成功的概率将大大提高。细腻的情感与生俱来，充分的佐证理由可借助"外力"，唯有语言的委婉是一门重要的技巧，需要教师教授学生方法。故而李老师将本课教学难点确定为"在劝说中努力做到语言委婉"，定位之准可见一斑。

教师在教学过程中安排了以下几项内容：一是图片导入，引入"劝说"；二是结合视频，引出"劝"法；三是巧换角色，探究"劝"法；四是情境练习，运用"劝"法；五是推荐阅读，总结"劝"法。我们可以看出，每一项教学内容都与本课教学目标紧密联系。李老师显然注意到教学内容与教学目标的关系，生成的教学内容也有明确的目标性。

这节课教师创设情境，使学生想说、爱说、乐说。特级教师李吉林说过："言语的发源地是具体的情景。"在口语交际课中，教师可根据不同的课型创设贴近生活的情境，如"实物演示""扮演体会""语言描述""生活情境"等，激发学生想说、爱说、乐说的兴趣，真正地做到"我口说我心"，有利于真正提高学生的口语交际水平，符合语文课程标准的理念。（陈丽建、林爱珠、陈丽建）

附：

李婷老师执教的口语交际《劝说》教学设计

【教材分析】

《劝说》是口语交际教学内容，本组教材是以语言艺术为专题来组合的，《杨氏之子》《晏子使楚》《半截蜡烛》《打电话》，四篇课文不乏精妙的语言，或睿智，或生动，或幽默……学生通过读本单元课文，感受精妙的语言魅力，感受语言表达的艺术。本次口语交际"劝说"，它秉承本单元的主题，紧紧围绕语言艺术的话题展开，教材中巧妙安排几个不良的现象，这样有利于课堂上创设情境，又有利于把交际话题延伸到生活中，与现实生活相融合，让学生真正尝试劝说别人，在语言实践中掌握了劝说的技巧。

【学情分析】

（1）学生年龄特点分析：五年级学生已具备了一定的知识和技能，对于日常生活中遇到"劝说"的话题，能进行一些简单规劝，但对规劝语言特点了解不多，也不规范。

（2）学生已有知识经验分析：五年级学生已有一定的劝说能力，但对规劝时怎样动之以情、晓之以理地劝说别人了解得还不够全面，而对于劝说的策略和技巧掌握得也不够全面。

（3）学生差异分析：积累不同，语言应用和概括能力也不均等，口头表达能力也不同。

【教学目标】

（1）培养学生运用得体的语言进行表达的能力。

（2）鼓励学生回忆和了解生活中的具体事件和情境，充分考虑扮演角色的身份和地位，能有针对性地得体地劝说。

（3）了解和感悟劝说策略和技巧，能态度真诚地劝说他人。

【教学重难点】

（1）重点：了解和感悟规劝语言的技巧，能动之以情、晓之以理地进行得体的劝说。

（2）难点：在劝说中做到语言得体委婉。

【设计思路】

《课程标准》指出："口语交际是听与说双方的互动过程。教学活动主要应在具体的交际环境中进行。应努力贴近生活的话题，采用灵活的形式组织教学。"本节课设计了五个教学环节：图片导入，引入"劝说"；结合视频，引出"劝"法；巧换角色，探究"劝"法；情境练习，运用"劝"法；推荐阅读，总结"劝"法。我根据教材特点和学生身心发展的特点，遵循"积极指导自学、合作、探究的学习方式"的教学理念，通过创设多种情境，模拟演练不同的角色，引导学生了解劝说语言的特点，掌握劝说的基本方法。这样的设计，为学生创设一个倾听、表达与交流的平台，有利于激发学生的兴趣，激活学生的思维，培养学生日常生活中的口语交际的能力，提升学生文明和谐地进行人际交流的素养。

【教学准备】

教学课件、学习单、相关的资料。

【教学过程】

（一）图片导入，引入"劝说"

（1）结合当前人们玩手机的现象，引出"劝说"话题。

（2）模拟老师爱熬夜玩手机，激发学生爱劝说的兴趣。（板书：劝说。）

（设计意图：利用当前学生熟悉的社会现象以喜闻乐见的方式调动学生学习的热情，激发出学生爱说的兴趣，快速切入口语交际的主题。）

（二）结合视频，引出"劝"法

（1）呈现情境：播放"丈夫劝妻子不玩手机"的动画，分析"丈夫"的劝说能否成功。

（2）讨论交流：疏导出劝说中的三大法宝"理由、语言、情感"。

预设：丈夫说话理由不充分，不能接受。

小结：劝说时，理由是不可缺少的。

预设：丈夫说话的语言不礼貌，令人难接受。

小结：劝说时，用语礼貌、委婉很重要。

预设：丈夫关心我，可感动不了我。

小结：劝说时，要令对方感受到自己的真诚。

小结过渡：因为丈夫说话的语言不礼貌委婉，理由不够充分，感情上也体会不到他的真心，所以不能打动我。

（设计意图：刷微信，已经成为现在社会人们严重的"疾病"。本环节通过播放家人劝说"我"戒掉熬夜刷微信的视频，归纳和领悟劝说要掌握的三大法宝：理、情、言。在情境中悟法，从而激发学生兴趣，激活学生的思维。）

（三）巧换角色，探究"劝"法

（1）预设角色：学生、父母、儿子、同事等。

（2）讨论交流：怎么劝老师改毛病。

（3）情境创设：学生扮演不同角色劝说老师，师生互动，相机指导。

（4）师生评议：提炼总结劝说的基本方法。

预设：

"言"：学生劝说时，语言不得体，引出说话时语言要得体委婉。

"理"：学生劝说时，理由不够充分，利用阅读相关资料，引出劝说时要有一定资料和数据。

"情"：劝说时要关心对方，为对方着想，懂得礼貌用语。

（设计意图：本环节通过创设"劝说老师戒掉熬夜刷微信"的情境，以模拟不同角色演练模式展开教学，师生角色灵活变换：或医生，或父亲，或儿子，或学生……在轻松愉悦的情境中引导学生探究劝说的方法，同时明确指出不同角色语言的转变，层层深入，习得"劝法"。）

（四）情境练习，运用"劝"法

（1）情境创设一："劝"不乱扔垃圾。

（2）情境创设二："劝"爸爸戒烟。

（3）学生围绕"语言委婉、理由充分、情感真诚"三大法宝进行评议。

（设计意图：本环节创设了两个贴近学生生活的情境，给学生更多"劝说"的机会，把课堂还给学生，让学生在模拟演练中学会倾听，学会交流，学会相互评价，让习得的方法通过实践得以内化，有效地提升了学生口语交际的能力，同时凸显学生在课堂中的主体地位。）

（五）推荐阅读，总结"劝"法

（1）再回顾总结板书劝说的基本方法。

（2）拓展延伸，推荐阅读故事《外黄小儿说服楚霸王》的故事，引发学生进一步探究劝说技巧的兴趣。

（设计意图：本环节引导学生由课堂走向课外，教师引入《外黄小儿说服楚霸王》这个故事，激发学生浓厚的探究热情，为学生走进"劝说"的语言艺术的殿堂指明了方向。）

【板书设计】

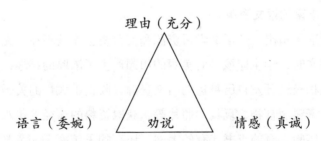

（执教老师：李婷，吴川市新华小学政教处副主任，广东省林爱珠名师工作室学员。此课例在参加2018年广东省优质录像课评比活动中荣获一等奖。指导老师：林爱珠。）

第六节　智慧课堂综合性学习"情境体验式1+n"板块教学案例评析

语文综合性学习教学案例评析一

走进田园　绽放言语智慧
——评李少梅老师执教的《走进田园》

四年级下学期的综合实践活动《走进田园》中，李少梅老师带领学生围绕"走进田园，热爱乡村"这个主题开展了多姿多彩的学习活动，成功地调动了学生的语文学习兴趣，促进了学生学习的积极性，有效地提高了学生的语文素养。在本次的活动中，我觉得这份教学设计体现出四个特点。

一、开发丰富的语文资源

《课程标准》指出："语文学习资源和实践机会无处不在，无时不有。"在学习本组课文时，学生应该是对美丽的田园产生了浓厚的兴趣，在李老师的指导下，学生积极地开发自己身边的语文资源，收集了大量的关于田园、乡村的古诗、文字资料、食物、玩具、照片等，获取资料的途径五花八门，有的学生是自己亲身体验，有的查书，有的上网，还有的采访家人、亲友，共同走进了田园知识的宝库。在教学设计中，我们欣喜地发现学生的语文学习资源由课堂走向社会，从书本走向生活，资料、食物、玩具等都成为其中鲜活的"语文课本"，网络、家人、同学还当上了一回"语文教师"。丰富的语文资源让学生不再是"井底之蛙"，而成为语文学习资源的开发者，从中还增长了见识，感受到了语文无处不在的魅力。

二、开辟多样的成果呈现方式

教师之功，贵在引导，妙在转化。在学生拥有了那么丰富的语言资源的条件下，必须创设良好的语言实践的环境，提供一个活动的平台，不能让学生有枯燥乏味之感。如何更好地渗透整合、运用语言呢？李老师引导学生们根据小组的特长设计了多样的精彩呈现方式。例如有的小组想到以相声的形式汇报自己学习田园诗的情况，虽然相声对于四年级学生来说有一定难度，但他们在学写、排练的过程中就能很自然地使获得的多种语文资料得到整合，培养了学生的语文综合应用能力。所以在辛苦的筹备工作后，他们体验到了成功的喜悦。其他的小组也各不相同，有学打快板、制作手抄报、看照片讲故事等等，多样的成果呈现方式让学生们互相欣赏，使成果展示成为全班同学共同反思交流和愉快成长的过程。

三、注重语言的体验过程

当代课程论认为，课程实施的首要意义不在于学习的结果，而在于学习过程本身。对于语文综合性学习而言，也是如此，它虽然注重学生最后的"作品"质量的高低，但更注重的是活动过程。而其中体验就是综合性学习价值的核心。在积累语言的过程中，李老师引导学生背诵有关田园的古诗词，让学生翻阅之前从未涉及过的田园书籍，上网研究中外农村的差异，访问爷爷、奶奶、乡村的亲友有关乡村的风俗，甚至亲自到乡村或菜市场寻找乡村的食物。这个独特的语言体验过程，发挥了学生的言语智能，开启了学生的语言思维。在与同学、家长自由地合作时，学生交流享受语言，取长补短共享资源，在体验过程中开发了创造潜能，发展语文思维能力，更锻炼了学生的社会实践能力，增长了见识。

四、重在提高语文的素养

语文综合性学习尽管注重综合，把各学科整合在一起，让学生学习，但它首先应该姓"语"，落脚点是"致力于学生语文素养的形成和发展"。本次活动中，李老师指导每个小组的汇报都很注重要求学生把内容说具体、生动，小组汇报后有意识地引导学生谈感受，观众提问、交流，尤其是语文能力方面的问题，如"他们说得怎么样？从制作手抄报中你学会了什么？其他同学也可以像老师这样向他们提问题"等。李老师还精心设计了说话训练、设计田园广告等提高语文能力的情境。最后，一段优美的课文引读又让丰富的活动、快乐的学生回归到了文本，为本课画上了一个完美的句号。学生听、说、读、写的语文素养就在不知不觉中得到了训练和提高。

整个教学设计脉络清晰、板块分明。

本教学设计共分为五大板块，依据了广东省林爱珠名师工作室的教学理念——体验式的板块教学。体现出李老师在工作室的学习成果。体验式板块教学，让这节课的课堂设计脉络更加清晰，教者的教学思路更加明朗。

最后借用行家的话来结束本次的教学评析：综合性学习的成果显示往往具有"长远、隐性、柔性"的特点。要让学生在短时间内分享成功的喜悦就要变单一的分数评价为多元评价。学生的合作意识、学习态度、实践能力、创新精神亦都可作为评价内容。李老师在评价的方式上要注重多元评价，强调主动参与、积极互动，把自评和他评有机结合，多采用以鼓励的方式评价，让参与者都获得成功的喜悦，收获成长的幸福。（钟小真、林爱珠）

附：

李少梅老师执教的综合性学习《走进田园》教学设计

【教材分析】

《走进田园》是在学习了《乡下人家》一课后的一个综合性学习题目，目的是采用多种形式，让学生走进乡村，深入乡村，体验乡村。旨在引领学生通过这次活动开阔自己的视野，培养学生收集、整理信息、语言表达、团结合作、解决问题等方面的语文综合能力，提升学生语言的积累、学习方法、认识能力等方面的语文素养。

【学情分析】

结合我们所处的地域特点，家在农村的学生可以回忆自己或身边人的生活是怎样的，进一步深入了解。城里的学生对农村的生活就比较生疏了，所以在资料的采集上就相对会缺少一些实地的调查。

【教学目标】

（1）通过查找网络、图书等资料和亲身实践来了解乡村，认识乡村，感受田园文化，体验农村的自然和人文景观，表达出对田园生活的热爱和向往。

（2）通过活动培养学生收集、整理信息、语言表达、团结合作、解决问题等多方面的能力。

【教学重难点】

（1）了解乡村景物特点和乡村各方面的生活情况，并说出、写出自己的见闻。

（2）学会有目的地收集资料，提出问题并共同探讨。

（3）激发学生对乡村生活的热爱与赞美。

【课时安排】

（1）第一课时引导学生围绕主题讨论并制定本次综合性学习的方案。（略）

（2）安排一周时间让学生根据自己制定的计划进行综合性学习。

（3）第二课时为综合性学习成果展示课。

【教学准备】

课前放手让学生进行资料的收集和整理。

【教学过程】

走进田园——综合性学习成果汇报。

（一）激趣导入

情境创设1：播放音乐《在希望的田野上》。

师：彭妈妈带我们走进了如诗如画的田园风光，走在希望的田野上就会闻到瓜果的芳香；我们静静地坐在夜晚的池塘边，就会听到青蛙的歌唱；我们快乐地躺在辽阔的草地上，就会看到成群的牛羊。这节课就让我们一起走进美丽田园，奏响田园的交响乐吧。（板书：走进田园。）

课前，同学们积极地准备，有的采访家人，有的亲身体验，有的上网收集资料，今天把综合性学习的成果展示出来，大家有信心吗？

（二）展示、交流信息

板块一：说一说

（1）田园风光美如画

情境创设2：课件展示一段优美的田园风光（乡村的早晨）。

师：说说你们看到了哪些美景？

师小结：你们真棒！乡村的早晨多美啊！乡村是一个景色宜人的地方。接下来请小导游们带我们领略优美的田园风光吧。

（2）乡村生活乐趣多

师：罗丹说过一句名言"生活不是缺少美，而是缺少发现美的眼睛"。这段时间以来，你们用自己善于发现的眼睛，发现了很多田园美景，一定也体验过乡村生活的乐趣，那就让我们说一说吧！让学生与大家分享乡村生活的趣事。

板块二：吟一吟

田园诗歌我来吟：

（1）师：清醇的泉水和袅袅炊烟和着蛙声入眠，飞舞的燕雀和萋萋芳草伴着朝阳苏醒，有多少人向往那种恬淡和舒适。让我们用诗歌去表达我们心中的向往吧！下面请第一小组的小诗人为我们吟诵《语文园地六·日积月累》的田园诗。

（2）小组交流互相吟诵收集到的田园诗歌。

板块三：演一演

气象农谚识田园。

快板说农谚。

板块四：比一比

乡村知识我能行：

（1）打擂台，看看我们谁知道的谚语多。

（2）抢答题：（出示课件。）

①农作物图片和食品图片配对。（"亲子"对对碰。）

②你知道我们这里春夏秋冬各有哪些瓜果蔬菜？（季节果蔬连连看。）

③农具猜猜看。（展出各种农具图片。）

师小结：同学们真了不起，对农村的农作物、水果、农具等都了如指掌。

板块五：写一写

田园心语我来写：

师：通过本次的综合性学习，我们有了新的发现、新的认识、新的收获，请同学们为田园设计精彩的广告词吧，让更多的人走进田园，热爱田园。

（三）总结

师：同学们，此时我相信《乡下人家》中有一句话说出了我们的心声：乡下人家无论什么时候，什么季节，都有一道独特、迷人的风景。我想说，我们的家乡，我们的乡村，无论什么时候，什么季节，都有一道独特、迷人的风景。我很感动，你们在田园游玩的过程中，真正亲近了田园，发现了很多新鲜事，还能用生动的语言记录下来，你们再也不是田园中的"懵懂少年"，而成为乡村小博士、小能手了！

板书设计：

$$
走进田园 \left\{ \begin{array}{l} 风光美 \\ \\ 乐趣多 \end{array} \right\} 对乡村生活的热爱与赞美
$$

（执教老师：李少梅，任教于吴川市沿江小学，广东省林爱珠名师工作室学员。指导老师：林爱珠。）

语文综合性学习教学案例评析二

学习传统文化知识 感受传统节日文化魅力
——评黄秀清老师执教的《中华传统节日》

在综合性学习《中华传统节日》中，黄秀清老师带领学生开展了丰富多彩的学习活动。通过综合性学习活动提高学生传统文化素养。通过对中国传统节日文化的研究，让学生学会沟通、理解，提高学生的语言表达能力、创造思维能力和组织交际能力。让学生学会开发利用校内外教学资源，提高学生收集、处理信息的能力。在本次的活动中，黄老师准确、深入地解读文本，精心进行教学设计，我觉得这份教学设计体现出以下几个特点。

一、板块建构，脉络清晰

黄老师这份教学设计分为五个板块，充分体现了广东省林爱珠名师工作室智慧课堂体验式板块建构的教学理念。课堂结构层次清楚、运用恰当的教学方法和手段启迪学生思维、解决重点、突出难点。精心设计，在整个教学过程中注重学生能力的培养。以智慧启迪智慧，让学生在乐中求学。

二、借助多媒体，激发兴趣

伟大的科学家爱因斯坦说兴趣是最好的老师。因此黄老师设计用多媒体教学激发兴趣。多媒体播放欢度春节、令人关注的"东海人龙舞"校本教材，更加直观、形象地表现节日的快乐气氛，有效地调动学生的学习兴趣，丰富学生的知识，满足学生的好奇心。学生在快乐中获得了知识，活跃了课堂气氛，提高了教学效率，也调动了学生学习的积极性。

三、采用多种形式，传承传统文化

在教学中，黄老师采用多种学生喜爱的形式，激发学生学习的热情。

活动一：快乐春节来回味。通过演示课件，在走进贴近学生的生活素材。例如人龙舞、翻刺床、飘色、吃年例等生活场景，唤起学生对春节的回味，调动了学生的学习积极性。

活动二：传统节日知多少。通过这一环节的活动，使学生明白中国传统节日是我们中华民族悠久的历史文化的一个组成部分，是中国历史文化长期积淀凝聚而成的，并且让学生把从交流中获得的新知，在练习中加以巩固。

活动三：节日习俗大放送。师生资料的交流分享，将常见的传统节日习俗进行详细介绍。学生在交流中加深了对传统节日习俗的了解并理解了其中丰富内涵。

活动四：传统文化要传承。表演写春联、做月饼和收集古诗既锻炼了学生手脑，又巩固了有关传统节日的相关知识，切实弘扬了民族优秀传统文化。

活动五：师小结。在师生共同交流有关传统节日的资料，学生的民族自豪感被充分激起时，唤起学生更加强烈的爱国之情，激发保护弘扬民族优秀传统文化的欲望！

四、注重学法指导，做到"六让"

黄老师在教学的过程中，注重了学法的指导，做到了"六让"：目标——让学生明确；过程——让学生参与；新知——让学生发现；资料——让学生收集；内容——让学生自选；结论——让学生归纳。在学法基础上，她还结合学生的生活经验，充分将现代信息技术与课堂教学有效整合，使教师的"教"和学生的"学"都达到了质的飞跃。

黄老师这节语文和思品与社会的综合性学习课，遵循"大语文观"学科的全面发展，使学生的语文素养得到进一步提升。黄老师根据教材和学生特点，将"中华传统文化"这一综合性学习活动分为四步进行指导。活动中，教师顺应学习进程，时而将学生导向课外，通过各种渠道、途径去搜索与捕捉"中华传统文化"信息，时而又把学生引回室内，询问情况，为他们排忧解难。同时，根据活动进程，体现了真正的平等、民主、教学相长的教学理念，激发了学生热爱中华民族优秀传统文化的热情，增强了学生的民族自豪感。总之，黄老师的这份教学设计对教学内容把握透彻、挖掘深入、激发学生兴趣，引导自主探究、合作交流完成任务，是一份非常成功的教学设计。（罗华、林爱珠、李少梅）

附:

黄秀清老师执教的综合性学习《中华传统节日》教学设计

【教材分析】

《中华传统节日》是一节"综合性学习活动"课,它贯穿于本单元的内容主题,是本单元主题实践活动的一个总结性展示活动。它更注重学生的实践与体验,让学生们带着问题去实践探索,将以往比较枯燥的德育教育变为学生主动学习、自发探究的形式,渗透"知识"与"能力"的综合性学习活动,让学生更多地了解我国的传统文化,提高学生自主学习、语言表达的能力,培养学生对我国能保有宝贵的传统文化而骄傲和自豪,激发学生的爱国情感。

【教学目标】

(1)查找资料了解有哪些传统节日,丰富活动的内涵,提高学习的能力。

(2)选一两个自己最喜欢的传统节日进行交流,做到内容具体,充满真情实感。

(3)通过对中国传统节日的认识和理解,弘扬民族精神,激发爱国热情。

【教学重难点】

(1)重点:通过收集交流我国都有哪些传统节日,加深对中国传统节日的认识和理解,并选一两个自己最喜欢的传统节日进行交流,做到内容具体,真情实感。

(2)难点:围绕一个传统节日完成一篇习作表达,做到内容具体,充满真情实感。

【教学准备】

课件、音乐、学生收集的资料、一篇习作等。

【教学时数】

1课时。

【教学过程】

(一)走进生活,激趣导入

(1)创设情境,播放广东音乐《娱乐升平》。(师谈话导入。)

(2)出示东海人龙舞、翻刺床、飘色、年例等春节欢庆的课件。(结合生活回味年味。)

（3）激趣导入：春节是我国最盛大最热闹的一个古老的传统节日，俗称"过年"……

（设计意图：通过播放广东音乐、用人龙舞、翻刺床、吃年例、放鞭炮……学生们熟悉的传统节日的活动场景，让学生回味欢庆节日，激发学生的学习积极性，创设充满快乐、和谐、互动的课堂氛围。）

（二）展开交流，深入理解

（1）说说传统节日的由来和不同的意义。（师：除了春节，你还知道哪些中国传统节日？）

（2）讨论区分传统节日与非传统节日的不同。（提示：我国传统节日的起源和发展，每个节日特有的意义，带有浓厚的中国文化，是中国人的根。）

（3）引导找出关键词"中国的""传统的"，点拨学生自查自纠。

（4）巩固记牢传统节日的名字。（按照时间的顺序。）

（设计意图：通过这一环节的交流，使学生明白中国传统节日是我们中华民族悠久的历史文化的一个组成部分，是中国历史文化长期积淀凝聚而成的，并且让学生把从交流中获得的新知，在练习中加以巩固，同时弘扬民族优秀传统文化传承的精神。）

（三）展现自我，分享回味

（1）习作欣赏，有感而发（共同分享自己的习作，有感而发）。（板书：春节、元宵节。）

（2）课件出示习作要求。选一个传统节日，写一篇习作。可以写自己家里过节的过程，也可以写节日中发生的印象深刻的故事。写清楚、写具体，写出真情实感。

（3）引导学生分组交流分享自己是围绕哪一方面来写的，同学之间交流时要认真倾听，互相评价是否都能把过节的过程写清楚或是过节时的发生印象深刻的事写具体，写出真情实感。（小组各择优推荐一名。）

（4）被推荐的同学朗读自己的习作，其他同学认真倾听并互相点评。

（5）教师小结。（给予肯定鼓励和总结，要注意细节的描述。）

（设计意图：通过课前让学生自主动手查找资料以及互相交流，加强学生对传统节日习俗中丰富内涵的理解，巩固传统节日的相关知识，弘扬民族优秀传统文化传承的精神，又趁热打铁地提高了学生对语言文字的运用能力。）

（四）精彩演绎，弘扬精神

（1）播放"东海岛人龙舞"。（对于传统文化的宝贵，我们该怎么做？）

（2）引导学生分组讨论如何传承宝贵的传统文化。

（3）小组代表上台展现学习成果，其他组员倾听，同时给予点评补充。

（4）教师根据学生展示交流的结果给予点评，口头表扬。

（设计意图：通过小组互动与班级成果展示等形式，让学生在充分参与活动中体会到学习、交流的快乐，同时更进一步地增强对中国传统节日的认知。）

（五）总结积累，感情升华

（1）学生简要说说本次"综合性学习活动"的收获。

（2）教师提升：老师深深地感受到了你们那颗火热的爱国心！相信中华民族优秀传统文化的种子也一定会在大家心中生根发芽，开出绚丽的花朵，代代相传，发扬光大！

（设计意图：在师生共同交流有关传统节日的资料，学生的民族自豪感被充分激起时，让学生观看那段视频资料，听老师无比自豪的叙述，适时适度地指导、点拨，让学生一步一步进入学习认知过程，培养了学生"听说读写"等语文能力！同时唤起更加强烈的爱国之情，激发保护和弘扬民族优秀传统文化的欲望。）

【板书设计】

综合性学习　中华传统节日

中国的　　　　　传统的

春节　元宵节　端午节　中秋

（执教老师：黄秀清，任教于湛江经济技术开发区觉民小学，广东省林爱珠名师工作室网络学员，湛江市林爱珠名师工作室学员。指导老师：林爱珠。）

附 录

成果辐射

附录一 名师风采

观素养大赛　促技能发展

　　阳春三月，草长莺飞，伴着和煦的春光，踏上新一轮学习的旅程。"路漫漫其修远兮，吾将上下而求索。"2019年3月13日，广东省林爱珠名师工作室2019年学员跟岗学习暨湛江开发区小学语文教师素养大赛活动在湛江一中锦绣华景学校举行。我们欢聚一堂，享受着素养大赛的盛宴。（图1、图2、图3、图4、图5、图6）本次大赛分为"朗读""书写""知识素养现场答辩""才艺展示""课堂教学（上微型课）"五个环节。秉着公平、公正、公开的原则，参赛教师进行比赛顺序抽签，评委们根据评分细则，认真评判并进行了量化打分。第一环节是朗读展示。比赛中，选手们的朗读声情并茂，绘声绘色，带给听众美的享受。第二环节是书写展示。选手们淋漓尽致地展现出了自己扎实的粉笔字功底。有些选手的粉笔字书写讲究笔法、整体布局美观，字字笔锋刚劲有力，风格迥异。第三环节是知识素养答辩。其内容包含了文学常识、教育教学理念、课程标准等方面的知识，对选手们进行了多角度的考察。第四环节是才艺展示。参赛选手各显神通，他们从吹、画、唱歌、书法、朗诵、讲故事等各方面进行展示。一个个节目精彩纷呈：童话故事与精湛的绘画串烧一起，吹竖笛与唱歌、画画相结合，粤剧与画画串烧，令在场听课老师无不叫绝。课堂教学展示是重头戏环节，分值占60分，最能体现选手们的教学功底与专业素养。林爱珠老师还给我们做了精彩的讲座和点评。她与我们分享了"基于核心素养小学语文智慧课堂的阅读教学策略"，林老师的讲座让我醍醐灌顶，受益匪浅。（陈丽建、陈丽珠报道）

图1　高校专家董院长、白教授亲临指导

图2　林爱珠老师在做智慧课堂的精彩讲座

图3　参赛选手精彩展示（1）　　　　图4　参赛选手精彩展示（2）

图5 获奖选手与工作室主持人林爱珠合影留念

图6 全体学员合影留念

幸福·细节·诗意

——余杭寻名师

2019年4月8日至15日，在湛江市教育局教师继续教育培训中心的精心组织和安排下，湛江市名师名班主任工作室主持人怀揣求学之梦，前往"地有湖山美，东南第一州"——杭州，开启了为期8天的跟岗学习之旅。

拱墅进修学校附属学校以多元智能理论和积极心理学理论为指导，以培养现代幸福小公民为育人目标，以幸福心理修炼和幸福能力提升为教育的核心内容，以幸福课程体系为载体，让师生在丰富的校园幸福生态中，自主提升追求幸福能力的教育（图1）。在这种理念下，每一个走进该校的师生，包括我们这一行人，都深深感受到了一种学习与成长的幸福！

有一种智慧叫诗意。

春有百花秋有月，夏有凉风冬有雪。若无闲事挂心头，便是人间好时节。在人文底蕴深厚的杭州城，不仅是幸福的，更是智慧的，这种智慧叫作诗意！

4月15日，我们参观了王崧舟老师的工作室（图2），并聆听了工作室助理何平老师的讲座《通向语文家园的诗意渡口》，感受了王老师"引领教育人生，培养领军人物，陶冶专业人格，打造高端人才"的工作宗旨和诗意语文的育人情怀——一个优秀的语文教师，必得有四大支柱的坚固支撑。丰厚的文化底蕴支撑起语文教师的人性，高超的教育智慧支撑起语文教师的灵性，宏阔的课程视野支撑起语文教师的活性，远大的职业境界支撑起语文教师的诗性。

江南忆，最忆是杭州。山寺月中寻桂子，郡亭枕上看潮头。何日更重游！我想，我们会回味无穷的，不仅是美景，更多的是教育人生、幸福人生、智慧人生！

图1　走进幸福小学——小河小学

图2　团队余杭寻名师与王崧舟工作室

何平助理合影留念

行远自迩，扬智慧语文之帆

——记湛江市林爱珠名师工作室中期工作汇报会

2019年5月28日，"湛江市林爱珠名师工作室"迎来了湛江市教育局对市名师工作室的中期工作检查（图1）。检查工作的第一项由工作室主持人林爱珠老师以《以智慧引领，采撷语文璀璨之珠》为题，向检查组的专家做工作室自评汇报（图2)。林老师精彩的汇报，获得了专家们的一致好评。随后，检查组细致地查看了各项工作资料、实地查看工作室设施，并详细地对照文件规定，对工作室进行了量化评分考核。检查组充分肯定了工作室一年来取得的工作成效，认为工作室的成员产工作踏实，工作效果显著，辐射广，教研成果较多。（吴潘虹报道）

图1　工作室全体成员合照

图2　主持人林爱珠老师向检查组做自评汇报

名师引领　共促成长

——林爱珠、梁保国省、市名师工作室跨区域小学语文智慧课堂
送教送研交流研讨活动

　　为更新乡镇学校语文教师教育教学理念，建立城乡学校相互交流、同步发展机制，发挥名师辐射、引领作用，实现"互助交流、共同进步"的目标。2019年6月11日上午，广东省林爱珠名师工作室与湛江市梁保国名师工作室在麻章中学开展跨区域小学语文智慧课堂送教送研交流研讨活动（图1、图2、图3、图4、图5、图6）。广东省林爱珠名师工作室主持人林爱珠及工作室成员，麻章区教育局教研室语文教研员陈倩、许立川，梁保国名师工作室主持人梁保国及工作室成员，麻章中学语文组教师等人参加活动。本次活动，为城乡教师搭建了一个互相学习、借鉴的平台，加强了城乡教师教学交流与合作，达到共享优质教育资源的效果。

图1　参加培训学员与工作室主持人合影

图2　梁保国校长致欢迎辞

图3　陈晓庆老师上展示课——《肥皂泡》

图4　刘争老师上展示课——《日月明》

图5　林爱珠老师做专题讲座　　　图6　参加活动的专家和老师认真观摩听课

理念启迪智慧　引领促进成长

——林爱珠名师工作室跟岗学习心得体会

2019年9月12日，林爱珠名师工作室的成员怀着愉悦的心情，到湛江一中锦绣华景学校参加跟岗学习（图5）。本次活动的主持人吴潘虹老师把我们带进愉快的学习之旅（图1）。首先是工作室主持人林爱珠老师为本次活动致辞，拉开了这次活动的帷幕。接着学识渊博的叶文冠校长为我们做《部编版4～6年级语文教材整体解析及教学实施建议》讲座，为我们指明了教学的方向，解决了教学中的困惑。熊沙老师为我们展示了一节别具一格、生动有趣的识字写字课《日月明》，林爱珠老师评价这是一节充分体现小学语文智慧课堂体验式板块教学的识字写字的典型范例，是子课题负责人熊梅老师引领实践基地团队的研究成果体现。同时，林老师为我们做了专题讲座《小学语文"智慧课堂"教学案例及分析》（图3、图4）。下午，湛江市爱周高级中学的梁哲校长为我们做精彩讲座《智慧校园与智慧教育实践及前瞻》（图2），阐述了智慧教育给学校带来的不一样变化，要变革传统的教与学，翻转课堂融合智慧课堂，让智慧教育给学校带来"别样红"。（钟红霞、李少梅报道）

图1　主持人吴潘虹老师
请黄鸿飞校长致欢迎辞

图2　湛江市爱周高级
中学梁哲校长做精彩讲座

图3、4　工作室主持人林爱珠老师做智慧课堂专题讲座

图5　跟岗培训学员与工作室主持人及专家合照

扬风采 创佳绩

——工作室成员钟小霞老师在市青年教师教学能力大赛总决赛中
获得小学组第一名

2019年10月19日，湛江经开区第二小学钟小霞老师代表湛江市小学青年教师道德与法治学科参加由湛江市总工会和湛江市教育局联合举办的第二届湛江市中小学青年教师教学能力大赛总决赛（图1、图2、图3）。钟小霞老师在这次比赛中过关斩将，脱颖而出，再创佳绩，荣获小学组一等奖的第一名，并将代表湛江市参加广东省青年教师教学能力大赛决赛，争夺"五一劳动奖章"。

图1　林爱珠名师工作室　　　　图2　工作室成员选手钟小霞老师
　　　团队赛前准备　　　　　　　　　与指导老师合照

1号选手

专家提问

1. 作为小学道德与法制老师，请指出三条如何践行"我就是光"这个境界？
2. "玩中学，学中玩"道德与法制对学生来说有些深奥，你将如何带学生在玩中学好这门课？

图3　比赛图片

名师送教促成长　携手同行谋发展

——广东省林爱珠名师工作室"送教下乡"活动（吴川站）

　　2019年11月1日，在这个惬意的清晨，湛江市名师、名班主任工作室及省级骨干教师团队在吴川市梅箓中心小学覃进校长、赤坎区教育局教研室潘远生老师、湛江市第三十七小学陈豪校长和开发区教育局教研室林爱珠老师带领下，联合送教下乡活动在吴川市振文中心小学如火如荼开展（图3、图4）。这次活动分为三个环节：第一，开场白；第二，精彩课堂及评课（图2）；第三，林爱珠老师做精彩的讲座。林老师的讲座《小学语文智慧课堂体验式板块教学模型的建构与实践》，让全场老师茅塞顿开，让老师们认识到什么叫智慧课堂（图1）。

　　此次送教活动，展现了立足于教学第一线的名师风采，充分发挥了名师的教学示范引领作用，有利于提高教师的教育教学能力，推动课程改革，促进教育教学水平的提高，达到了互助共进的目的。（李祥、李婷报道）

图1　林爱珠导师在做精彩的
　　　智慧课堂专题讲座

图2　陈小璇老师展示优秀
　　　口语交际课例

图3 参加活动的学员与工作室主持人合影（1）

图4 参加活动的学员与工作室主持人合影（2）

不忘初心 砥砺前行

——省、市小学语文名师工作室及省骨干教师送教下乡（硇洲站）

2019年11月13日，湛江市小学语文名师工作室及省骨干教师送教下乡第三站活动在东海岛硇洲小学举行。

参加本次活动的主要有广东省林爱珠名师工作室、湛江市覃进名师工作室、湛江市陈豪名师工作室、湛江市杨帆名师工作室、湛江市梁桂云名师工作室主持人和成员及湛江市省级骨干教师培养对象等（图1、图2、图3、图4）。

本次活动圆满结束，让我们每一个参与者满载而归！但我们的学习仍然在路上，我们将不忘初心，砥砺前行！

图1　成员李祥老师精彩的体验式
板块课堂教学

图2　梁桂云老师精彩的
习作课堂教学

图3　主持人林爱珠老师做精彩
的智慧课堂理念的讲座

图4　全体学员合影
留念

怀揣梦想　扬帆远航

——广东省林爱珠名师工作室培训心得

2018年初冬的早晨，天气微凉。一群追寻着梦想，怀揣着教学热情的追梦人相聚于湛江一中锦绣华景学校，观摩了熊梅主任、李霞老师两位名师的课（图1、图2、图3）。她们的精彩演绎，博得了同行的阵阵掌声。四大板块教学充分发挥了学生学习的积极性，以学生为主体，让他们自学、自悟、自会。这一群追梦人将继续追随着林老师的脚步，扬帆远航，去圆我们智慧语文的梦！（李少梅报道）

图1　熊梅老师的智慧课堂　　　图2　李霞老师的智慧课堂

图3　工作室团队及兄弟学校同行合影

名师汇聚，小语智慧课堂含苞欲放

——广东省林爱珠名师工作室送课下乡活动回顾

　　2019年11月22日，广东省林爱珠名师工作室全体成员送课下乡活动在湛江经开区第十三小学举行，整场活动直播等议程由湛江经开区第四中学的罗华老师主持（图1、图2、图3、图4、图5、图6）。这是一个冬阳初暖的早晨，广东省名教师工作室主持人林爱珠老师站在主席台上致开幕词，诗意渐浓，温暖人心！诗兴即起的林爱珠老师对小语教育充满智慧和激情！带领高端大气的省、市名师团队备足五课型送课下乡到（东简）湛江经开区第十三小学，对小语教育的奉献呕心沥血！湛江经开区第十三小学王永龙校长表示热烈欢迎与感谢！传经送宝，学校得益，师生得益！ 最后，林爱珠老师做了一场精彩讲座——《小学语文智慧课堂情境教学模型的建构与实践》，在场听课教师受益匪浅，反响热烈！（罗华、李婷报道）

图1　主持人罗华请校长王永龙发言

图2　工作室主持人林爱珠发言

图3　工作室学员们在展示课例

图4　工作室成员精彩的点评

图5　智慧语文倡导者林爱珠老师
做精彩讲座

图6　全体成员合影

附录二 团队感言

致导师

您像一支红烛，为后辈献出了所有的光和热！您的品格和精神，是高尚的，可以用两个字形容——燃烧！不停地燃烧！

啊，有了您，省市名师花园才这般艳丽，团队才这般春意盎然！让渺小的我才充满了力量。

您的讲座，是那样睿智，是那样深刻，每一个主题都仿佛在我面前打开了一扇窗户，让我看到了小语前行的方向，让我感受到智慧课堂的魅力……

您是播种人，在孜孜不倦地传播知识，您在播种希望，播种幸福。

您是引路人，小语的耕耘者，小语的播种者。是您用智慧的阳光普照，用知识的雨露滋润，我们的心田才绿草如茵、繁花似锦！

您是绿叶，为花的盛开、果的成熟忙碌着，默默地垂着叶的绿荫！啊，林老师，您这绿叶的精神，永记我心！

您是树根，使小树茁壮成长，又使树枝上挂满丰硕的果实，却不要求任何报酬。

您是导师，您为教育事业培养了那么多人才，他们是我们学习的楷模。您给了我们一面模范行为的镜子，让我们处处有学习的榜样。

您是桥梁，让我们五县四区学员心连心，让我们走向收获的巅峰；您是青藤，坚韧而修长，指引我们采撷到崖顶的灵芝和人参。

您是火种，点燃了所有学员的心灵之火，激起学员们奋笔疾书，灌溉心田。

您是蜡烛，燃烧自己，照亮了别人，耗尽了自己。每次备课、评课您总是废寝忘食，跟时间赛跑，这无私的奉献精神，令人永生难忘。

春蚕一生没说过自诩的话，那吐出的银丝就是丈量生命价值的尺子。敬爱的林老师，您从未在别人面前炫耀过，但那盛开的桃李，就是对您最高的评价。

萤火虫的可贵，在于用那盏挂在后尾的灯，照亮别人。您的可敬，则在于总是给别人提供学习平台和便利。

啊，有了您，相信小语的前路会走得更稳，更远，更高。

（广东省林爱珠名师工作室网络学员、湛江市林爱珠名师工作室成员、湛江中英文学校　陈丽建）

林爱珠导师蕙质兰心，学识渊博，责任心强，是一位充满智慧的好导师。她对小语教学研究一丝不苟，能结合教学经验、实际情况摸索出一套科学的教学理念——智慧课堂教学模式；她对工作室的工作高度负责，能科学合理地安排每一次活动，让所有学员收获满满；她对工作室的学员关怀备至，每一次学习活动，她都以大姐的身份照顾我们，让我们感受到集体的温暖。总之，小语路上，她是一位优秀的领路人，她洒下辛勤的汗水，也收获着一路花香。

（广东省林爱珠名师工作室学员、雷州新城街道新城中心小学　林晓云）

她美丽，端庄，睿智，执着；她精业务，勤调研，善总结；她热衷教研，痴心不改，几十年如一日；她挚爱教育，忍繁负重，风雨兼程而矢志不移。对下属，她悉心指导，不厌其烦；对同事，她轻声细语，春风化雨。她，就是我们可亲可敬的"俏大姐"——林爱珠老师。

（广东省林爱珠名师工作室网络学员、湛江市林爱珠名师工作室成员、湛江经济技术开发区调文小学　唐希暖）

依林姐在心灵间的德隆望尊、云心鹤眼，称其"老师"实在太过平常；依林姐在生命中的日光玉洁、周情孔思，尊其"领导"又略嫌隔膜。冥思苦想，唯"林姐"二字当得上我对她那高山仰止却又亲之信之的情感！

与林姐师徒缘深，她那广阔的胸襟、广博的学识、深邃的思想、深刻的见地早已高悬于心，如同璀璨的明灯，温暖和照亮了我的另一个自己。感谢林姐，前行的路上有您牵引！

（广东省林爱珠名师工作室助理、湛江经济技术开发区新民小学　沈建东）

时光荏苒，三年的时间弹指一挥间，回顾在工作室的学习经历，让我感受到了名师林爱珠老师高尚、优雅的人格，她勤业、敬业的精神和精深的专业造诣。在跟随林老师学习的过程中，他灵动智慧的教学策略，高屋建瓴的点睛之语，使我们受益匪浅，也让我们的专业迅速成长起来。感谢名师工作室这个平台！感谢林爱珠老师不辞辛苦的付出和悉心的教导！

（广东省林爱珠名师工作室学员、廉江市第四小学　钟红霞）

林爱珠老师带领了一支有梯度、有潜力、有活力、爱教育的小学语文教师队伍。她采用板块体验式教学模式，创建了高效的小学语文智慧课堂。在林爱珠老师的引领下，我们摒弃了陈旧的教学观念，以课堂教学为阵地，以协同教研为抓手，以课题研究为载体，致力于发展智慧课堂，提高教学质量，完善专业发展。

（广东省林爱珠名师工作室学员、遂溪县第四小学　陈碧云）

我的导师林爱珠老师，湛江经济技术开发区小学语文教研员，感恩在教师生涯中有幸遇到这位内心温暖、谦逊奉献的导师。她是我教学中的"雨中伞"，这几年，我的成长离不开她的培养与鼓励。她爱语文，爱教研，爱师生。她具备扎实的语文教学专业理论和实践素养，善于发现、反思、总结实践中的点点滴滴；她具有优秀的人格魅力，做人亲和，做事严谨；她具有强劲的团队凝聚力，精心培养了一支支小学语文骨干团队。"春风化雨，润物无声"，感恩导师，感恩有你！

（广东省林爱珠名师工作室网络学员、湛江市林爱珠名师工作室学员、湛江市中英文学校　陈小旋）

时间飞逝，加入"广东省林爱珠名师工作室"已经有一年多了。我们工作室的全体学员、成员在林爱珠老师的带领指导下，都在不断地茁壮成长。我不仅感受到这个集体给我带来的欢乐与收获，更重要的是林爱珠老师用母性的爱、渊博的知识、深厚的专业底蕴、精湛的教学艺术、严谨的治学态度、高度的责任心、乐观进取的人格魅力深深地感染着我，我从她身上获得很多的收获。

在跟随林老师一年多的学习过程中，我时时感受到导师对我们专业成长的助推。既有观念上的洗礼，也有理论上的提高；既有知识上的积淀，也有教学技艺的增长。收获颇丰、受益匪浅。

一年来，林老师通过"智慧课堂板块式教学"来给我们学员、成员指导上课，做讲座。每一次的集中培训，林老师都用激情饱满的语言、高屋建瓴的见解、设计精妙的课例、适时精到的提示来给我们上课，无一不显示出林老师精深的专业造诣，渗透着她探索创新的激情。林老师不但注重专业知识的指导，她更重视集体的力量。每次教研活动，无论是听课、评课，还是论文交流，林老师作为一个众望所归的主持人，她更希望把每个学员、成员看作是合作者。不仅让每个人都可以感受到她对教研的全心投入和理性思考，更重要的是她总能不知不觉地用激情点燃我们激情，用智慧启迪大家的智慧，让我们也心潮涌动，碰撞出思维的火花。这种和谐热烈的教研氛围赐予了我们一种积极向上的力量，让我们感受到了开发集体智慧的幸福！同时，她勤业、敬业的精神和谦虚大度的高尚人格更成为我们的榜样。在学科研究、做人做事方面，林老师从来不说大道理，而是率先垂范、以身作则。林老师亲切、热情，谈话时让人如沐春风，工作中更是激情洋溢，乐于钻研创新，常常让年轻老师自愧不如。在工作室的学习过程中，每每遇到困难，林老师的鼓励和点拨，常常让人茅塞顿开、豁然开朗。她不厌其烦、毫无保留地指导我们，用实际行动演绎了"不计名利、甘为人梯"的精神，用实际行动教会了我们"为人师者、要有大爱"的道理。

　　工作室是一个团结合作、乐于学习的团队。在这样一个团队中能时时感受到热切的学习气氛、学习思辨的快乐，因为值得学习的对象就在身边。在每一次的工作室活动中，总能感到大家闪耀着智慧的思维火花，在这个大家庭里，我找到了自己前进的方向，在这个大家庭里，我体会到了互助共进的热情，在这个大家庭里，我更领略了我的导师——林爱珠老师的风采。

　　　　　　　　（广东省林爱珠名师工作室学员、遂溪县第二小学　李祥）

　　很荣幸能够加入广东省林爱珠名师工作室，林爱珠导师一直致力智慧语文课堂的研究，她兢兢业业的工作态度令人敬佩。在学习中，她总是不辞劳苦，手把手地指导我们，引领我们如何成为一个智慧的小语人。在教育工作中，她一丝不苟、任劳任怨、呕心沥血，为了教育在默默地奋斗着，付出着。每一次我们的学习，她总是力求做到更好，所以，熬夜对她来说是家常便饭，她不图名不图利，图的是让我们不虚此行，图的是培养更多的智慧小语人，为国家的教育事业做出更多的贡献。

　　　　　　　　（广东省林爱珠名师工作室成员、雷州市叶梅小学　符丽霞）

　　林老师，感谢您辛勤的付出！您默默地为我们能学到更多的教学技能而操碎了心。是您毫不吝啬地把自己多年的教学经验与我们分享，手把手地教我们如何在课堂上利用体验式板块教学，用自己的智慧启迪学生的智慧，让学生能在一个轻松愉快的学习环境中学到知识。

林老师，您是美的耕耘者，美的播种者，是您用美的阳光普照，用美的雨露滋润，我们的心田才绿草如茵、繁花似锦！在此，我谨代表所有的学员说声：谢谢您！林老师，您辛苦了！

（广东省林爱珠名师工作室成员、吴川市沿江小学　李少梅）

人生一大幸事，是认识了林爱珠老师，并且成为她的弟子，加入了工作室。学高为师，身正为范，林老师一直以她渊博的学识，踏实严谨的工作作风诠释着这句话，给我们展示了一位名师的魅力和风范。她亦师亦友，总是轻声细语地和我们交谈，毫无保留地给我们指导，不厌其烦地为我们解惑。林老师，感谢前行的路上有您的指引。

（广东省林爱珠名师工作室网络学员、湛江市林爱珠名师工作室成员、廉江市岭塘小学　林妙丽）

秉烛之明，缘于志趣相投

瞬遇全国各地名师工作室如雨后春笋般诞生之际，省级名师林爱珠工作室在我区却一枝独秀，可谓人人仰慕的"教学科研俱乐部"！在将近两年的跟岗学习中，不知不觉，我开始对这支团队有了依恋。团队的和谐、有活力、有内涵，让我感到轻松、快乐，而且受益匪浅。

一、温馨如家的学习平台

首先，这个平台的搭建，我们得感谢广东省名师工作室主持人林爱珠老师。林老师不但业务过硬，而且理念前沿。两年的跟岗学习让我们见识了林老师的脚踏实地、敬业执着的工作精神！毫不夸张地说，林老师简直就是一个"工作狂"！每晚零时以后还在给学员发信息，指导研讨方向；每次课例展示研讨，忘我工作，注意细节，处处落到实处的执着精神让人肃然起敬！跟着这么一位导师，我们再忙再累也不敢拖后腿。

我们的这个团队来自湛江市各地区。这里人才济济，实力很强！有大学教授，有省市级名师……然而没有人恃才自傲。无论是上示范课还是参与研讨，大家都主动接受任务，从不推辞。交流坦诚，气氛融洽。记得在锦绣华景学校的那次研讨中，每一个人的发言机会都是经过很大的努力争取来的。在林老师的带领下，每一次的研讨从没有在规定的时间内按时结束的，中午将近1时才散会已成常态。两年来，我们在名师林爱珠工作室这个大家庭里齐聚共研，互学共进。无论是相识的还是不相识的，是点头之交的还是从不谋面的，都一见如故、惺惺相惜。互加微信，延续着学习的收获及分享，探讨着工作中的困惑，甚至相互倾诉着生活的点滴……真是一番以研会友，智者同行的好风貌！

二、头脑风暴的真知交流

林爱珠名师工作室以"体验式智慧课堂""六三式"小学语文高效课堂教学模式的研究为方向。"六三式"指"六课型三步骤"，"六课型"即"识字写字""阅读""习作""口语交际""综合性学习""汉语拼音"六大课型。"三步骤"指"准确解读""精心设计""优化技能"三个有效的步骤，即通过研究小学语文六大知识板块的课型特点，创建课堂教学模式，采取合适的策略，优化教学技能，灵活机动地实施教学。

两年的跟岗学习，大家都有同感：林爱珠名师工作室让我们一下子集齐了小学语文教学的几大课型研究，并得到导师林爱珠老师的现场讲座解读，真的为有这么难得的学习机会感到荣幸！

三、豁然开朗的成长收获

林老师着眼于每一位学员的成长，在跟岗学习中，大家收获多多。

（一）做课老师在课堂中成长

每一种课型课例的展示，都经过做课老师很长时间的准备，是对学情、对教材的"准确解读"、对教学环节进行"精心设计"、对教学策略、技能进行"有效优化"三大步骤实施的艰难历程。其间林老师不知倾注了多少心血！针对做课老师的课型研究，个性打造，进行了无数次的观课议课，深入打磨指导等。这一切大家都深有感触。

（二）跟岗学员在研讨中成长

每一次的研讨交流会，林老师都会把更多的机会留给学员们，让更多的新人发表意见，参与讨论。慢慢地，大家对我们工作室的研究方向有了深刻的认识，基本上都能结合课例进行比较透彻的研讨。不管是在理论的认识上还是对课堂教学问题的洞察力方面都有了明显的提升。

（三）活动主持人在锻炼中成长

仔细看看，每一次活动，为了让更多的人有表现的机会，林老师都会安排不同的学员担当活动主持人，设法让每一位成员都有锻炼的机会。每一位幸运的主持人总能牢牢地把握住难得的机会，积极地展现自己的才华，激发与会人员的发言热情，让研讨会在一番轻松、快乐的氛围中顺利地进行。

至此，我顿悟：名师的成长既要有职业的理想，又要有先进的理念，良好的知识结构以及能力素质。而对于一个奔五的人来说，在这桑榆之年我不渴望能够一跃千里，但希望在与智者为伍的林爱珠名师工作室里每天都能进步！

（广东省林爱珠名师工作室网络学员、湛江市林爱珠名师工作室成员、湛江经济技术开发区觉民小学　谢安全）

感言心声：感恩智慧之行有您一路相伴，处处充满馨香，教研之路漫漫其修远兮，吾将上下而求索，定不负导师之殷切寄望，用智慧去点亮语文课堂，带领孩子感悟诗意人生。

（广东省林爱珠名师工作室网络学员、湛江市林爱珠名师工作室学员、湛江经济技术开发区龙水小学　王秋丹）

加入广东省林爱珠名师工作室已经有一年半时间了，深感于林老师的亲切、温婉、知性。走进她，如沐春风，在每次研学的娓娓道来中，关于语文教学的真知灼见就那么自然而然地流露出来，每每让我们豁然开朗。犹记得林老师提出的"智慧语文"；犹记得林老师的"六三式"教学模式；犹记得林老师常常和我们研究的"体验式板块教学"；犹记得林老师谆谆教导我们要做一个有爱心的老师，做一个敬业的老师，做一个善解人意的老师；犹记得在听课的间隙，林老师适时精到的提示，令学员们茅塞顿开。

林老师不厌其烦、毫无保留地指导我们，用实际行动演绎了"不计名利、甘为人梯"的精神，用实际行动教会了我们"为人师者要有大爱，为人师者要志存高远，为人师者要从心做起"的道理。

在跟随林老师的学习过程中，我时时感受到导师对我们专业成长的助推，在工作室的学习过程中，每每聆听到导师关于学科教学、关于做人做事的言论，总让人茅塞顿开，内心常常涌起相见恨晚的惆怅，终于有缘相识了，我要潜心学习导师勤业、敬业的精神和精深的专业造诣。

（广东省林爱珠名师工作室学员、坡头区第一小学　钟小真）

林爱珠老师知识渊博、专业，对待工作一丝不苟、认真负责，是当之无愧的名师。

林老师有敏锐的研究意识、自觉的研究追求、执着的研究精神。"春蚕到死丝方尽，蜡炬成灰泪始干。"这句话用在林爱珠老师的身上一点也不为过，自我认识她以来，她孜孜不倦、全身心投入教研工作中。她勤奋工作，不为荣誉，不为金钱，任何的困难都不能削弱她的工作热情。她谈到工作，就像孩子谈论游戏，津津乐道，神采飞扬。她工作勤奋，却不会天天叫苦叫累，这不是说她不累，而是她能从工作中获得巨大的娱悦和满足。

她坚持在工作中研究，在研究中学习，有理性思考的习惯，有丰富的理论储备，有拓宽的研究视野。她更有务实的研究目标、踏实的研究行为和平实的研究风格。

林爱珠老师在我的心中正是这样一位有理想信念、有道德情操、有扎实学识、有仁爱之心的好导师。

（广东省林爱珠名师工作室助理、湛江经济技术开发区新民小学　周立聪）

林爱珠老师，集美丽、知性和智慧于一身，她具有深厚的教育情怀和精湛的教研教学技艺。在教育这块土地上，她兢兢业业，用心耕耘，取得丰硕的成果：发表论文30多篇，举办专题讲座达40多个主题，主持或参与国家、省、市级课题5项。她在多年研究实践的基础上，逐渐形成独特的"六三式智慧语文"的教学主张，丰富和发展了课堂教学的理论与实践的经验。她主持名师工作室辐射影响巨大，已培养200多名名师以及骨干教师，是一位优秀的名师工作室主持人。

（广东省林爱珠名师工作室学员、吴川市新华小学　李婷）

林爱珠老师，她是一位小学语文教师，也是一位小学语文教研的专家、学者、研究员、教研员，更是一位广东省名师工作室主持人、导师。

　　她身为主持人，勤恳执着，耐心辅导，激励帮助，学员们非常感动。两年多来，我们身为她工作室的成员，感到很幸运。因为从她的身上学习了许多关于小学语文教学最新的教学方法、教学模式的研究等，很多学员从中快速地成长了起来。

　　她身为小语教研员，既是专家，又是学者，态度认真，对小学语文教材教改的理解非常透彻。她指导我们所有名师成员一直细心入微。活动形式多样，有成效：有名师送教下乡课的展示与研讨，有课题研究的探索与梳理，有板块教学模式的应用与辐射，有课例展示辐射，成果喜人，遍布湛江市几个县市区，名声在外。

　　（广东省林爱珠名师工作室学员、湛江经济技术开发区第四中学　罗华）

　　我是2011年认识林爱珠老师的。那年，她作为开发区教研员走入我当时任教的开发区二小调查学校教学教研情况，不久，学校就将机械抄教案的硬性要求变为灵活的电子教案资源库。之后，我时常能见到她的身影，课题的开展，教研工作的铺开，培养年轻教师参加各级赛课，情境体验式智慧课堂走入全区各小学。她以认真、严谨与实干的风格影响着每一位学员，引领着全区走在教研的前沿。我很荣幸能成为她的学员。

　　（广东省林爱珠名师工作室网络学员、湛江经济技术开发区第二中学　黄鸿）

　　林爱珠老师作为广东省名师工作室的主持人，以她渊博的专业知识、严谨治学的学术态度、诲人不倦的工作作风引领我们学员和成员迅速成长，用实际行动演绎"不计名利、甘为人梯"的崇高境界。林爱珠老师一次次精心组织的教学教研活动使我们学员和成员受益匪浅，掌握了智慧课堂教学的理念，并勇于实践，积极探索各类型的课例，在林老师呕心沥血的培养下，我们的教育之路越走越宽阔，积极投身于智慧课堂的改革中，为心爱的教育事业做出更大贡献！

　　（广东省林爱珠名师工作室学员、廉江市第十九小学　林小红）

　　我非常荣幸地成为林爱珠名师工作室的学员，林老师总是以身作则，阅读大量书籍，经常工作至凌晨，帮助我们成长和进步。工作室还经常邀请一些专家教授举办各类讲座等活动，拓宽我们的视野。在识字教学《日月明》中，工作室林爱珠老师、熊梅主任、李霞老师都给予了我非常大的帮助，每天陪着我理思路、想创意、写教案、做课件、出教具、磨课堂。感恩这个有爱的团队，感恩帮助我的每一个人。

　　（广东省林爱珠名师工作室网络学员、湛江第一中学锦绣华景学校　熊沙）

林爱珠老师是我们区的小语教研员，每次的小语活动或比赛，总能见到她忙碌的身影。她给我的第一印象就是做什么事都非常认真细致，她的评课更是如此，细致到上课老师的一个表情、一个动作，她都会指导到位。很荣幸能成为林老师工作室的网络学员，跟随着她和她的团队去学习钻研，林老师的智慧课堂理念和所提倡的体验式板块教学方法以及团队每一次的讲座和示范课，都令我受益匪浅，更是让我自己的语文课堂得到改进。在2019年我参加的青年教师教学能力大赛中，林老师多次莅临我校给予我深切的关怀和指导，比赛时亲临现场陪伴打气，这些都令我非常难忘和感激。林老师就是这样一位默默奉献的教研员，引领着我们成长，敦促着我们进步，她常常表扬活动的幕后英雄，其实她才是真正的幕后英雄。

（广东省林爱珠名师工作室网络学员、湛江市林爱珠名师工作室学员、湛江经济技术开发区第二小学　钟小霞）

遇上林老师是我的幸运，成为林老师的学员更是我的荣幸。15年前，我认识了林老师，她是我的良师益友——学高为师，身正为范。林老师美丽大方、温文尔雅、平易近人、虚怀若谷、学识渊博，工作态度一丝不苟，教研孜孜不倦，硕果累累。驾驭教材，举重若轻，游刃有余。她的讲座娓娓道来，每场我都正襟危坐，侧耳倾听。她著书立说，旁征博引，引人入胜，她的书我一看就爱不释手，总令我感动不已，惊羡不已，因为她的言谈、见解、创新如星光温暖着我，如甘霖滋润着我，如航标指引着我，如蜜糖甜美着我……让我受益终身，千言万语尽在感谢铭记中，感恩遇见美丽与智慧并存的林老师！

（广东省林爱珠名师工作室网络学员、湛江市第七小学　陈小花）

终身学习　敬畏师道

自从有幸成为"林爱珠名师工作室"的学员以来，我们在林爱珠老师的引领下学习，开展实践教学、送教下乡等，不知不觉中已经一年多了。在这段时间当中，我受益匪浅，不仅开阔了视野，也提升了自身的教育素质，名师工作室的平台不仅为我们的个人发展提供了机会，同时也使我深刻地认识到自身的不足。现我将一年来的工作做如下总结。

一、名师引领，敬畏师道

在林爱珠老师的引领下，工作中我始终以名师工作室学员的标准来严格要求自己，思想上要求上进，业务上刻苦钻研，能认真履行教师职业道德规范，注重自己的师德形象，以身作则，为人师表，教书育人，循循善诱。而作为一名教师，我牢记着教育家苏霍姆林斯基的话："请你记住，你不仅是自己学科的教员，而且是学生的教育者，生活的导师和道德的引路人。"一直以来，我始终牢记这句话，以饱满的热情投入我所热爱的教育事业中。

二、智慧理念，积淀经验

自成为林爱珠名师工作室学员以来，我积极配合工作室每次的研讨学习活动，为了能按时参加研讨学习，我每次都提前调好课；同时，积极参加学校组织的各种培训学习，主动承担我区、校的教研示范课。

在"林爱珠名师工作室"的研讨活动中，我更多地了解部分学校的先进教育教学工作理念，认识了更多的优秀的教育工作者，在每次的交流研讨中产生的思维碰撞的火花，都给我带来了更多的教育理念和专业知识，让我意识到了树立新的教育观、教学观、教师观、学生观的重要意义。促使我不断努力、不断进步。所以每次只要有培训学习我都十分认真做笔记并及时反思。通过广泛阅读，充实、更新了自己的专业知识，领悟到名师工作室跟岗学习的真谛，提高了自己的教育教学与教研水平。还注意多钻研、勤思考，将自己的教育教学实践与理论结合起来，在总结和反思中来形成自己的教学风格。通过自学，提升教育理念，更新教学手段，增强自己的理论积淀，也学习他人高尚的师德修养，丰富的教学经验，取长补短。

三、反思不足，更新改进

一直以来，林爱珠老师的爱岗敬业精神、卓越的教研能力，深深感动了我触动了我。同时在林老师的悉心教导、认真引导下，我不断反思，不断总结，找出自己的不足，明确了努力的方向，制定了以下努力的目标：

（1）在提高论文质量上下功夫，争取论文能在刊物上发表。

（2）继续坚持及时总结，加强反思的能力，将自己平时积累的经验、有价值的思考、及时记录下来，以便更快地提升自己的水平。

（3）向各位名师学习，学习他们的爱岗敬业精神，学习他们的优秀经验，做人民满意的教师，做名副其实的名师。

（4）继续增强自身素质的提高，增强业务能力，为明天的教育工作奠定更好的基础。

总之，林爱珠名师工作室不仅为我们提供了提高自身素质的空间，也成为我们互相学习、互相促进的大家庭。在这个大家庭里，我们找到了自己前进的方向，体会到了互助共进的热情，领略了名师的风采。"扬帆起航，路就在前方！"在今后的教育教学工作中，我将更加严格要求自己，努力工作，发扬优点，弥补不足，开拓进取；我将用我的实际行动尽职尽责地做好工作，成为一名合格的林爱珠名师工作室的学员，为教育事业做出自己应有的贡献。

（湛江市林爱珠名师工作室学员、湛江经济技术开发区觉民小学 黄秀清）

缘分是奇妙的东西。遇上林老师，是我的缘分；能当她的徒弟，更是我的幸运！

与师父相识是在2014年的秋天，记得那一次，我要上一节区里的展示课，第一次试教时效果很差，是师父尽全力帮助我，帮着我一起修改教案和课件，还给了我很多很好的修改建议。她对我不厌其烦地指导，使我对教学有了更新的认识，这堂课也获得了大家的一致好评，还获得了省录像课比赛二等奖！

师父很有人格魅力，她的热情，真诚，常常让我在感动之余获得更多学习、工作的动力！鱼离不开水，鸟离不开树，我的成长离不开师父对我的指导和扶持。

师父，谢谢您！

（吴潘虹，中共党员，小学语文高级教师，优秀教师，湛江市骨干教师，湛江市第三届名教师培养对象，任教于湛江经济技术开发区第三小学，广东省林爱珠名师工作室网络学员，湛江市林爱珠名师工作室学员，多次获教学竞赛一等奖。三尺讲台，辛勤耕耘；披星戴月，收获满怀！）

附录三 研究成果

本书有关的课题研究及部分证书

（1）《基于核心素养的小学语文智慧课堂教学模型的建构与实践》。（湛江市中小学教育科学"十三五"规划重点课题，课题主持人，课题批准号2019ZJZD009，2019年2月立项，待结题。）

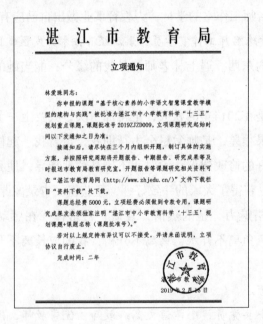

（2）《城乡接合区小学语文"六三式"高效课堂教学研究》。（广东省教育科研"十二五"规划课题，课题主持人，课题批准号为2015YQJK192，成果获2017年广东省基础教育教学成果奖二等奖，2018年5月顺利结题，结题证书号：201815WT292。成果专著《小学语文智慧课堂的研究与实践》出版，中国广播影视出版社，2016年10月第1版。）

获奖成果：城乡结合区小学语文"六三式"
高效课堂教学模式研究

主要完成人：林爱珠、周立聪、熊梅、
吴潘虹、沈建东、陈文伟

主要完成单位：湛江经济技术开发区教育
局教研室

获奖等级：二等奖

证书编号：JC20172003

2017年广东省教育教学成果奖
（基础教育）

获奖证书

粤奖
海书解市局
2018年5月3日

结项证书

项目类别：广东省教育科学"十二五"规划项目

批　准　号：2015YQJK192

项目名称：城乡结合区小学语文"六三式"高效课堂教学模式研究

负 责 人：林爱珠

课题组成员：董小华 周立聪 黎德群 吴潘虹 沈建东 熊梅 何武周 黄秀华

证 书 号：201815WT292

该项目经审核准予结项，特发此证。

广东省教育科学规划领导小组办公室
二〇一八年五月

广东省教育科学规划领导小组办公室

立项通知

林爱珠同志：

　　经广东省教育科学规划领导小组批准，你申报的课题"城乡结合区小学语文"六三式"高效课堂教学模式研究"被批准为广东省教育科研"十二五"规划 2015 年度一般项目，课题批准号2015YQJK192，立项课题研究起始时间以下达通知之日为准。

　　根据《广东省教育科研管理办法（试行）》要求，接受立项后的《广东省教育科学规划课题申请书》即为有效约束力的协议，你及所在单位必须承担相应责任并执行以下决定：

　　接通知后，请尽快在三个月内组织开题，制订具体的实施方案，并按照研究周期将开题报告和实施方案、中期报告、研究成果等及时报送我办。

　　课题总经费 1.5 万元，课题经费省财政厅已一次全部下拨至你所在的市（市、县、区）财政局。立项经费须严格按照《广东省强师工程专项资金管理办法》使用。课题研究成果发表须独家注明"广东省教育科学规划课题+课题名称（课题批准号）。

　　若对以上规定持有异议可以不接受，并请来函说明，立项协议自行废止。

成果形式：论文、研究报告

完成时间：二年

广东省教育科学规划领导小组办公室
二〇一六年5月

（3）《城乡接合区小学语文"六课型三步骤"有效课堂教学研究》。（湛江市中小学教学研究"十二五"规划一般课题，课题批准号：zj11-050，2015年2月结题，总课题与子课题获得湛江市基础教育教学成果奖一等奖，是全市唯一的"双料冠军"。）

湛 江 市 教 育 局

湛江市中小学教学研究
"十二五"规划课题结题证书

课题类别：一般课题
课题名称：城乡结合区小学语文（"六课型三步课"）有效课堂
教学研究（zj11-050）
课题负责人：林爱珠
参加人员：郑晨光　董小华　何　捷　黄　党　宋广玲
　　　　　罗　华　王颖玫　黎德群　招敬冲　沈建东
　　　　　庞　华　梁春梅　苔徐红
单　　位：湛江经济技术开发区教育局教研室
经审核，准予结题，特发此证。

2015年8月25日

（4）《农村小学"三自"有机结合作文教学实验》。（湛江市基础教育规划课题，课题主持人，已结题，2002年1月获湛江市首届普通教育教学成果二等奖。）

（5）《基础教育课程背景下的小学教师继续教育课程设计》课题研究。（全国教育科学"十五"规划重点课题分支课题，2006年立项，2009年结题，课题主要成员，排名前三，已结题，课题批准号：DIA030167，总课题结题证书号：0994，成果获国家级特等奖。）

（6）《学校与家庭形成德育合力的策略研究》。（课题批准号：GDESXC13220，广东省乡村优秀教师"十三五"教育科研规划课题，立项单位：广东教育学会、广东中华民族文化促进会，2017年7月立项，2019年7月结题，主要成员，排名第二。）

（7）《农村小学语文群文阅读课堂教学策略研究》。（"十三五"教育科研规划课题，课题顾问，主要研究成员，2016年10月立项，待结题。）

（8）林爱珠名师工作室相关聘书。

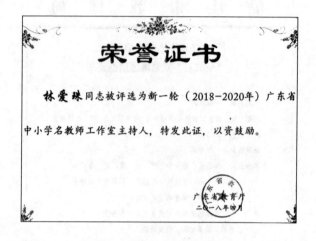

聘 书
LETTER OF AI POINTMENT

兹聘请林爱珠任湛江师范学院基础教育学院兼职教授，聘期从二0一五年一月至二0一七年十二月止。

湛江师范学院基础教育学院
2015 年 1 月 25 日

致敬园丁

□林爱珠

每天清晨，上班路上，我总能看见一群白色的海鸥，自由地翱翔在湛蓝的海面上，仿佛一群白色的精灵，闪动着朝阳的希望。

疫情防控时期，白衣天使用逆行的背影，写就了整个生命的春天，赢得了世界的赞美。然而，逆行者的后方，有一群默默奉献的园丁。她们像闪动着智慧之光的天使，用坚定的信念，托起祖国未来的希望。

梅是我名师工作室的优秀成员，一位秀外慧中的军嫂。年轻的丈夫守卫南沙，疫情把她娘仨圈在疫区的老家，身兼数职的她，白天忙完学校教导工作，直播网上的课程。夜幕降临时，她跳把对边防海岛的思念，化为黎明前朝夜透亮的灯光，照亮了特殊时期家国的情怀。她坚毅的眼神，写满不忘初心，牢记使命的信念。我不能想象她的艰难，只在朋友圈里感动着她的顺达和深明大义。她总能忘却自己的艰苦，用诗意的语言鼓励着天之涯海之角的爱人——一颗颗牵动的心，能承受人间的万千悲音。所以，疫情也好，困难也罢，过去了，这一切便是人生历程的财富。

我的聪慧，全是她的美丽，那么娇美！那么动人！那么坚强！

虹也是我工作室的骨干成员，学校里的中坚分子。白天面对全班孩子直播，晚上坚持用公众号平台推送全体成员的微课，她精心编辑每一期的内容，时常和我沟通到凌晨一两点，从没有半句怨言。直到有一天，我收到她丈夫用她的手机发来的信息，才知道她一直带病坚持工作……那一刻，我没有忍住眼里打转的眼眶。

薇是湛江一所中学的高三语文老师，假期回老家过年。疫情隔离后，为了不辜负莘莘学子的未来，山里信号差，她就在数九寒天的北方山村露天的屋顶上，临时搭建了世界上独一无二的露天空中直播课堂。

……

所有停课不停教与学的感人故事，我无法细细列举，这些平凡而话人的画面，让我领悟了疫情科面的岁月静好的深刻而厚重含义——无数幕后英雄默默的担当！

斟酌春寒里的智慧天使啊！她们肩负朝阳的重托，在特定历史的隧道里，挥动着手中神圣的魔杖，辛勤地耕耘着知识的殿堂。夜深人静时省前钟夜明亮的灯光下，是无数红蜡般坚毅的身影，俯首甘为杏坛写春秋！智慧的力量啊，鼓起小鸟凌鹏展翅的理想，托起朝阳明天的希望！我深深坚信，在破晓时刻，华夏大地的上空，一定会放射出万丈光芒！

智慧·共享·成长·辐射

——工作室及智慧课堂的理念

"水尝无华，相荡而成涟漪；石本无火，相击而发灵光。"承载着省教育厅和市、区教育局名师工程建设的期望，承载着工作室全体成员的梦想，在各级领导的关怀与支持下，广东省暨湛江市林爱珠名师工作室自创室以来，始终高擎"智慧课堂"之旗帜，秉承"智慧、共享、成长、辐射"之理念，全体成员凝心聚力，竭诚协作，开展了一系列扎实有效的小学语文"智慧课堂"专题研修活动。林爱珠名师工作室以"智慧语文"为主题，本着使工作室成为"名师成长的摇篮、资源辐射的中心、师生对话的平台、教育科研的基地"的宗旨，通过名师引领，以学科为纽带，以科研项目为抓手，以先进的教育思想为指导，积极搭建促进中青年教师专业成长以及名师自我提升的发展平台，努力打造了一支有成就的、有影响力的有辐射力的智慧型的高层次教师团队。

关注教育前沿，重视典型引领，以科研项目为抓手，以主题研讨、课堂观摩、送教下乡、读书沙龙、专家引领等方式开展研究活动，通过工作室成员自主学习和集中研修相结合的方式，切实提高工作室成员的个人修养和专业素质，促使他们在一定周期内成长为有一定知名度和影响力的名师，并努力建设出一支充满教育智慧、具备教育魅力的高素质名师工作室团队，打造出名师特色品牌，为推动我区、市、省教师专业发展，为教育事业做出应有的贡献。

整个研修过程，以创新为引领，以发展为根基，以善性滋养善性，以人格塑造人格，以文化创生文化，以智慧开启智慧，集众人之智，采撷"智慧语文"璀璨之珠。

现对工作室一年多的工作做个回顾与总结，梳理出一些经验与教训，既便于求教于大家，又可为本工作室接踵而来的工作提供借鉴。

一、智慧——魂灵的引领

林爱珠老师主持的林爱珠名师工作室一直致力于智慧语文课堂的研究。在林老师看来，对于语文课堂教学，学习中的学生是智慧的，教学中的教师是智慧的，那么，毋庸置疑，语文课堂必然是充满智慧的智慧型课堂。因此，以"智慧语文"所冠名的林爱珠名师工作室，旨在通过先进的教育思想、教学理念的引领，以学科为纽带，以科研项目为抓手，立足课堂教学，融合教科研课题研究，使工作室成员自身素质和教科研能力得到进一步提升，努力打造一支有成就的、有影响力的、有辐射力的智慧型的高层次教师团队。而在此过程中，"智慧"必然是工作室的核心与灵魂，统领全局，涵盖一切。

（一）logo——智慧语文之魂

logo，是工作室的标识，是工作室表明特征的记号，是传递工作室信息、承载工作室文化的重要载体。它所传达的是一种精神、一种理念、一个发展方向。因此，工作室的logo必定是工作室的灵魂所指，是统领工作室一切工作的核心所在。

林爱珠名师工作室的logo，由"智慧"两个字演变而来，左边是"智"，右边是"慧"。书是人类智慧的源泉，书是人类进步的阶梯。本标志构图的主要元素是书："智"是一本翻开的书卷，代表启智；"慧"是两本摞起的书本，代表积累。

1."智"

这是一本翻开的书卷，书面上镂刻金文"知"字，书卷底下则是"日"的变形图像。书中有"智"，"智"中有书，象征着书本是开启智慧的钥匙！金文"知"字由"矢"和"口"组成。有口则语，矢志不移！矢，象形字，像人，表示工具箭，又像人文二字合在一起，代表语文工具性与人文性的统一，要达到目的必须集众人智慧，矢志不移，努力前行！翻开这本书，就是开启了知识的大门，开始一个启智的历程。

2."慧"

"慧"字由两部分组成，上面是两棵树，下面是两本摞起来的书。德国著名哲学家卡尔·雅斯贝尔斯在《什么是教育》一书中所言："教育就是一棵树摇动一棵树，一朵云推动一朵云，一个灵魂唤醒另一个灵魂。"要达到智慧语文的目标还要有对语文炽热的爱心，独木不成林，只有集众人之智慧，才能采撷智慧语文之珠！所以"慧"字上面的两个丰字演化成两棵正在茁壮成长的树，代表着工作室的所有成员及工作室惠及的所有人。我们和工作室一起成长！

树木的根深深地扎在知识的肥沃土地上！"慧"的中间"彐"和"心"字底分别演化成两本方向相反摞起来的书，代表着智慧的积累。个人的智慧，仅是草尖露珠；集体的智慧，才是长河流水。

整个图标整体上又像一个火车头，寓意工作室每一位成员都是你所在的区域中的学科领头羊。火车跑得快，全靠车头带，所有的成员将是领跑区域教学教研的"火车头"。

（二）课堂——滋生智慧之本

我们工作室之宗旨，就是打造智慧型名师，培育智慧型学生。而智慧型名师的打造应来自课堂并体现于课堂；智慧型学生的培育更应立足于课堂且成就于课堂。课堂，必然是师生智慧滋生的关键与根本。因此，我们所追求的课堂，必定是充满智慧的课堂；我们所致力于建构与实践的课堂，必定是智慧型的课堂。有关智慧课堂的核心概念及内涵（一个核心、两个基点、三个步骤等），在前面已详细论述，在此不再赘述。

四个基本板块：

教：导—疑—思—创，即"依情导学—质疑探求—思维审美—创新拓展"。

学：知—习—展—辨，即"读懂、知道（积累）—习得、明白（积累方法、语言）—展示交流（运用、表达）—思辨、创新（素养形成）"。

五种策略意识：

一是智慧语文课堂教学要有遵循学情的意识（以人为本），二是智慧语文课堂教学要有服务于语文要素（学科知识共性的全面发展），三是智慧语文课堂教学要服从于人文主题（人文精神共性的全面发展），四是智慧语文课堂教学要有联系生活实际的意识（社会责任共性的全面发展），五是智慧语文课堂教学要有形成创新思维的意识（综合素养个性创新）。

六大知识板块：汉语拼音、识字写字、阅读、习作、口语交际、综合实践活动，依据六个课型的特点，开展不同的"1+n"课堂教与学的活动。

以课型为主线，典型模式为范例，建构智慧课堂教学"1+n"模式。

（三）课题——催生智慧之源

课题，是推动课堂革新的载体，是催生课堂教学智慧之源泉。为深化智慧课堂的建构与实践，我们工作室在省级结题课题"'六三式'小学语文高效课堂教学模式的研究"所获省级教育教学成果二等奖的研究经验基础上，立项开展了"基于核心素养的智慧课堂教学模型建构与实践"的市级课题研究。

本课题属于实践研究，主要价值在于理论与实践的结合，并着重创新。该研究过程，拟借助一定的理论指导，立足课堂教学与教改发展实际，通过对城乡接合区小学语文教学现状方方面面条件的具体分析，运用多种科学方法，对小学语文课堂教学的全面具体的研究，积极探究改进方法和措施，力争建构一些常态环境下有效的小学语文教育教学实用策略与方法，不断提高教育教学效率，促进学生核心素养的形成与发展。

本研究课题的学术价值、应用价值创新点表现在：由单一的课堂教学模式研究转向"1+n"课堂教学建构研究，它涵盖了"智慧课堂"课程的建构和"智慧课堂"教学模型的建构，如小学语文智慧课堂六大课型"1+n"课程的建构，"1+n"教学模式的建构，"1+n"教学策略的建构。从而使课堂教学实现从"有模到无模，从传统到智慧"的学科性和艺术性的和谐统一，达到"培养全面发展的具有创新精神的充满智慧的大写的人"育人目标。

从工作室的创室理念到课堂实践，再到课题研究，其出发点及归属点皆为"智慧"。以智慧实行统领，让智慧引导我们前行。

二、共享——智慧的同生

我们的工作室是充满智慧的工作室。在这里，除了有着众多睿智的高校专家以及省市区教研员之外，还有来自全市各县区聪慧的学员研伴。这些学员，能够进入省、市名教师工作室，每个人都具有不俗的专业水平，每个人都在各自的岗位上做出过不俗的贡献，每个人身上都具有不同寻常的闪光点。充分挖掘、发挥每个学员的潜在价值，促进导师与学员之间、学员与学员之间的相互学习、启发和交流，让每一位学员都能以培训主体的身份发表意见，介绍经验，参与对话，彻底改变"一言堂"的单向注入式研修模式，尽可能实现最充分的信息交流和资源共享，努力打造出具有"引领、传承、创新、共享"等功能于一身的"智慧共享型"教师发展共同体。这既是我们所遵循的培训理念之一，也是我们工作室培训的一种重要方式。

（一）创新模式，共研共享

根据工作室的定位和价值取向，我们除了探索性地实施了集中培训与分散研修相结合、主题理论学习与课例呈现相结合、运用教学理论对教学案例进行教学现场诊断、合作交流与自主学习相结合等新型培训模式外，还致力推行了"主题式互学共享型""智慧同生"研训策略模式。

该模式的图示如下：

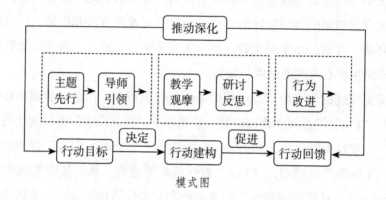

模式图

上图内容具体解释如下：

（1）主题先行。主题先行即每次实践培训，先确定一个培训主题，以该主题为导向，确定目标、选择课程、邀请导师、编制讲义。总之，主题是涵盖和统摄整个实践培训工作的灵魂。

（2）导师引领。导师引领即导师依据主题规定，设计具体的讲课内容。不同场次的讲座，不同的导师，都会根据主题的分解承担若干小主题的专题讲座。讲座内容确保不重复、不重叠。

（3）教学观摩。在主题的规约下，导师或学员开展相应的研究课。研究课分为各种类型，如示范课、下水课、公开课、同课异构、异课同构、接力课等。

（4）研讨反思。围绕导师的引领或教学观摩的内容，开展多形式、多层次的研讨和反思。如与导师对话、说课、评课、读书沙龙、小组讨论等。

（5）行为改进。这是学员培训结束后，以作业的方式加以落实的环节。根据培训所确定的主题和听讲、观摩、研讨的收获，要求学员们自觉地在常态的教学情境中设计、实施并不断改进相关的教学行为，从而更好地深化主题。

以上五大环节中，主题先行和专家引领属于"行动定向"阶段，教学观摩和研讨反思属于"行动建构"阶段，行为改进则属于"行动回馈"阶段。三者关系是"行动目标"决定"行动建构"，"行动建构"促进"行动回馈"，通过"行动回馈"推动深化"行动目标"，循序渐进，循环往复，螺旋上升。

这一基于主题引领下的多种研修策略所顺承整合而成的"互学共享型"研训模式，让研训过程松密有度、主题鲜明、主体突出、整体融合，有效地引领并不断地推进学员教学行为的持续性改进和有效地实现了工作室内的资源共享、智慧共生，大大地提高了研修效果。

（二）互学共研，智慧同生

结合"主题式互学共享型"研训策略模式，并考虑到学员们的岗位工作与工作室培训学习的科学性与互融性，依据研修规划，我们把研修活动划分为集中研训、分散研修与追踪指导、总结分享三个阶段。

1. 集中研训阶段

集中研训是最能够促使导师与学员间思维之火激烈撞击，实现智慧共生的研修方式，是工作室研训工作的核心与关键。研训能否获得好效果，学员能否通过研训更新观念、提高理论和学科知识水平，主要看集中研训阶段的效果。因此，对于集中研训，我们本着高度重视、一丝不苟的精神，对学员进行了专题理论学习、教学观摩与实践、教学考察等多项内容、多方位的研训。

（1）专题理论学习。围绕工作室"打造智慧语文高效课堂"之宗旨，为快速有效地剖析并渗透智慧语文高效课堂之教学理念与策略，主持人林爱珠导师偕同专家、骨干成员分别以六课型（汉语拼音、识字写字、阅读、习作、口语交际、综合性学习）为切入口，联合专家与骨干成员先后开设了《以科研项目为抓手，打造名师特色品牌》《"智慧课堂"阅读教学策略探究》《基于核心素养的口语交际智慧课堂板块教学的建构与实践》《基于核心素养的汉语拼音智慧课堂"体验式板块"教学的建构与实践》《基于核心素养的识字写字智慧课堂"体验式板块"教学的建构与实践》与《智慧语文的理念》等40多个专题讲座及交流活动。

场场讲座皆融理论与实例于一体，见解精辟独到而又直观易懂。精彩的授课让学员们在智慧与智慧的碰撞中，视野大开，心胸豁亮，深受教益。

（2）教学观摩与实践。由于工作室是在原来市名师工作室的基础上承续并发展过来的，创室时间已久，因此工作室之内活跃着一批专业精良的教学精英。为了让他们得到更进一步的磨炼提升，同时释放智慧的能量，引领新成员快速成长，我们依借工作室于湛江开发区内的多个研修基地开展了10余次优质课示范观摩及教学实践活动。

利用多个研修基地，借助精英学员的示范实践课，既推进了精英学员的更高层次的发展，又助推了新晋学员的快速提升，还有效地促进了区域教学的齐肩并进，一举三得。这，正是工作室的幸福企盼。

此外，借助"课堂教学比赛"活动开展比赛式研训活动，又是我们工作室开展实践性研训活动的一项重要举措。因此，在区、市举行的"觉民课堂教学竞赛"以及"青年教师素养大赛"等活动中，我们结合竞赛活动，融"智慧课堂"研究于一体，不遗余力地推选学员参加赛课，组织全体成员观课、评课、议课，开展心得体会交流。借助研课、赛课活动，融实践性研修活动于一体，集大家之智慧，取得了"以赛促研""共研共进"之研修效果。

教育教学考察是学员培训的一项重要的内容。在集中研训阶段，我们组织学员参观考察了湛江开发区区域内的第二小学、第四小学、中英文学校、锦绣华景学校、调文小学、觉民小学，还赴湛江市麻章区的第二小学进行了参观考察。在活动中，学员们悉心观察校容校貌，倾心了解办学思路，潜心感悟办学特色，舒心开展心得交流，倾心倾力地考察学习，幸幸福福地收获智慧，收获成长。

工作室特别注重开展调研交流活动，搭建多种交流学习平台，有计划、有目的地促进成员学习、交流、研讨，着力创造智慧碰撞的机会，促进智慧的提升。2018年，我们率工作室成员赴民安丹僚小学、开发区第一小学、湛江实验学校等10多所学校，开展了10余次教学调研交流活动。每次活动都精心策划，注重过程，注重实效；每次活动都认真研讨，认真总结，并利用《工作室活动简报》发布活动信息及调研交流活动成果。足迹所到之处，都受到了极为热烈的欢迎与高度的赞赏。调研活动既增进了我们对区域课堂教学状况的了解，又增进了学员的教学智慧，真可谓一举两得。

2. 分散研修和追踪指导阶段

集中研训和分散研修相结合，是我们工作室培训的一个创举。即在每一研修主题培训之后，都会留余一些时间让学员返回各自的岗位，开展实践反思及个人研修活动。但如何使学员在分散研修阶段继续完成培训任务，保持培训工作的连续性，而不使分散期间的研修成为一个过场，是我们在这一阶段所重点解决的问题。

基此缘由，在这一阶段，学员们和导师商定完成以下工作：

（1）个人修炼。基于每一个专题学习的每一次集中研修之后，学员们在回到所在学校后在从事日常的教学管理工作的同时，还要围绕学习专题继续开展研修活动：或个人参悟反思，或相互间交流共探；或搜查论著深化学习，或以教学实践论证培训所悟。借多种研修形式，深化培训学习成果。

（2）线上共研。为了发挥出骨干教师的示范引领作用，在每一场培训之后，都会安排一两个课后研讨话题，让工作室全体成员展开线上研讨活动，以思维撞击思维，以智慧引领智慧，实现共同研讨、相互学习、彼此促进之目的，深化了学习认识，增长了教学智慧。

（3）追踪指导。在分散研修期间，为了避免研修的随意性与盲目性，主持人林老师经常性对学员的研修情况进行巡察了解、追踪指导。其间，林老师率部分骨干学员赴开发区第二小学、第四小学、中英文学校、锦绣华景学校等多个研修基地开展了观课、议课、研课等智慧课堂教学实践指导活动。追踪指导工作，不但传播了先进的教育教学理念，而且也切实解决了学员在"智慧课堂"研究与实践中的实际问题。

3. 总结分享阶段

总结分享安排在每一场次、每一阶段集中培训之后和全期集中培训之后三个阶段进行。

对于每一场次、每一阶段的学习，都要求学员勤于反思、精于总结——梳理学习要点、记录心得体会、撰写学习总结、书写培训历程，及时反思总结，及时内化所学。在全期集中培训结束，我们还召开培训学习总结会，回顾学习历程，总结学习收获，分享学习成果。并把每一次的培训收获都通过网络平台给予发布，最大限度地实现了资源的共享、智慧的同生。

一年来的学习研修，我们始终关注的是"同研共训"的集体智慧，不管是集中研训、分散研修，还是总结分享，我们都实行了紧密的跟踪指导。因此，我们的工作室始终构成一个学习的共同体，从而实现了众多智慧的同享共生。

（三）科研引领，方式灵活

为全面促进各阶梯研修成员的专业化发展，科研引领，方式灵活。推行多样化研训方式，落实多样性研训举措，让工作室更具示范、引领、辐射作用，我们摒弃了"理论讲座式"这一形式单一的传统研修方式，多措并举，开展了一系列既有特色又有成效的研训活动。

1. 主题式研训

如果没有一个鲜明的研修主题，建构研修文化、提升研修品位就会流于空想。因此，结合我们的研修目标，我们把"基于核心素养的智慧课堂教学的建构与实践"作为一以贯之的研修主题，并把小语教学的汉语拼音、识字写字、阅读、习作、口语交际、综合性学习六个课型分解成为一个个独立的研究专题，在本期研训中，围绕研修主题，以专题研究之形式对小语教学展开了全方位的研究，探索出有效的小学语文教学模式与教学策略。

2. 比赛式研训

"以赛促学""以赛促研"是我们工作室开展研修活动的又一重要举措。因此，在本次全区举行的"觉民课堂教学竞赛"活动中，我们结合竞赛活动，融"智慧课堂"研究于一体——不遗余力地推选学员参加赛课，组织全体成员观课、评课、议课，开展心得体会交流。借助赛课活动，融研修于一体，取得了"以赛促学""以赛促研"之研修效果。

3. 辐射式研训

作为省、市名师工作室，其职责就应担负着推进区、市、省教育教学改革的任务。因此，为充分发挥工作室之示范引领作用，我们特别重视"辐射式"活动的开展。在本次研训活动中，我们在全区、全市乃至省外多所学校开设专题讲座、上观摩示范课以及开展送课下乡活动，还竭诚邀请区域教师与我们携手共研，为大家搭建交流学习的平台，实现了研修的"双赢"。

4. 反思式研训

只有反思，才会改进。工作室在反思式研训活动中采取"确定研训主题—自主研修—集中研讨—研后反思—撰写心得—分享感悟"的形式进行活动，要求学员在每一次活动之后都要进行总结反思：或撰写学习心得、教学体会，或整理优秀教学设计、教学实录，或撰写活动总结、研修论文，并将反思成果发布于公众平台实行智慧分享。以反思式研训促学员勤于总结，积极反思，把实践经验转化为理论知识，继而转化为自身积淀，整体提高了学员的反思能力与研修成果。

5. 开放式研训

为加强工作室的内外交流学习，工作室建立了"微信群""公众号""工作室博客"以及网络研修平台，并定期更新工作室动态，上传教育教学共享资源，交流教学教研活动，分享研修心得体会……以开放式的姿态，拓宽研修空间，拓展研修资源，形成了真诚合作、共享成果、共同提高的"人人为我，我为人人"的协作研修氛围，有效地加速了同体研修的步伐，提升了共同研修的效益。

6. 科研式研训

以科研引领教研是推进课改的有力手段。以课题研究引领研修活动，是我们工作室的一项最为重要的研修举措。我们在借助工作室已获结题荣誉的"城乡接合区小学语文'六三式'高效课堂教学模式研究"省级课题研究成果，继续指导于当前的"基于核心素养的智慧课堂教学的建构与实践"专题研究外，现在又已着手申请一项立项课题。以课题为引领，深化研修工作，也已成为我们工作室工作的一大特色。我们将坚定不移地走好这一条路。

与形式单调的"理论讲座式"研修方式相比，科研引领，有效地推行多样化研训方式，落实多样性研训举措，让我们的研修更具灵动性、开放性与全面性，使我们的研修效果更具显著性。

三、成长——智慧的升华

创新研修模式，开展一系列的研训活动，是否富有成效，主要是看参加研修的学员是否得到了较大的收获与成长。通过学员们所撰写的心得体会、阶段总结、论文论著以及他们所获取的各项荣誉成果，我们真切地感受到了他们在每一个培训阶段所遇到的困惑、问题以及经过努力解决了这些困惑之后的喜悦和成长。

1. 思想方面

（1）通过进入名师工作室学习培训，深切地感受到了党、国家和各级教育部门对教育事业的重视，对教师尤其是对骨干教师的关怀与期望，坚定了为基础教育事业献身的信念，加强了振兴基础教育的责任感和使命感。

（2）通过学习现代化教育理论，转变、更新了教育教学观念，对教育教学的内涵有了进一步的认识、理解，树立了正确的教育观、人才观、质量观。

（3）通过学习、观摩，开阔眼界，提高认识，明确了小学语文教学改革的目标、方向与任务。

（4）通过学习、反思，对自己过去的教育教学方式方法的优劣得失有了比较明晰的认识，增强了自己学习、进修的针对性。

（5）通过学习，不仅受到了导师高尚师德的感染、熏陶，而且在其他同学身上发现了很多闪光点，在不知不觉中思想境界得到了升华。

2. 知识结构、教学和科研能力方面

（1）通过学术讲座、教学观摩等活动，进一步完善了知识结构，教育教学能力得到了明显的提高。

（2）通过主题引领下的学研型培训，提高了教科研意识，促进了思辨、创新能力，为今后成为学者型、研究型、专家型、智慧型教师奠定了基础。

（3）通过先进教育教学理论的学习和开展针对性的课堂教学指导，促进专业知识与专业素养的进一步提升，为后续总结和提炼教学风格和教学特色提供了帮助。

3. 物化成果

（1）教科研论著共2本，已出版1本。

（2）课题立项、获奖10多项。

（3）文章发表、获奖46篇。

（4）学科获奖200多个。

（5）荣誉称号200多个。

（6）专题理论讲座PPT40多个。

（7）优秀课例、微课与课件200多个。

（8）教学设计、课堂教学实录200多份。

（9）学习体会及总结3册，共计100多万字。

（10）研修学习手册（学习笔记）100多份。

（11）开辟网站平台2个、公众号1个、博客1个、微信群及QQ群6个。

4. 练就名师

（1）国家级跨区域卓越教师1人。

（2）广东省最美乡村教师2人。

（3）省级以上优秀教师3人。

（4）区级以上优秀教师、教学能手80多人。

（5）区级以上骨干教师200多人。

（6）区级以上名师工作室主持人4人。

（7）市、区级兼职教研员10多人。

付出辛劳，果实满满。汇聚智慧，携手共进，我们收获的不仅仅是物质上的满足，更是来自精神与智慧层面的升华。

四、辐射——智慧的传承

（一）送教送研

"潜心笃志同参佛，努力修身共炼魔。"为了提升工作室的影响力，发挥工作室的示范辐射作用，并让学员在高压下得到更好的磨炼和纵深的发展，打造"名室"，造就"名师"，我们高举"送教下乡"之旗帜，奔走在一条"同参共炼"之道上。从2018年6月至2019年5月，工作室送教团队共送出7场共10节智慧语文课，足迹遍及湛江市开发区、湛江市麻章区及柳州市古宜镇、融安县、融水苗族自治县。

结合送教课例，我们还开展了专题讲座活动，把"智慧语文"之课堂教学理念及策略广布于教育教学的原野。所到之处，无不刮起一阵阵教研之风，反响热烈，影响颇深。

（二）课例展示

工作室善于依借区域内的一些教研活动，开展工作室课例展示活动，以自身的教研智慧引领区域教师并肩前进。其中，周立聪、罗华等30多名骨干成员分别在全国"千课万人"平台上、湛江市"组块教学"研讨会、广东省名师工作室联盟平台、湛江开发区"智慧课堂"研讨活动以及省市区教师能力大赛、素养大赛等活动中，开展全国、省、市、区教师教学《哪吒闹海》和《与诗同行》等课例、微课等100多场次。

课例展示活动很好地起到了示范和辐射作用，受到广大教师同仁的盛赞。

（三）网络辐射

采用"互联网+研修"的模式，利用网络研修平台实行网上开放式培训和追踪指导学员回归学校后继续引领本校及本区域内教师开展上课、说课、评课、议课以及问题研讨等智慧课堂研修活动，充分发挥了工作室及学员的引领和辐射作用，对推进省、市、区乃至全国的小学语文教学教研，贡献出了一份微薄之力。尤其是在疫情期间，广东省林爱珠名师工作室、湛江市林爱珠名师工作室全体成员协同网络学员、工作室及其研究项目的实践基地学校，积极响应国家、省、市、区的通知精神，全力以赴落实"停课不停教，停课不停学"的工作部署，尽绵薄之力，发挥引领辐射作用，积极开展"网络资源共享，搭建线上课堂"工作。根据学员所在各校的校情，学生的学情，结合语文学科特点开展了"六三（六课型三步骤，六课型即小学语文六大课型：汉语拼音、识字写字、阅读、习作、口语交际、综合性学习）模型""情境体验式智慧课堂板块教学系列"专栏，陆续推出"智慧微课程""智慧微练习""智慧微讲座""智慧微论坛"等板块。

2020年2月14日起，工作室在主持人林爱珠老师的带领下，正式开展"停课不停教、停课不停学"线上学习活动，我们及时通过微信公众号，每天推送智慧课堂、智慧练习以及配套的教学资源，满足师生的学习需求，陆续推出了智慧微论坛、智慧课例30多期。内容精彩纷呈，涵盖了一至六年级的课程，我们公众号人数已超过了5000人，累计阅读人数达14万多人，用户遍布全国100多个省市地区。在特殊时期，为了更好地满足教师的教和学生的学的需求，林爱珠名师工作室学员克服重重困难，呈现给大家一系列的微课学习平台，深受好评。智慧课堂是广东省名师工作室林爱珠老师研发的成果。所有的课例都紧紧围绕智慧课堂的情境创设和体验式板块教学，让学生在乐中学，通过亲身体验各种情境，感受学习带来的乐趣，并从中吸收知识的养分，切实提高语文素养。众志成城，共克时艰，"停课不停教，停课不停学"，我们在行动！在特殊时期，广东省林爱珠名教师工作室全体成员与广大城乡接合区老师一起，共克时艰，不负使命，为教学教育事业发挥了积极的作用和绵薄的贡献。

（四）智慧分享

我们工作室特别重视研修成果的报道，充分发挥媒体的舆论导向作用。在工作室成立之初，就明确了各成员对于活动成果报道的任务。在每次研修活动之后，成员就将活动报道、活动总结以及学习心得、教学体会、研修论文等智慧成果上传至网络平台，实行智慧分享，起到了更广泛的指导、辐射以及引领作用。

多方式、多方位地实现示范辐射，广泛地播撒我们的智慧之光，引领广大同仁智慧前行，是我们的荣幸，更是我们的责任，我们将义无反顾。

"教育意味着一棵树摇动另一棵树，一朵云推动另一朵云，一个灵魂唤醒另一个灵魂。""独行而疾步，结伴而致远。"林爱珠名师工作室自创办以来，离不开省教育厅和市、区教育局的部署与指导，离不开各培训基地以及共研学校的配合与支持，更离不开工作室全体成员为圆满实现研修目标而夜以继日的辛勤付出与智慧开创。放眼远眺，我们的研修之旅还任重而道远，愿你我永葆初心，同心同德，继续怀揣"智慧·共享·成长·辐射"之信念携手直前，以开拓进取之精神，向广阔无垠的教海采撷"智慧语文"璀璨夺目之珠！

参 考 文 献

［1］中华人民共和国教育部.义务教育语文课程标准（2011年版）［S］.北京：
北京师范大学出版社，2012.

［2］余文森.从有效教学走向卓越教学［M］.上海：华东师范大学出版社，
2015.

［3］余文森.有效教学十讲［M］.上海：华东师范大学出版社，2009.

［4］刘显国.板书艺术［M］.北京：中国林业大学出版社，1999.

［5］李耀新.课堂教学的组织与管理［M］.广州：暨南大学出版社，2005.

［6］王荣生.小学语文课程标准与教材研究［M］.北京：高等教育出版社，
2015.

［7］李吉林.催开教育智慧的花蕾［M］.北京：人民教育出版社，2018.

［8］高琳.浅谈如何提高小学生的写作能力［J］.才智，2015（16）：92-92.

［9］杨毅.语文教学中如何提高学生的写作能力［J］.课程研究（素质教育
版），2013（9）：281-282.

［10］白金声.小学语文课堂教学无效劳动10种表现［J］.教师博览，2012（9）：
19-21.

［11］中央教育科学研究所.叶圣陶语文教育论集［M］.北京：人民教育出版
社，1980：730.

［12］陈先云，林孝杰，向瑞.部编小学语文教科书的亮点及教学应注意的几个
问题：主编答本刊记者问［J］.小学语文，2017（10）：4-13.

［13］李开复.李开复给大学生的第一封信［N］.工学周报，2009-09-10.

［14］崔允漷.基于课程标准：让教学"回家"［J］.基础教育课程，2011（12）：
53-54.

［15］余文森.从有效教学走向卓越教学［M］.上海：华东师范大学出版社，
2015.

后 记

一位工作室主持人及基层教研员的三点感悟

光阴荏苒，屈指一数，我从事教学教研工作已历经26个年头。作为城乡接合部教师中的一分子，这一路走来有笑有泪，有得有失，不能尽言。感触有三点：平台、角色、感悟。

作为基层教师，我觉得最需要的是三个平台：学习平台、研究平台、团队平台。学习的平台可以自己建立，可以借助教育部门的培训；研究的平台可以自己创建，更需要领导的搭建和支持；作为教研型的教师，必须要组成一个团队。团队的力量是无穷的，任何人离开了团队，无从谈成功。

"三个角色"：演员、编导、伯乐。有了平台，你要当好自己的角色，"演员"决定你要有会演的"功底"——自己是课堂教学的能手。"编导"，从一线教师到教研员，角色要转变，从台前转到幕后，要做好编导的工作，为你的"演员"们服务。同时，你要慧眼识英雄，当好伯乐的角色，把你的"千里马"推向成功的舞台。

"三个词"：感谢、感恩、感悟。人生会遇到很多恩人。我要感谢我的家人：爱人、孩子和我所有的亲人，感谢他们默默奉献，对我工作的支持。感恩领导和导师：孙天翔主任、苏盛书记、谭廷志局长、陈巨副局长、段亚东主任、陈小平主任、张勉校长、董小华副院长、白彦茹教授、曹利娟教授等，感谢你们方向性的引领和帮助；感谢我的团队所有的成员，尤其是骨干成员沈建东、周立聪、陈文伟、熊梅、吴潘虹、何武周、罗华、黄秀华、邱瑜、陈小旋、林小红、李霞、林妙丽、钟小霞、钟红霞、李祥、唐希暖、谢安全、王秋丹、林晓云、陈碧云、符丽霞、李婷、陈丽建、钟小真、黄秀清、李少梅等，感谢为本书里提供课例的所有成员、学员、老师们，感谢支持我们工作室工作的所有基地学校的领导及师生们。感谢他们的鼎力相助，感谢他们的支持和关爱！

虽不曾取得惊天动地的成果，但扎实的脚印是我扎根基层的最好印记——致在艰苦的桃李园一直不曾懈怠的我，我们。

时间仓促，难免错漏，敬请谅解！